EN ASIE CENTRALE

DE MOSCOU EN BACTRIANE

PAR

GABRIEL BONVALOT

OUVRAGE ENRICHI D'UNE CARTE ET DE GRAVURES

PARIS

LIBRAIRIE PLON

E. PLON, NOURRIT ET Cie, IMPRIMEURS-ÉDITEURS

10, RUE GARANCIÈRE

—

1884

Tous droits réservés

EN ASIE CENTRALE

L'auteur et les éditeurs déclarent réserver leurs droits de traduction et de reproduction à l'étranger.

Ce volume a été déposé au ministère de l'intérieur (section de la librairie) en juin 1884.

RUINES DE CHAHRI-SAMANE. MAUSOLÉE DE L'ÉMIR HOUSSEIN.

EN ASIE CENTRALE

DE MOSCOU EN BACTRIANE

PAR

GABRIEL BONVALOT

OUVRAGE ENRICHI D'UNE CARTE ET DE GRAVURES

PARIS

LIBRAIRIE PLON

E. PLON, NOURRIT et Cie, IMPRIMEURS-ÉDITEURS
RUE GARANCIÈRE, 10

—

1884

Tous droits réservés

Sartes, puis, la neige fondue sur les cimes, je le conduirai sans débrider à travers la steppe, la montagne, le désert.

Je m'efforcerai de bien rendre l'aspect du milieu où les nomades font paître leurs troupeaux dans la plaine interminable, où les sédentaires peinent dans les vallées à faire fructifier un sol sans cesse assoiffé.

Je m'efforcerai de faire voir comment vivent, se vêtissent, se gouvernent, se réjouissent, en un mot, comment « sont » les diverses peuplades qu'on trouve du Pamir à la Caspienne.

Si la route ne semble point longue au lecteur dans ce premier volume, il daignera la continuer en notre compagnie dans un deuxième volume.

Et, si, après avoir feuilleté jusqu'à la fin le court récit d'un long voyage, vous en arrivez à penser que dans la géographie, on trouve l'esquisse de l'histoire et, comme en préparation, les destinées des peuples — le but sera atteint.

EN ASIE CENTRALE

I

DE MOSCOU A TACHKENT.

Moscou. — Nijni. — Traversée sur le Volga et la Kama. — Les passagers du *Samolet*. — Perm. — Yékatérinbourg. — Un couvent de nonnes. — Le tarantasse. — Un enterrement sibérien. — Les déportés. — Le *cimex lectuarius*. — Les Kirghiz. — La steppe de Baraba. — Sémipalatinsk. — L'Ala-Taou. — L'Ili. — Vernoié. — Le Talas. — La vallée du Syr ou Jaxartes.

Arrivé à Moscou, soit par Vienne et Varsovie, soit par Berlin et Vilna, le voyageur qui se rend en Asie centrale a le choix entre deux routes. Il peut aller en chemin de fer jusqu'à Orenbourg, puis, en voiture, par Irgiz, gagner le Jaxartes ou Syr-Daria. Il longera ce fleuve à partir du fort de Kazalinsk jusqu'à Turkestan, pour s'en éloigner ensuite et parvenir après un coude droit sur le sud à Tachkent, capitale des nouvelles possessions russes. Il peut aussi depuis Moscou poursuivre son chemin toujours vers l'est, presque en ligne droite jusqu'à Kazan la tatare, et, par Yékatérinbourg, faisant un long détour par la Sibérie, ayant vu miroiter le lac Balkach à l'est, aboutir au même point. S'il préfère ce deuxième itinéraire, il lui faut se livrer aux douceurs du tarantasse pendant près de trois mille cinq cents kilomètres, environ dix-huit cents de plus

1

que par la voie d'Orenbourg; mais, en revanche, il traverse une région plus intéressante où le fourrage est moins rare et partant les chevaux meilleurs et plus nombreux. Les stations de poste où l'on relaye sont également mieux tenues : on y trouve toujours un bon feu et souvent une soupière où fume un tchi réconfortant.

Dans l'année qui précédait notre arrivée à Moscou, une sécheresse prolongée avait causé la disparition presque totale du bétail des Kirghiz, qui fournissent de chevaux le trakt[1] d'Orenbourg à Tachkent. Tel fut le motif qui nous fit choisir la route plus longue de Sibérie.

Nous ne parlerons pas ici des villes qu'on rencontre avant Moscou, et, en ce qui concerne cette cité, russe par excellence, nous nous contenterons d'en recommander le séjour à tout observateur désireux de comprendre le peuple le plus jeune et le plus vivace de l'Europe. Nous n'avons pu jeter qu'un coup d'œil rapide sur les merveilles que renferment ses musées, et nous avons quitté la vieille ville où se font sacrer les tzars, avec le plus vif désir de la revoir.

Toujours nous garderons le souvenir de Moscou tel que nous l'aperçûmes d'une fenêtre du Kremlin, tandis que d'en bas s'élevait, puissant et lent, le chant d'une procession arrêtée près de la chapelle d'un de ces saints que le moujik qui passe salue en se signant trois fois. Nous nous souviendrons des milliers de clochers, des dômes étincelants, des bazars, de la Moskwa qui s'en va à travers la ville, et aussi des voitures exécrables attelées de bons chevaux, et des pluies torrentielles qui transforment les rues dallées en ruisseaux.

---

[1] Service postal.

Le 6 septembre, nous étions à Nijni-Novogorod.

C'est là que la puissante rivière Oka déverse ses eaux dans le Volga : elle vient de l'ouest, parallèlement à lui ; après s'être uni à la Kama, le grand fleuve descend vers le midi. C'est à Nijni que l'Orient et l'Occident se donnent rendez-vous chaque année, et il y a un concours étrange entre les représentants de toutes les races qui trafiquent ici-bas de l'indispensable et du superflu. L'appât du gain les attire : mages d'un nouveau genre, lorsqu'ils voient luire dans leurs rêves une pièce d'or au ciel de Nijni, ils accourent de Kiakta aussi bien que de New-York.

Ils sont tous là, le lourd Tatar de Kazan, le Persan à taille fine, le Sarte qu'on voit les jambes croisées sur ses coffres, le Russe blanc, le Petit Russe, le Napolitain avec son corail, le Florentin avec sa mosaïque, l'homme d'Arkhangel, le Sibérien courtier de la Chine, l'Anglais, le Yankee, le Français, et tous se sourient l'un à l'autre, car ils veulent s'enrichir aux dépens l'un de l'autre.

A Nijni, nous nous embarquons à bord du *Samolet,* qui doit nous transporter jusqu'à Perm. Au moment du départ, ce vapeur est littéralement pris d'assaut, car la foire tire à sa fin, et beaucoup ont hâte de revoir leurs boutiques.

Le chargement se fait au milieu du plus grand désordre. Les bagages sont jetés brutalement à fond de cale, les treuils grincent, les matelots crient « gare » aux gens qui se bousculent pour prendre place sur le pont, celui-ci cherche sa femme, celui-là son enfant, une grosse commère réclame d'une voix aiguë son époux resté sur le quai ; la machine ronfle sourdement, on ne s'entend pas, le tohu-bohu est indescriptible. Puis, le dernier coup de cloche sonne, les retardataires traversent essoufflés la passerelle qu'on retire vivement, le *Samolet* lance son coup de sifflet d'adieu et s'ébranle avec une trépidation de toute sa carcasse. Nous descendons le Volga aux bords estompés d'une brume.

Le *Samolet* est aménagé avec un confort relatif; il est bondé de monde.

Aux premières : de riches marchands sibériens, quelques-uns avec leurs femmes; un obèse Tatar de Kazan et son fils; un fonctionnaire de Perm; un ingénieur des mines de l'Oural.

Aux secondes : des employés d'un tchin[1] inférieur en uniforme, des hommes empelissés à face joufflue et rubiconde, qui sont des marchands dont le nombre diminue à mesure qu'on avance; ils s'égrènent avec leurs ballots de marchandises dans les diverses petites localités voisines du fleuve où le bateau fait halte.

Sur le pont : quelques soldats; des moujiks, leurs femmes et leurs enfants. Ils se réunissent par groupes, se font un lit de leurs hardes, s'installent de leur mieux en prévision de la nuit à passer. Enroulées dans leurs grands manteaux ouatés, des femmes s'étendent sur le plancher, la tête cachée; on les prendrait pour des sacs gonflés de linge.

Pendant les six jours de traversée, la vie des passagers est à peu près la suivante. Aux premières, les Sibériens, qui sont très-gais, content des histoires et jouent aux cartes; le Tatar et son fils, assis les jambes croisées, se tiennent silencieux à leur place; leur seule occupation est de se tailler les ongles à tour de rôle et minutieusement ou de dormir; ils se lèvent seulement à l'heure des repas

[1] Le *tchin* compte dix-huit degrés hiérarchiques, l'Empereur occupant le premier.

et des prières qu'ils vont dire sur le pont. Le fonctionnaire reste couché sous son manteau et cause avec l'ingénieur qui se promène sans cesse devant lui. Ici l'on boit énormément de thé et l'on dort encore plus.

Aux secondes : grosses histoires qui font s'esclaffer de rire les auditeurs ; fumée de tabac à ne pas se voir. On dort, et, quand on ne dort pas, on mange ou l'on joue aux cartes, en buvant alternativement le thé et l'eau-de-vie. On se grise légèrement.

Sur le pont : les moujiks dansent au son de l'accordéon, ils chantent, ils se promènent, les mâchoires fonctionnent à tout propos, et cela chasse l'ennui ; on dévore du poisson fumé, du lard qu'on arrose d'un peu de thé et de beaucoup de votka. Quelques gens des deux sexes sont complétement ivres.

Cependant le *Samolet,* chassé par ses aubes, glisse au milieu du fleuve, tranquillement, lentement, comme il convient à un brave bateau qui porte des gens peu pressés. La rive droite du fleuve est bordée de collines ; à gauche, les plaines immenses s'étalent. La navigation n'est pas toujours commode : les sables charriés par les eaux modifient sans cesse le chenal, et quand la nuit est obscure, on doit stopper, attendre le jour. En certains endroits, on chemine lentement, un homme est placé à l'avant avec une toise, il la plonge dans l'eau, et, chaque fois qu'il la retire, on l'entend crier la profondeur : « Quatre pieds ! trois pieds et demi ! cinq pieds ! trois pieds ! » Le bâtiment hésite, le pilote tâtonne, puis le cri : « Sept pieds ! huit pieds ! » donne de l'assurance, et l'on part, mais posément : le Russe ne se presse point. « Il faut des précautions, nous dit-on, les accidents sont fréquents, on échoue encore assez souvent, le bâtiment que prit l'ingénieur des mines pour venir à Nijni a fait eau par une nuit sombre. Pourquoi se risquer inconsidérément? tôt ou tard, on arrive toujours. »

A Kazan, grande ville des musulmans russes, notre Tatar descend.

Le jour suivant, nous sommes dans la Kama, rivière qui apporte au Volga un volume d'eau considérable; elle lui arrive après avoir tracé un 9 dans son parcours capricieux, et le fleuve qui venait de l'ouest à sa rencontre tourne droit sur le sud. La Kama traverse un paysage accidenté, tantôt une plaine couverte de taillis, tantôt des collines sur lesquelles se hérissent les pins verdoyants. Nous la remontons cahin-caha avec de fréquents arrêts sur les deux rives où l'on prend et dépose des voyageurs.

Le 11 septembre, nous débarquons à Perm, jolie ville, bâtie régulièrement, sur la rive gauche de la Kama, d'où part le chemin de fer menant par l'Oural à Yékatérinbourg. Elle possède une belle gare qui paraît être la promenade favorite des habitants. Au moment du départ du train qui a lieu une fois par jour, la foule envahit la salle d'attente et circule librement sur les quais, où se voient toujours plus de curieux que de voyageurs.

Nous partons en compagnie des Sibériens qui se trouvaient sur le *Samolet*. Les uns vont à Irkoustk, les autres à Kiakta, le grand entrepôt des marchandises de la Chine, au sud du lac Baïkal.

En un jour et une nuit, on va de Perm à Yékatérinbourg. Le chemin de fer décrit une longue courbe à travers les collines boisées de l'Oural. La vitesse du train est celle d'un bon trotteur, en raison des pentes. On passe sans s'en douter de l'Europe à l'Asie confondues géographiquement et séparées l'une de l'autre par une frontière purement administrative. C'est insensiblement qu'on arrive à Asiatskaïa, la première station de Sibérie, ainsi nommée par opposition avec Europaiskaïa, dernière station d'Europe.

Nous sommes à Yékatérinbourg à la tombée de la nuit. Une drochka nous cahote à fond de train jusqu'à l'hôtel, le dernier que nous rencontrerons sur notre route qui nous rappelle un peu l'Europe. On y trouve des lits.

Yékatérinbourg passe à juste titre pour une des plus belles villes de Sibérie; ses habitants en parlent avec orgueil. Ses rues sont spacieuses et bien alignées, les monuments publics d'aspect agréable. Le voisinage des mines a fait la rapide fortune de cette ville. On y fait également le commerce des pierres fines qui proviennent de l'Oural. Le gouvernement a fondé une école où l'on enseigne à de jeunes ouvriers le dessin et la taille des pierres. Cette école ne semble point florissante.

Nous pouvons recommander au voyageur que le hasard poussera vers ces régions lointaines la visite d'un couvent de nonnes, situé à une faible distance de la ville. Il a été fondé par des femmes qui avaient la volonté de se suffire à elles-mêmes, en dehors de toute aide du sexe fort. Elles tiennent parole, et les recrues, paraît-il, ne leur manquent point. Elles-mêmes ont construit leurs maisons, défriché le sol, installé des ateliers. Suivant leurs aptitudes, des femmes de tout âge pétrissent les briques, les cuisent, maçonnent sous la direction d'architectes en jupons, labourent, sèment et récoltent. Le principal revenu des nonnes provient d'une fabrique de chandelles et de cierges qui occupe de nombreuses ouvrières. Elles ont la clientèle des églises; les commandes affluent, et le couvent est très-riche.

L'outillage employé pour la fabrication est fort simple. Au reste, le travail se fait surtout à la main. Nous voyons des nonnes qui remplacent par leur avant-bras le rouloir servant à arrondir le cierge à la sortie du moule ; elles le polissent très-habilement en le roulant sur le plat de leurs bras nus qui sont élargis et déformés par ce frottement continu. D'autres, à force de tourner le rouet autour duquel s'envide la mèche préparée par une voisine, ont le bras droit aussi musculeux que nos forgerons, et, comme la filandière du conte, elles se sont aplati le pouce de la main gauche à tordre le fil de coton.

D'un autre côté, les religieuses douées d'un sentiment artistique dessinent des modèles de broderies, et leurs compagnes les exécutent avec du fil d'or. Ces broderies sont utilisées pour les ornements d'église et vendues fort cher aux popes de tout rang. On nous a montré également des tableaux peints à l'huile par une des artistes de la maison. Les sujets, empruntés à la vie des saints, sont naïvement traités, mais la grâce des attitudes, la délicatesse de touche dénotent un talent qui eût produit des œuvres d'un charme exquis sous la direction d'un maître de l'art.

A partir de Yékatérinbourg jusqu'à Tachkent, nous voyagerons en tarantasse.

On a bien dénigré ce véhicule, on l'a qualifié d'instrument de torture ! On lui reproche le manque de ressorts dans un pays où les distances à parcourir sont immenses, où villes et villages sont clair-semés, les charrons introuvables et les routes si longues, alternativement si boueuses et si poussiéreuses qu'il est impossible de les entretenir... à moins que chaque habitant de Sibérie ne devienne un cantonnier, sans excepter les femmes et les enfants en bas âge. Brave tarantasse, on t'a calomnié ! Une voiture basse, à quatre roues, presque entièrement en bois, est l'idéal des véhicules dans un pays où les accidents de voyage ne sont pas rares. On peut le réparer facilement et vite, car on trouve toujours du bois et des hommes sachant manier la hache. En somme, un bon tarantasse plie et ne rompt pas. Comment ose-t-on se plaindre d'un véhicule avec lequel on peut courir huit mille kilomètres d'un trait, par des routes qui ne valent pas toujours le plus mauvais de nos chemins de traverse?

On est mal assis dans le tarantasse, dit certain voyageur anglais, on a les côtes brisées par des cahots continus, on en descend éreinté; impossible d'y dormir. Ayez bien soin d'emporter des coussins à air que vous placerez au bon endroit, ajoute-t-il; sans ces meubles indispensables, le voyage vous sera une torture de tous les instants.

A ces plaintes nous répondrons qu'il ne faut pas voyager assis dans le tarentasse. Et pourquoi ne pas imiter les Russes? Ils entassent du foin et de la paille dans la boîte de la voiture; dessus, ils placent leurs matelas et s'étalent dans un lit d'oreillers. Grâce à ces précautions, les secousses du roulis sont amorties, et ils peuvent voyager jour et nuit sans fatigue insupportable.

Qu'on nous permette un conseil à l'adresse de quiconque devra user de ce genre de locomotion. Qu'il fasse choix d'une voiture solide et munie d'excellentes roues. L'économie qu'il croira réaliser en achetant à bas prix une voiture d'occasion et déjà fatiguée, dont les fêlures se cachent sous un vernis tout frais, se traduira dans la suite par une perte de temps et d'argent, sans compter le désagrément d'échouer sur une route déserte par une nuit obscure et froide ou par une journée d'orage. Il n'aura pas fait cinq cents verstes qu'une jante des roues se détachera, ou bien l'essieu se rompra au moment où la fatigue oblige à dormir, et l'on se réveillera sur la route. Que le voyageur achète donc son tarantasse dans une fabrique de renom, et qu'en outre, il fasse provision de sucre, de thé, de graisse à roues et de... patience.

Car s'il a demandé au staroste les chevaux pour six heures du matin, c'est seulement à sept heures qu'il verra venir le yemtchik conduisant sa troïka qui trottine, la douga[1] posée sur le cou du cheval qu'il monte. On n'attelle pas non plus aussi rapidement que le désire celui qui attend, et quand le voyageur, heureux d'être emporté à toute vitesse, croit enfin être parti, bien parti, un trait casse, une courroie se desserre, et chaque fois on fait halte. Mais à part ces à-coup qui reviennent à peu près chaque jour, c'est d'un relais à l'autre une course folle. Et puis, si la poussière n'est point trop dense, on a des compensations : on voit le paysage se dérouler de chaque côté de la route, on a la compagnie et la conversation parfois amusante du yemtchik russe ou kirghiz, coiffé de l'inévitable bonnet en peau de mouton. Le yemtchik ne se lasse point d'exciter ses chevaux du geste de la main, feint de lancer le coup de fouet, en même temps qu'il siffle pour en imiter le bruit. Et le cheval du milieu, la tête maintenue droite par la courroie de la douga, allonge les jambes démesurément, toujours au trot ; les chevaux qui le flanquent galopent, la tête penchée et à demi tournée comme pour regarder le conducteur. Du départ à l'arrivée, entre les bêtes et l'homme, c'est un entretien dont celui-ci fait naturellement tous les frais : il leur prodigue des excita-

---

[1] Arc en bois qu'on fixe à l'extrémité des limons au moyen de lanières de cuir ; on y attache les clochettes qui égayent la route et aussi les courroies qui maintiennent levée la tête du trotteur.

tions, des promesses, des menaces, des compliments, et les gabions espacés comme des jalons pour indiquer la route lors des tempêtes de neige, semblent courir l'un après l'autre. Et quand on voyage la nuit, aussi longtemps que la lune ne disparaît pas à l'horizon, quel plaisir de revoir l'étoile qui brille devant soi, chaque soir, et de rêver en la fixant obstinément comme un phare! Et l'on va, on va.

Après Yékatérinbourg, la première ville qu'on rencontre est Tjumen, renommée pour ses fabriques de tapis et son commerce. A Tjumen nous avons assisté à une scène curieuse de mœurs sibériennes. Nous étions dans la cour de la station postale quand des cris plaintifs nous attirent dans la rue. Un convoi funèbre est en marche, on porte un homme en terre. Quatre amis du défunt marchent en tête avec le couvercle du cercueil sur l'épaule, puis suivent quatre autres qui portent de la même manière le cercueil découvert où gît le mort dans un linceul. Immédiatement après se traîne la veuve qui gémit à pleine gorge et toujours sur le ton d'une même mélodie larmoyante. Elle se laisse fréquemment choir à terre et donne les marques du plus profond désespoir. Deux de ses compagnes la relèvent et la soutiennent; les nombreuses femmes qui suivent pleurent ou plutôt crient en chœur avec la veuve. Les hommes se tiennent à gauche du mort, silencieux et la tête découverte. A mesure que le cortége avance dans la rue, les gens qui sont à l'intérieur des maisons entendent les lamentations, ils sortent, et quand passe le convoi, ils se signent et se prosternent, les femmes poussent en outre des gémissements qui durent aussi longtemps que le défilé.

Jusqu'à Omsk nous sommes dans un pays riche et cultivé. On rencontre assez souvent des villages habités par des exilés ou leurs descendants ; les maisons sont bien construites et généralement mieux tenues qu'en Russie. La race est d'une belle venue ; mainte figure reflète l'intelligence et l'énergie. Des forêts et des bois où le bouleau domine, égayent la route.

Il nous arrive de dépasser des voitures chargées d'hommes uniformément vêtus d'une capote grise. Au milieu d'eux sont des soldats qui veillent, la baïonnette au canon du fusil. Ces voitures vont lentement, avec un bruit de ferraille plus fort à chaque cahot, car ces hommes sont enchaînés ; ils sont trop faibles pour marcher, un paysan charitable les transporte jusqu'au village où finit l'étape. On les dirige vers la région des mines. A tel endroit nous avons vu une troupe d'hommes, de femmes et d'enfants, tout un village d'exilés, faisant halte sous la surveillance de soldats.

Parfois des condamnés parviennent à s'échapper. S'ils n'ont pu se procurer de l'argent pour faciliter leur fuite, la liberté qu'ils ont conquise est plus dure que leur bagne, mais c'est la liberté. En pleine forêt, nous avons croisé une bande de ces évadés. Ils avaient pour tout vêtement une blouse et un pantalon de toile. Pieds nus, sans coiffure, la barbe et les cheveux longs, ils s'en allaient, une énorme branche à la main ; c'étaient des hommes robustes à figures audacieuses.

Les malheureux errent avec la crainte d'être repris, toujours sur leurs gardes et prêts à s'enfuir dans les fourrés. Si l'occasion se présente belle, ils attaquent une voiture ou pillent le voyageur isolé. N'ayant point d'armes à feu, ils se contentent généralement de couper les cordes qui attachent les bagages derrière les tarantasses et de les

CHEF KIRGHIZ.　　　　　　　　　　FEMME SARTE.

D'après une photographie de Kazlowski.

voler sans que les voyageurs endormis s'en aperçoivent. Ils vivent de rapines et, comme des loups affamés, rôdent autour des villages. Ils savent que le paysan sibérien a le cœur compatissant, et que s'il aperçoit des évadés dans les environs, le soir, avant de se coucher, il a soin de placer sur le bord de la fenêtre un pot de lait et un morceau de pain à leur intention. Mais que les évadés se gardent de voler dans le village, car les habitants se réuniront et, guidés par leurs chiens, leur donneront la chasse. Quand ils parviennent à les saisir, ils les attachent entre deux planches, comme s'ils ne voulaient point châtier directement le corps, et cognent sur le bois à coups redoublés. La correction administrée, ils laissent sur place le voleur à moitié assommé, sans plus s'en occuper.

Beaucoup de ces « hors la loi » meurent de privations et de souffrances, quelques-uns parviennent à gagner la Russie, les autres tombent dans les mains des gendarmes.

La contrée que traverse le Tobol et l'Ichim, affluents de l'Irtich, est très-giboyeuse. Les étangs qu'on rencontre fréquemment sont habités par des bandes innombrables de cygnes, d'oies sauvages, de hérons, de canards et autres oiseaux aquatiques. Au premier coup de fusil, ils s'élèvent en nuées compactes et sonnent une fanfare retentissante. C'est le pays béni des chasseurs, et il est naturel que le baron de Crac y ait eu ses plus merveilleuses aventures de chasse.

Les faucons et autres oiseaux de proie pullulent également; ils ont la vie facile et agréable, ayant leur dîner toujours à portée des serres. Un autre gibier qui n'est pas de plume, habitué à vivre dans les boiseries des maisons, se trouve dans chaque station postale; il s'agit des « proussaki », coléoptères noirâtres qui chaque nuit envahissent les chambres et se promènent sur les voyageurs endormis. Ils sont désagréables et importuns, mais beaucoup moins que certain insecte de couleur brune, arrondi, très-plat, sans ailes ni élytres, qui pompe le sang de l'homme à l'aide d'un suçoir ; les entomologues l'appellent élégamment *cimex lectuarius,* le vulgaire le connaît sous le nom de punaise. Or, la punaise paraît avoir trouvé son Éden en Sibérie, où les maisons sont en bois et fort bien chauffées ; elle y a fait souche et s'est multipliée au delà de ce qu'on peut s'imaginer. Un fait donnera idée de l'audace et du nombre de ces insectes ; dans une station voisine d'Omsk, ils couraient sur la table et même sur le registre où le staroste inscrivait nos noms, sans se donner la peine de les écarter.

Nous sommes à la fin de septembre ; il gèle chaque nuit, et les matinées sont froides. Le 23, à six heures du matin, il y a sept degrés de froid. De petits enfants qui sortent des chambres chauffées quelquefois à plus de vingt degrés ne se promènent pas moins dans la rue sans autres vêtements qu'une chemise. Dans l'après-midi, on a de douze à vingt degrés de chaud.

Après avoir traversé à bac l'Yrtich, large à cette place d'à peu près un kilomètre, nous courons vers Omsk, emportés par des chevaux pleins de feu qui trottent dans de mauvais chemins au train de plus de vingt kilomètres à l'heure. Ces bêtes, qui paraissent être un croisement du cheval mogol et du cheval russe, ont la taille d'un bon ardennais, mais l'encolure beaucoup plus forte, une grosse tête, un front large, un poitrail vaste, une croupe excessivement musculeuse, les jambes sèches et grosses, larges à l'articulation, avec des tendons très-saillants et très-forts. A une surprenante résistance à la fatigue, ces chevaux joignent une vitesse dont on ne les croirait point capables au premier abord. En effet, ils vivent exclusivement de l'herbe des pâturages, et leur ventre a un volume plus considérable qu'il ne convient à des coureurs.

En même temps qu'émergent de la vallée les premières maisons d'Omsk, nous apercevons à notre droite le dos rond des premières yourtes kirghiz éparpillées dans un pli de terrain. A distance, dans la brume du soir, avec leurs feutres noirâtres et le mince filet de fumée qui filtre par en haut, elles semblent les tas fumants d'une charbonnière à la lisière d'un bois.

Omsk, située sur l'Om, rivière qui se jette dans l'Irtich, est régulièrement bâtie, sans monuments remarquables. Elle est habitée par un grand nombre d'exilés polonais.

Son petit musée contient une belle collection d'oiseaux des steppes, de curieux objets d'ethnographie recueillis chez les Samoyèdes, et entre autres choses les étoffes que ces demi-sauvages fabriquent avec le fil d'une ortie. Les bazars de la ville sont bien approvisionnés de marchandises de Russie. Dans les rues, on rencontre fréquemment des caravanes. On ne trouve point d'ânes à Omsk ; ils n'en supporteraient point le climat rigoureux. C'est ici que nous voyons les premiers chameaux et leurs propriétaires, les Kirghiz trapus, à la face large, à l'œil petit, bridé, et avec des jambes arquées. Nous nous rappelons involontairement la description des Huns par Ammien Marcellin. Comme eux, ils se nourrissent de viande de cheval.

A la sortie d'Omsk commence la steppe de Baraba, les villages sont plus rares, les relais plus espacés. Toujours beaucoup d'exilés polonais. Les starostes sont généralement Cosaques, et la plupart des yemtchiki sont pris parmi les Kirghiz devenus sédentaires. Les Russes qui vivent au contact de ces derniers parlent volontiers la langue turque, qu'ils apprennent très-facilement. Nous rencontrons fréquemment des étangs peuplés d'oiseaux aquatiques innombrables. Les aigles, les faucons sont toujours nombreux, et il n'est pas rare de voir sommeiller à la cime des arbres de gigantesques harfangs d'une blancheur de neige. Mais les corbeaux dominent; grâce à leur nombre et à leur courage indiscutable, ils sont les maîtres de la steppe, et on les voit donner la chasse aussi bien à l'oisillon qu'à l'aigle et au vautour. Des lacs qui se dessèchent sont frangés de cristaux de sel. A la place de ceux qui ont disparu, les dépôts salins reluisent comme des précipités d'argent au fond de creusets immenses, et ce sont autant de miroirs étamés par la nature, qui produisent sous le soleil des effets de mirage merveilleux et les multiplient à travers la plaine. Alors les modestes méguils [1] des Kirghiz flanqués de quelques perches en manière de toug [2], paraissent être des monuments grandioses au milieu de bocages entourés d'eau.

Les villages s'allongent le long des berges de l'Irtich. Les tentes des nomades, tapies derrière les pentes, ne laissent voir que leur calotte : on dirait qu'elles se font petites pour échapper aux brusqueries du vent, que des moulins à vent défient hardiment ; ils lui présentent le flanc, postés sur des collines, et ils agitent follement leurs ailes. Fréquemment on rencontre des tabounes [3] de chevaux qui broutent par centaines; ils sont gardés par des cavaliers armés d'une longue perche terminée par un lacet — c'est

---

[1] Tombeaux en terre séchée ou en briques parfois abrités sous un dôme.
[2] Fanion fait d'une perche et d'une queue de cheval.
[3] Nom donné aux troupeaux de chevaux.

la houlette du berger kirghiz. Notre voiture roule sur la steppe semblable à une table ronde au bout de laquelle nous ferons la culbute, mais le bord de la table fuit devant nous comme le cercle d'un rond dans l'eau devant la barque qui s'avance, et nous ne pouvons l'atteindre non plus que l'horizon d'une mer. Nous comprenons qu'il ait souri à ces nomades de se réunir en bandes nombreuses et de s'en aller sous la conduite d'un chef aventureux droit au soleil couchant, poussés par le désir de voir ce qu'il y a au bout de la plaine.

La nuit tombée, nous sommes au centre d'un globe qui nous enveloppe d'une tenture sombre où scintille l'or des étoiles, plus pâle quand se promène la lune. La solitude est complète. On entend le tintement de la clochette de la douga, le trot des chevaux, les cris du yemtchik, le tremblotement de la voiture, et puis rien. Quelquefois un chant s'élève dans le silence : c'est un yemtchik qui retourne à la station; ou bien une lueur éclate, grandit et court comme un feu follet : ce sont les herbes de la steppe qui brûlent.

A Pavlodar, sur l'Irtich, nous voyons la cheminée d'un steamer dépasser la berge. Il vient prendre un chargement de sel grumeleux dont on trouve des gisements dans le voisinage. Ici la végétation est plus vigoureuse que dans les environs d'Omsk, les saules sont moins rabougris, les peupliers plus élancés : c'est que nous avons remonté vers le sud.

A partir de Pavlodar, la steppe est plus accidentée, et partant moins monotone. En approchant de Sémipalatinsk, les contre-forts extrêmes de l'Altaï se montrent à l'est.

Sémipalatinsk, sur les bords de l'Irtich, est la dernière ville ou plutôt le dernier village de quelque importance que nous traversons en Sibérie. Elle est la résidence d'un gouverneur. Cette ville est construite au milieu des sables; on y voit nombre de Tatars et de Kirghiz. Depuis Omsk, nous avons suivi la rive droite de l'Irtich; ici, nous passons sur la rive gauche pour gagner le bassin du lac Balkach. Quand nous passons au bac, des caravaniers attendent leur tour avec des chameaux chargés. Une de ces bêtes s'abat en descendant la berge, et les Kirghiz s'efforcent de le remettre sur pied, mais sans jurons, sans un coup, tranquillement. Ces gens sont patients, peut-être parce qu'ils ont du temps à perdre.

De Sémipalatinsk à Serguiopol, nous voyageons dans la plus désolée des steppes : à part les stations postales, rien qui ait l'apparence d'un hameau. Pas d'arbres, pas de champs cultivés. Nous faisons quatre-vingts kilomètres sans voir d'autre oiseau qu'un tiercelet malingre réduit à chasser les petits rongeurs. Cette région est fameuse par ses bouranes [1] épouvantables. Des carcasses de chevaux et de chameaux sont semées sur la route, des méguils de Kirghiz apparaissent çà et là; tout parle de mort.

Nous sommes à l'extrémité est de la plaine où les Kirghiz mènent la vie nomade; elle commence à l'Oural, elle a donc une largeur d'environ mille lieues.

A la deuxième station après Sémipalatinsk, un convoi de condamnés indigènes du Turkestan fait halte; ils ont les chaînes au pied, des soldats les conduisent aux mines de Barnaoul. Les misérables préparent eux-mêmes leur pitance dans une marmite; des femmes kirghiz leur font l'aumône d'un peu de lait et de riz. Ils paraissent résignés à leur sort.

---

[1] Tempête de neige.

A la station d'Atchikoul, située au bas de collines abritant un aoul, nous rendons visite à des nomades, à nuit close. Ils sont trois près d'un feu chétif de kisiak [1]. Deux d'entre eux coupent de la viande de cheval séchée, en petits morceaux qu'ils jettent dans une marmite remplie d'eau; un troisième alimente le feu avec des brindilles et de l'herbe sèche qu'il brûle par petites poignées, parcimonieusement. Il sait bien que le combustible est chose rare autant qu'indispensable sous ce climat continental. Au reste, ils ont entassé des meules de broussailles près de leur demeure, pour se chauffer pendant l'hiver. Leur tente est placée à l'intérieur de petits murs en terre disposés en carré, dans un coin. Ils hivernent à cette place. Les chevaux sont au piquet, les vaches dorment sur le sol. Le chef de la tente nous introduit chez lui. Il bat le briquet, allume des herbes au milieu de l'aire; il souffle, la flamme jaillit, et à travers la fumée nous distinguons à l'intérieur de la kibitka un veau, endormi près d'un coffre, et, à côté, sous des peaux de mouton, nous entendons des chuchotements. Ce sont les femmes que nous avons éveillées; elles se communiquent sans doute leurs impressions. Elles n'osent se lever pour nous mieux voir, leur époux et maître ne les ayant point invitées à quitter leur place. Elles se contentent de nous regarder d'un œil en soulevant leurs couvertures. Ces Kirghiz accablent de questions notre domestique, qui est lui-même un Kirghiz. Le brave garçon qui nous accompagne est très-content d'être coiffé d'un vieux chapeau de feutre que je lui ai donné. Il a quitté son kolpak en peau de mouton pour une coiffure qui jure avec le reste de son costume national et lui fait une tête étrange

---

[1] Bouse séchée.

et comique. Il donne à tâter à ses congénères ce couvre-chef qui vient de loin, et ceux-ci expriment leur admiration par des claquements de langue. Il nous faut sortir de nos poches tout ce qu'elles peuvent contenir d'objets intéressants. La montre à remontoir les surprend, mais captive moins leur attention que mon couteau, qui coupe le fer, et la boussole dont l'aiguille se tourne toujours du même côté. Ils comprennent tout de suite qu'elle indique le nord, et ils tendent le bras vers la « petite étoile qui ne bouge pas ». Ils nous demandent un peu de sucre. Quand nous les quittons, le chef de la tente nous tend la main et nous souhaite un heureux voyage.

Ces Kirghiz sont très-doux et très-affables, comme tous ceux de leur race que nous rencontrerons plus tard. Toujours nous les avons trouvés hospitaliers et accommodants, et ils sont plus honnêtes et plus mâles que leurs voisins, les sédentaires de race iranienne.

Le 8 octobre, au pied du mont Tchingis, nous découvrons Serguiopol, la première ville du Turkestan. Ville sur la carte, en réalité village de piètre mine, dans une vallée triste et désolée. Une église blanche, quelques maisonnettes aux toits saupoudrés de poussière, des huttes en terre crépies de chaux, en tout de quoi abriter deux cents habitants, et un baraquement pour les soldats : telle est Serguiopol. Ce qu'on nous dit de son climat n'est point fait pour modifier notre première impression. Pendant l'hiver, le froid serait terrible, et les bouranes si violents que l'habitant doit rester calfeutré dans sa maison quelquefois une semaine entière.

Dorénavant nous avancerons moins rapidement ; les chemins sont exécrables et les chevaux mauvais et rares. Beaucoup de nomades sont réduits à monter sur des bœufs :

ils les guident en tiraillant une corde qui serre le mufle ou s'attache à une broche de bois passée dans les narines.

Ayant dépassé la station de Djous, nous apercevons, à l'ouest, le lac Balkach ; nous voyons comme le golfe d'une mer avec une île au milieu ; ce paysage rappelle la sortie du port de Christiania. Comme les autres lacs du pays, celui-ci se dessèche, et nous traversons péniblement les sables que ses eaux recouvraient naguère. Il est probable qu'il fut en communication avec cette traînée de petits lacs qu'on peut suivre à l'est jusqu'au pied du Tian-Chan.

Des kibitkas, des troupeaux, des carcasses de chevaux et de chameaux toutes blanches : c'est toujours la steppe. Nous marchons vers le sud. A notre gauche pointent les sommets neigeux de l'Ala-Taou ; le soleil couchant illumine ses flancs abrupts, et les roches dénudées ont une souplesse et des reflets de velours grenat. L'Ala-Taou forme un fouillis de montagnes qui s'alignent, s'étagent et se confondent en ondulations grandioses se perdant dans le ciel. Est-ce parce que nous sommes bien las des dix mille kilomètres de plaine que nous courons depuis Paris ? Nous ne pouvons détacher nos yeux de cette chaîne de montagnes, qui nous paraît ravissante.

La pensée nous vient qu'au delà commence la civilisation chinoise, fille du lœss, vieille de milliers d'années, et des Dounganes, coiffés du bonnet de feutre, nous annoncent que nous frisons la pointe du triangle formidable ayant sa base sur le Pacifique, que le colosse chinois couvre en Asie. Souhaitons à nous-mêmes et à nos descendants que jamais la fantaisie ne lui prenne de s'armer pour la conquête, à l'imitation des peuples de l'Europe.

Maintenant que nous sommes près des montagnes, les

rivières desséchées sont plus rares, les stations postales sont généralement bâties au bord d'un filet d'eau bordé de peupliers ou de saules, qui arrose quelques champs cultivés, et nous avons autant de petites oasis vertes où reposer nos yeux fatigués de la blancheur de la steppe ensoleillée. Après avoir passé la Lepsa et l'Ak-Sou, qui se réunissent au moment de se déverser dans le Balkach, nous sommes dans un pays mieux arrosé, plus fertile, avec des pâturages. On aperçoit des aouls, des méguils, des chevaux paissant l'herbe en bandes nombreuses.

Au pied d'un contre-fort de l'Ala-Taou, qui barre le chemin de Kopal, à côté d'un ruisseau d'eau limpide et fraîche, est la station d'Abakoumoskoy.

Un bain pris à la clarté des étoiles avant le lever de l'aurore, déjà paresseuse en ce mois d'octobre; la première pastèque du voyage savourée aussi lentement qu'un sorbet, quand on a la gorge en feu et comme une brûlure sur tout le corps, voilà plus qu'il n'en faut pour garder le souvenir d'un coin très-insignifiant de la terre.

Grâce à la pastèque dont je me régale avant le coucher, grâce à la certitude de pouvoir me plonger dans l'eau froide à mon réveil, j'ai trouvé très-poétique, à Abakoumoskoy, de m'endormir — comme d'habitude — calfeutré dans le tarantasse qu'ébranlait le vent de la nuit; j'ai trouvé très-poétique de tendre l'oreille au bruit des aouls épars dans la steppe d'où nous arrivait le cri enroué d'un chameau, la plainte d'un veau ou l'agaçant et rauque aboiement des chiens à poil long et fin museau, rêvant de chasse. Et dans les intervalles de silence, l'eau du ruisseau rabotant les cailloux me ravissait comme un doux gazouillement. A quoi tient la tournure du jugement que porte un voyageur sur les choses et sur les hommes! Plus qu'aucun autre, il doit être en défiance vis-à-vis de lui-même pendant qu'il observe, de façon à ôter le plus possible de sa valeur à l' « équation personnelle » de MM. les astronomes.

Par une matinée fraîche et lumineuse, nous nous engageons dans la montagne. La route est encaissée ; elle monte la pente que descend gaiement un mince ruisseau qui bondit ainsi qu'un enfant turbulent. Assez large pour deux voitures, elle serpente entre les roches, se dérobe à droite, à gauche, ne nous laissant voir que les deux cents prochains mètres à courir : comme un lézard se faufile dans une crevasse et ne montre que la queue à celui qui le poursuit. Pour soulager nos chevaux essoufflés, nous quittons la voiture et laissons le yemtchik prendre les devants. L'écho répercute les claquements de leur fouet et leurs cris qui s'éloignent. Nous ne tardons pas à nous apercevoir que nos jambes sont percluses par l'usage constant de la voiture, et la montée, qui eût été autrefois une promenade agréable, est une ascension fatigante. Nous nous traînons tant bien que mal, comme les chameaux que nous joignons à mi-chemin. Ces bêtes n'ont point le pied grimpeur ; la montagne est le « plancher des vaches » de ces navigateurs du désert, et ils n'y sont point à l'aise. Ils trébuchent fréquemment contre les pierres, et, encolérés par les obstacles qu'ils trouvent à chaque pas, ils finissent par s'arrêter, et, les jambes écartées, s'obstinent à rester là. Les chameliers leur tenaillent le nez, les infortunés portefaix bavent et pleurent de douleur, puis se décident à suivre le vieux Kirghiz à barbe blanche qui marche en tête, monté sur un bœuf noir. Le vieillard tire le premier chameau par une longe, s'arrête chaque fois qu'un des suivants fait halte, attend patiemment, et, entre temps, comme nous-mêmes, va boire à mains pleines l'eau claire qui coule d'en haut. Il nous regarde d'un œil stupéfait quand nous examinons les schistes violets et les filons de quartz très-blanc qui brillent dans les roches.

Au sommet de la passe, à l'issue du couloir où nous étions enfermés, d'une plate-forme naturelle de granit en plein soleil, nous avons le contraste de la steppe infinie et nue devant nous, et des plateaux verdoyants à notre droite où les nomades ont semé leurs tentes, taupinières infimes en bas des pics de l'Ala-Taou.

La descente dans la direction de Kopal est très-rapide.

Kopal est une ville d'environ quatre mille habitants. Avec ses maisons de style russe bien alignées, un jardinet au tournant d'une rue, elle nous semble un séjour délicieux, en comparaison de Serguiopol. Kopal, d'abord poste cosaque, est devenu un petit centre de commerce, grâce à sa position sur la route de Tachkent et de Vernoié à la Sibérie.

Nous quittons Kopal par la pluie; la grêle tombe ensuite, puis la neige. Nous traversons des plateaux souvent coupés de rivières qu'on passe à gué ou sur un pont, quelquefois à côté du pont, par précaution. La température baisse brusquement; en vingt-quatre heures nous passons de vingt-cinq degrés de chaud à trois degrés de froid. Un vent glacial souffle du sud-ouest. A Altyn-Imel, poste de guerre russe sur la route de Chine, nous sommes très-heureux de nous chauffer, et au lieu de passer la nuit dans notre voiture, nous nous réfugions près d'officiers russes qui nous offrent gracieusement une place à portée d'un poêle qui ronfle. Des troupes sont assemblées à cet endroit en prévision d'une guerre avec la Chine, à propos de la province de Kouldja.

La route devient plus animée. Notre Kirghiz de Sibérie rit de bon cœur en voyant les premiers Sartes coiffés du turban, montés sur des ânes, et il ne ménage point les plaisanteries à ceux qui conduisent leur arba¹, assis sur le cheval, un pied appuyé sur chaque limon.

Après Tchingil nous sommes sur les rives de l'Ili, précisément au moment du passage des perdrix de montagne. Leurs nuées filent au-dessus de nos têtes. Je n'ose dire le chiffre approximatif des perdrix qui passent durant trois heures; il paraîtrait certainement exagéré à nos chasseurs de France qui s'estiment heureux d'en apercevoir une centaine dans une journée.

En passant l'Ili, notre voiture est placée sur le bac à côté de celle d'un vieux Juif de Turkestan, qui écorche le russe et sait les quatre mots suivants de notre langue : « Français, bien, bonjour, monsieur. » Il a rapporté ce vocabulaire d'un voyage à Jérusalem. Il est allé à Port-Saïd, à Alexandrie, à Aden, à Arkhangel.

Par la steppe, puis des champs cultivés, nous arrivons à Vernoié, capitale de la province des Sept-Rivières. Une allée de peupliers conduit à cette ville, couchée au pied de l'Ala-Taou transilien, que couronnent des forêts de sapins.

Vernoié, qui était en 1853 un poste cosaque, compte, nous dit-on, vingt mille habitants.

Elle est percée de belles rues larges, plantées d'arbres comme nos boulevards, arrosée par des ruisseaux d'eau courante. La population est mélangée : on y trouve des Sartes, des Tatares, des Kachgariens, des Kalmouks qu'on voit passer à cheval, une longue tresse de cheveux leur battant le dos. Ils habitent la vallée de l'Ili depuis leur

---

¹ Voiture en bois à deux roues très-élevées.

grand exode de l'année 1771; quelques-uns de leurs frères sont encore sur le Volga.

Près de Vernoié est l'emplacement d'une ville disparue[1] qu'on dit avoir été Almaltik, visitée par les voyageurs chinois du moyen âge, qui la virent dans sa splendeur.

De Vernoié nous longeons les montagnes par une steppe où de grands aigles noirs abondent. Chemin faisant, nous en tuons deux d'une belle envergure; à la porte d'une tente kirghiz, un de ces oiseaux, dressé à la chasse, est attaché à un piquet, la tête encapuchonnée. Nous voyons des loups traverser la route; l'un d'eux, à cent mètres de nous, gratte tranquillement le sol pour prendre un mulot dans son trou. Le pays est infesté de ces fauves; on les trouve également dans la montagne, où ils sont en compagnie du lynx, de la panthère, de l'once, de l'ours.

C'est de Koudaï, perchée sur un contre-fort de l'Ala-Taou, que nous apercevons pour la première fois la chaîne des monts Alexandre. Ils vont de l'est à l'ouest. Les premières neiges leur ont déjà mis une large collerette blanche. Ayant descendu à toute vitesse une pente si roide que les roues semblent glisser, nous sommes ensuite ballotés par de mauvais chevaux, dans de mauvais chemins, jusqu'au Tchou, qui roule une eau claire à travers des jungles touffues. Elles sont le repaire des sangliers et des tigres comme celles de la Lepsa et du lac Balkach. Près du Tchou, beaucoup d'aouls et de nombreux troupeaux.

Au delà du Tchou, au point où la route bifurque à l'est vers le splendide lac Issik-Koul, à l'ouest vers Aoulié-

---

[1] Au nord de la Ferghana étaient autrefois des villes comme Almalik et Almaty, et Yangui, qui dans les livres est appelé Tharar Kend; de nos jours, depuis les Mongols et les Ouzbeks, elles sont ruinées. (Béber, éd. Ilminsky, page 1.)

Ata, nous voyons Pichpek, ancien fortin kokandais, maintenant un joli village d'un riant aspect, avec des maisons entourées de peupliers et de saules.

Entre Pichpek et la station d'Ak-Sou, nous voyons un bolide filer de l'est à l'ouest. La boule de feu s'abat sur une montagne voisine, bondit sur les roches, trace des trajectoires éblouissantes et disparait dans une gorge.

A notre gauche s'allongent toujours les monts Alexandre, où naissent les rivières qui alimentent les aryks[1] de la plaine. Beaucoup d'aouls et de méguils ; les méguils sont les plus grands que nous ayons vus jusqu'à ce jour ; ils disent la richesse des morts et partant du pays, prouvent que l'eau ne manque point.

Tchaldovar, avant Merké, est habité par des paysans petits russiens immigrés depuis la conquête. Leur colonie est dans une situation prospère. Ils cultivent courageusement le sol, leurs récoltes sont belles, et ils sont contents de leur sort. En même temps que ces paysans s'installaient volontairement, on transportait sur divers points du Sémiretché des Cosaques auxquels on donnait également de bonnes terres afin qu'ils pussent pourvoir eux-mêmes à leur subsistance. Ils devaient défendre la frontière contre les attaques des nomades. Mais les Cosaques, descendants de guerriers, n'avaient point ces habitudes de vie réglée qui font le bon cultivateur : ils ont négligé la culture du sol, préférant la chasse et la pêche dans un pays giboyeux. Ce sont de mauvais colons. Hommes de cheval, qui se plaisent aux déplacements, ils deviendraient nomades plutôt que de s'enpaysanner. Ils n'ont pas assez perdu l'habitude du sabre pour manier volontiers la pioche.

[1] Canaux d'irrigation.

A Merké, gros village de Sartes, les Kokandais avaient autrefois une forteresse. Elle a été démantelée, et maintenant une croix est plantée sur les ruines des murs en mémoire des soldats russes tués en la prenant. Nous quittons ce village dans la matinée. Arrivés aux dernières maisons, nous entendons crier à tue-tête, les gens courent, chacun sort de sa demeure. Un loup cause tout cet émoi. Il était entré dans une cour pour surprendre quelques volailles, on l'a chassé, il s'est sauvé dans la rue, et tout le monde le poursuit, qui avec une fourche, qui avec un bâton. Mais le gaillard a d'excellentes jambes; il passe devant nous comme une flèche, franchissant un mur et gagnant la montagne, les oreilles droites, au grand galop.

Jusqu'à Aoulié-Ata la route est serrée entre les montagnes et le désert d'Ak-Koum. Les chevaux, de plus en plus rares, sont de plus en plus mauvais. Des rivières desséchées au lit cailloutoux; une bande de Sartes enchaînés, qu'on conduit en Sibérie, puis, à Atchi-Boulak, une petite caravane de Dounganes. Les uns conduisent les bœufs traînant les voitures chargées de leur avoir; les autres chassent le bétail devant eux. Les femmes sont à cheval, élancées, d'une figure agréable, qu'elles ne cachent pas sous un voile. Les hommes sont robustes : poitrine large, cou de taureau à découvert, haute stature, avec un visage franc et un regard fier. Ils ont l'œil plus bridé que les Kirghiz, la face plus longue. Ils sont musulmans. Leur réputation est d'être de laborieux cultivateurs et des soldats courageux. Ils vivent dans les vallées du Tian-Chan, où ils dominèrent autrefois. Récemment écrasés par les masses chinoises, ils ont émigré en grand nombre sur le territoire russe.

Ils s'en vont vers le soleil levant, leur troupe disparaît

lentement dans un chemin creux. Ils tournent le dos à la légère nappe du désert, qu'ils n'aiment point ; ils lui préfèrent les alluvions épaisses.

Au moment où le soleil effleure de son cercle d'or la grande tangente de l'Ak-Koum, nous apercevons d'une hauteur la plaine fertile où le Talas se ramifie capricieusement. Il arrose une oasis riche en pâturages ; les aouls y sont entassés, le bétail innombrable, et de grands peupliers s'élancent à côté de vigoureux saules branchus comme des chênes. Les yourtes s'éclairent des feux du soir quand nous commençons à franchir les bras multiples de la rivière, entre-croisés comme les mailles d'un filet. Le courant est rapide, de grosses pierres bossuent le lit du Talas ; il nous faut l'aide de cavaliers qui s'attellent aux voitures et excitent les limoniers de leurs cris incessants : en moins d'une demi-heure, nous sommes sur la terre ferme, sans autre accident qu'une roue cassée.

Aoulié-Ata est un village de peu d'importance. Son bazar était assez animé le lendemain de notre arrivée : on y voyait surtout des Kirghiz noirs (Kara-Kirghiz).

En quittant la vallée du Talas, sur les plateaux que ravine la rivière Arys, la température tombe à deux degrés au-dessous de zéro, et jusque dans l'après-midi nous faisons route par une neige qui nous aveugle de ses flocons. Puis le vent du nord-ouest déchire les nuages, les disperse, et la plaine du Jaxartes ou Syr-Daria se déroule, ayant au nord les contre-forts du Kara-Tau.

Au village de Mankent, le paysage change d'aspect ; on est en plein dans l'oasis. L'alluvion reparaît en couches profondes, la végétation est luxuriante ; au bord des aryks, des peupliers et des saules s'alignent ; derrière les maisons en terre sont les vergers, plantés de pommiers, de pistachiers, d'abricotiers trois fois grands comme ceux de nos pays. Dans les champs, les Sartes, vêtus d'une chemise et d'un caleçon de toile, font les semailles ; les uns houent la terre avec le ketmen [1] large et arrondi, d'autres labourent avec une amatch légère, traînée lentement par des bœufs ou par un chameau pelé qui arpente les sillons à longues emjambées, avec des allures dégingandées d'échassier et de bossu. L'amatch est une charrue primitive dont la structure n'a peut-être pas été modifiée depuis les temps éloignés où elle fut conçue par le génie de nos pères, les Aryens. C'est encore un tronc de bois coudé à angle obtus, la branche du bas taillée en pointe et emmanchée d'un coutre en fonte ; l'autre branche, plus grande, est le mancheron unique avec lequel le laboureur godille dans la terre ; au-dessus du coutre s'adapte une poutrelle servant de timon pour atteler. Jusqu'à Tachkent nous sommes chez les Sartes à figure longue ; leurs femmes dérobent leur visage sous un voile de crin et s'enfuient à notre approche ; les enfants jouent sur les toits faits de la boue des rues, et, lorsque nous passons, ils nous lancent parfois des injures en y joignant un geste bien digne des Sartes, petits-fils d'Onan.

Les villages se suivent, la population est dense. A la vie pastorale de la steppe a succédé la vie d'agriculteur des vallées humides.

[1] Sorte de pioche.

II

TACHKENT INDIGÈNE.

Population flottante. — Population sédentaire : Kirghiz, Tatars, Indous, Tsiganes, Juifs. — Les Sartes. — Construction et disposition d'une maison indigène. — Costume d'un homme. — Pas de mode. — Les différents aspects d'un turban. — Costume des femmes. — Leur éducation. — Histoire d'un mariage; la cérémonie. — Parures des femmes. — Leur vie après le mariage. — Leurs distractions.

Dans l'après-midi du 1ᵉʳ novembre, notre tarantasse roule sur la plaine qu'arrosent le Tchirchik et ses affluents. Plus de montées ni de descentes : la route, avec ses ornières et sa fine poussière, se développe presque en ligne droite. Les arbas et les cavaliers sont nombreux, des chameaux lourdement chargés s'en vont par longues files.

C'est l'animation, le va-et-vient incessant qui annoncent l'approche d'une cité populeuse.

Le soleil est encore chaud, des gens piochent, le torse nu; les arbres sont verts; nous retrouvons le printemps, après avoir éprouvé les rigueurs d'un commencement d'hiver en Sibérie.

Puis nous sommes au milieu des hauts murs de terre qui enclosent les jardins, où les indigènes ont coutume de passer sous des abris la saison des chaleurs, et nous ressentons l'inexplicable sentiment de plaisir de tout civilisé qui se voit de nouveau au milieu de beaucoup d'hommes à la fois. Car Tachkent est bien une grande ville, la première depuis Moscou. Les maisons sont drues, mais carrées, à toiture plate, quelquefois à un étage, toujours en terre.

Avec l'idée qu'on s'est faite en Occident d'une capitale, on croirait plutôt se trouver dans un village ou un faubourg ; pourtant, c'est bien une ville, ayant l'aspect que devaient avoir les villes gauloises à l'époque des Carlovingiens, quand nos pères vivaient de culture, de petit commerce, sans division de travail, et presque sans industrie comme ces gens-ci.

Mais une porte en briques se dresse, toute moderne, voûtée, ronde, profonde : c'est l'entrée d'une forteresse ou d'une prison : nous venons de pénétrer dans le quartier russe.

Voilà des rues droites en éventail autour d'une grande place flanquée d'édifices ; ici, le gymnase ; là, l'institut topographique militaire ; plus loin, la banque ; puis un pont aux parapets peints en vert, et des maisons blanches, style russe, de grands magasins, des boutiques, un charcutier, un hôtel. Le long des rues spacieuses, des allées d'arbres et des ruisseaux d'eau courante, des femmes du peuple, des officiers à cheval, une troupe de soldats en marche : c'est l'Occident à côté de l'Orient, celui-ci avec sa simplicité, son peu de besoins ; celui-là avec tous les accessoires que réclame l'impérieuse nécessité du bien-être, avec ses armées permanentes, bien outillées pour la lutte, qui conquièrent, qui rendent à cette pauvre Asie, — notre épouvante d'autrefois, — la monnaie de sa pièce, qui lui remboursent à coups de canon et de fusil les coups de sabre et de lance que nous prodiguèrent jadis ses Attila et ses Gengiz.

Tachkent, — ville de pierre, — ainsi nommée par ironie probablement, est vieille de milliers d'années. Autrefois, elle était située plus près du Jaxartes ou Syr-Daria, à l'endroit couvert de ruines appelé vieux Tachkent, à vingt-cinq kilomètres au sud-ouest du nouveau. Elle s'appelait d'abord Tchach, et, d'après le chroniqueur indigène Mohammed Tachkenti, elle n'apparaît dans l'histoire avec son nom d'à présent que dans le deuxième siècle de notre ère. Depuis cette époque, on la voit, ainsi que le territoire qui l'enclave, passer successivement sous la domination de tous les conquérants qui se présentent : Chinois, Thibétains, Mogols, Kirghiz, Dounganes, Bokhares, Kokandais, s'en emparèrent tour à tour, et, en dernier lieu, elle est conquise, le 29 juin 1865, par le général Tchernaieff, fils d'une Française, à la tête de 1,950 soldats russes. Rien ne fait prévoir qu'elle doive prochainement passer en d'autres mains.

Tachkent est dans une bonne situation géographique. Bâtie sur le lœss, terre de culture par excellence, au point où descendent des montagnes les eaux abondantes du Tchirtchik, elle offre aux indigènes tous les avantages désirables : un sol riche et facile à irriguer. Dans de telles conditions, le climat aidant, un homme qui travaille peut vivre sans grande peine.

Rien d'étonnant donc à ce que les agriculteurs se pressent dans la vallée du Tchirtchik, et qu'une grande ville ait surgi et se soit maintenue à la place où nous la trouvons aujourd'hui.

Elle couvre une surface aussi grande que Paris, et n'a guère plus de cent mille habitants. Cette extension considérable, pour une population relativement faible, s'explique facilement : la majorité des Tachkentais vivent d'agriculture, et toujours ils ont un jardin plus ou moins grand contigu à leur habitation.

La ville est divisée en quatre grands quartiers, nommés yourtes, et subdivisée en quarante-deux plus petits, nommés makallah. Chaque quartier a une dénomination spéciale. Avant la dernière conquête, il y avait une enceinte de murailles en terre percée de douze portes d'où le nom de cité aux douze portes que lui donnent quelquefois les nomades. Les Russes ont jeté bas les portes s'ouvrant du côté de leur quartier, et ils ont construit une forteresse près de laquelle se groupent leurs maisons et qui domine la ville indigène.

Le Tachkent sarte a une population flottante de Bokhariens, d'Afghans, de Persans et de Kachgariens, marchands pour la plupart. Les Kirghiz, les Tatars, les Juifs, les Indous, les Tsiganes et les Sartes forment la population sédentaire.

Les Kirghiz sont nombreux dans le quartier de Jakka-Bazar. Ils ont conservé leurs habitudes et leurs occupations de nomades; ils vivent sous la tente, élèvent des chevaux et du bétail, fabriquent du mauvais koumys pour les Sartes, et, avec du millet et du riz, une boisson fermentée légèrement enivrante, le bouza, dont eux-mêmes boivent des quantités énormes. Les jours de marché, ils s'en vont au bazar avec les outres pleines, et débitent le contenu aux amateurs. Leurs femmes tissent une toile grossière employée à la confection des sacs pour céréales; elles fabriquent aussi des pièces d'un feutre solide (kachma) : au Kirghiz il sert à construire sa tente, à tout le monde de lit et de tapis pour couvrir le sol de la maison, au marchand à protéger de l'humidité et de la poussière les marchandises qu'on transporte à dos de chameau.

Le Kirghiz n'est pas un musulman très-fervent, il est assez indifférent en matière de religion. D'une bonne foi relative, sans aptitude pour le commerce, il est la proie des Sartes mercantiles qui l'exploitent; aussi les déteste-t-il sincèrement.

Nous nous étendrons ailleurs plus longuement sur les gens de cette race qui parlent le plus pur dialecte turc.

Les Tatars sont venus de Russie avant la conquête. En leur qualité de musulmans, ces réfugiés purent s'installer dans le pays sans difficultés; ils fondèrent même près de la ville le village d'agriculteurs de Nogaï-Kourgan (Montagne des Tatars). Ils s'occupent généralement de commerce et excellent dans l'art de s'enrichir. Il en vint aussi à la suite des armées russes. Comme ils parlent tous le russe et le turc, on les emploie volontiers comme interprètes, et ils sont des intermédiaires tout désignés entre les vainqueurs et les vaincus qui sont leurs coreligionnaires. Les nouveaux venus, dont quelques-uns sont de très-riches commerçants, habitent le quartier neuf.

Les Indous sont tous réunis dans un même caravansérail où ils vivent sans femmes. Ils vendent des tissus de l'Inde, des châles, des mousselines; mais on prétend qu'ils tiennent boutique pour la forme, et que l'usure est la source principale de leurs revenus. Ils prêtent à des taux fort élevés et seulement sur de bonnes garanties. Le gouvernement russe du Turkestan les a autorisés à devenir propriétaires fonciers, droit qu'ils n'avaient pas jusqu'à ce jour. Les Sartes n'ont pas accueilli cette innovation avec plaisir; beaucoup d'entre eux sont les débiteurs des Indous, et ils craignent de voir passer leurs propriétés aux mains des infidèles.

Adorateurs du feu, les Indous ont soin d'avoir dans

leur chambre un flambeau constamment allumé, et toujours ils portent au front le signe qui varie suivant leur caste. Ils conservent le costume national, le bonnet rond, la babouche à bec recourbé; ils ont des cheveux longs, se taillent la barbe, et ne mangent qu'à leur table et leur propre cuisine.

Les Tsiganes fabriquent des voiles de crin pour les femmes, des tamis, des treillages en fil de fer. Ils sont peu nombreux et méprisés.

Les Juifs habitent dans le Djougout Rakallah; ils sont talmudistes et parlent persan. D'après Youdi-Tcherny, savant de leur religion, en 720 avant le Christ, ils auraient été transportés en Médie par Salmanassar, et se seraient, de là, répandus dans la Perse et le Maverannahr. Il faut donc les compter parmi les plus anciens habitants de l'Asie centrale.

Après l'introduction de l'islamisme dans ce pays, on leur laissa le droit de pratiquer leur religion. Ils s'habillent comme les musulmans, mais on les reconnaît facilement aux longues boucles de cheveux qui tombent sur leurs joues. Ils se coiffent généralement d'un bonnet pointu bordé de fourrure. Cette coutume leur vient peut-être de l'époque où les autorités indigènes leur imposèrent un costume spécial : ils devaient porter des bottes et une coiffure d'une certaine forme; le turban leur était interdit; leur ceinture devait être en crin tressé ou simplement une corde. Ils n'avaient point les mêmes droits que les musulmans; on leur défendait l'usage du cheval, et, comme en Europe, ils ne pouvaient devenir propriétaires fonciers. Entourés de musulmans qui préféraient acheter à leurs coreligionnaires, ils s'occupaient peu de trafic et s'étaient fait une spécialité de la teinture des étoffes et de la soie.

Ils ont encore la réputation de bons droguistes et d'habiles médecins.

Jusqu'à l'arrivée des Russes, ils n'avaient pu utiliser toutes leurs aptitudes commerciales; mais, à présent que le vainqueur slave a mis tous les vaincus au même niveau, les Juifs ont ouvert boutique, et, s'ils ne luttent pas avec les Sartes dans le commerce de détail, ils savent mieux que ces derniers aller chercher au loin les objets de fabrication étrangère, et, dans tout ce qui concerne l'importation, ils font preuve d'une grande initiative et d'un grand flair commercial. Ils sont, du reste, plus intelligents et plus actifs que leurs concurrents indigènes, et il est possible que, dans la suite, ils luttent avantageusement contre les marchands russes.

Condamnés à vivre dans l'isolement, ne se mariant qu'entre eux, ils ont conservé du type sémite l'ovale prononcé de la figure et l'œil fendu en amande. Ils ont aussi le regard plus expressif et la physionomie plus avenante que les Sartes.

Le reste de la population de la ville indigène est sarte. On désigne sous ce nom les sédentaires de presque toutes les oasis du Turkestan. Le fond de leur race est aryen ou iranien, si c'est préciser davantage, mais ils portent naturellement la trace de mélanges variés, et mainte tête rappelle que les Mogols et les Turcs sont passés par là. Placés au carrefour où ont abouti tous les conquérants, d'où qu'ils vinssent, ils ont subi toutes les oppressions. Leur sort a été celui des habitants des vallées fertiles, trop attachés au sol qu'ils cultivent, au foyer près duquel ils s'étendent chaque soir, pour renoncer volontiers à la vie du laboureur paisible, mener la vie remuante du guerrier, et, en cas de défaite, se réfugier dans la montagne, comme le font quelquefois les plus énergiques d'entre eux.

Ils se sont toujours courbés immédiatement sous le joug; jamais leur résistance n'a été acharnée; ils ont connu toutes les humiliations, et leur hypocrisie, leur scepticisme, leur amour de l'argent et des jouissances matérielles en ont grandi d'autant.

Aussi leurs voisins de la steppe ou de la montagne les ont appelés de ce nom de Sartes, qu'ils prononcent avec mépris, en crachant, car le mot implique l'idée de lâcheté. Les Sartes n'osent point avouer leur nom, et quand on leur demande à quel peuple ils appartiennent, ils répondent : « Je suis de Tachkent, de Tchimkent, etc..... » Ils sentent bien qu'ils ne sont plus de race, que leur passé est pitoyable, et que leur histoire n'est qu'un long catalogue de hontes bues et de horions reçus.

Les Aryens leur ont légué un goût très-prononcé pour la culture du sol et la vie sédentaire; les Sémites, ces grands inventeurs de religions, leur ont donné l'islam; les Turcs leur ont donné leur langue. Quelques-uns cependant parlent le tadjique, un dialecte persan que les lettrés emploient de préférence.

Le Sarte habite invariablement une maison en terre dont les murs à teintes grises font à l'Occidental une impression pénible. On répugne à se courber pour pénétrer dans les chambres basses et sombres, et il semble qu'un homme se plaisant en ces réduits étroits ne peut avoir que des pensées malsaines, comme l'air qu'il y respire forcément. Pourtant si la maison du Sarte est basse, c'est que les tremblements de terre sont fréquents dans son pays, qu'il ne peut la construire qu'en terre séchée, le bois lui manquant pour édifier les charpentes ou cuire les briques.

Les forêts ont disparu du Turkestan, où, durant des

siècles, les habitants ont abattu les arbres sans rien planter à la place, sans empêcher les troupeaux de brouter les jeunes pousses. Maintenant, c'est seulement sur les pentes escarpées des montagnes qu'on trouve de rares artcha (genévriers), parfois gigantesques, et dans les hautes vallées que se rencontrent encore des bouleaux, des érables, des peupliers en rangs serrés. Les arbres de construction poussent surtout aux alentours des jardins, où on les soigne et les surveille comme les plantes peu communes et de grande valeur. Il faut voir avec quelle minutie l'ouvrier indigène utilise la moindre parcelle d'un peuplier malingre ; son économie présente un contraste frappant avec le gaspillage du Russe, son vainqueur, qui, dans ses forêts immenses, abat un arbre pour y creuser une auge.

N'ayant sous la main ni la pierre, ni le bois en quantité suffisante, l'indigène n'emploie ces matériaux que là où ils sont indispensables, et, tout naturellement, il a recours à ce qu'il possède en abondance, à la terre argileuse que durcit le soleil, sur laquelle la balle rebondit, et aux joncs qui poussent innombrables, grands comme des arbres, sur les bords des fleuves et des lacs.

Lorsque la pluie a détrempé la terre, le Sarte découpe avec sa bêche des mottes carrées qu'il superpose pour dresser les quatre murs ; puis il place en travers des poutrelles légères à peine dégrossies qui supportent le lit épais de roseaux recouverts de terre en manière de toit.

Les maisons des riches ont des fondations en briques cuites et un toit assis sur des briques carrées. A l'exception d'Allah à qui l'on élève des temples, seuls, les émirs et les khans ont des demeures faites de briques cuites très-coûteuses à cause de la cherté du combustible. Pour cette même raison, elles sont larges et minces ; plus épaisses, elles cuiraient plus difficilement, et leur prix de revient serait plus considérable.

Les maisons sont toutes sur le même modèle et ne diffèrent que par la dimension.

Les Sartes, qui ont la coutume de tenir cachées leurs femmes et de recevoir volontiers leurs amis, ont divisé leur maison en deux parties ayant chacune leur cour. Dans l'une (eschkiri), les femmes peuvent circuler et vaquer à leurs occupations à l'abri des regards indiscrets; dans l'autre (le tachkiri ou biroun), on place les chevaux des invités, leurs arbas, et l'on peut s'y amuser et s'y divertir entre hommes.

Les cours, défendues par des murs élevés, sont adossées au corps d'habitation, dans lequel on a ménagé un couloir, pour passer de l'une à l'autre.

On pénètre dans le biroun par une porte couverte, à deux battants, allant droit à un mur qui arrête immédiatement la vue, car le Sarte aime à être bien chez lui. Sous la porte, un appentis est ménagé pour les chevaux, et le long du mur, dressé comme un gigantesque paravent, se trouve l'allée conduisant dans la cour.

Devant l'habitation on voit souvent une galerie à colonnettes de bois (aïvane), au-dessus d'une terrasse qui se continue plus bas et à ciel ouvert, autour des murs d'enceinte. Sous l'aïvane, on prend le frais, on mange pendant les chaleurs; à côté, on fait la cuisine, et, par les nuits chaudes, les serviteurs dorment à l'air sur des nattes.

Au centre du biroun se trouve une fosse pleine d'eau, alimentée par un canal qui la traverse; quelquefois des saules ou des peupliers l'entourent; cette eau sert aux ablutions.

La plus belle pièce de la maison, le migman-khana (chambre de réception), donne sur l'aïvane. On y entre par une porte basse à côté de laquelle on dépose les kaouch dans un trou carré et peu profond; le jour pénètre par une autre porte plus large qu'on tient ouverte et qui n'éclaire bien que la partie inférieure de la pièce; mais cela suffit, puisque la coutume est de se tenir à genoux, les jambes croisées, ou accroupi sur les talons. Des tapis ou des pièces de feutre posées sur le sol forment tout l'ameublement de cette chambre.

Pour l'hôte de marque, on apporte des coussins remplis d'ouate sur lesquels il est plus mollement et plus commodément assis.

En hiver, vis-à-vis de la fenêtre, on allume le feu dans un trou carré semblable à celui où l'on dépose les kaouch.

Des niches ménagées dans l'épaisseur des murs remplacent nos placards. Le Sarte y dépose les objets d'un usage journalier : le koumgane (théière), l'aftaba (aiguière pour les ablutions), le livre en lecture — lorsque l'hôte est lettré, — le plateau de cuivre sur lequel sont offerts les fruits secs et les friandises pour souhaiter la bienvenue aux visiteurs.

L'appartement des femmes, adossé au migman-khana, contient les coffres où les vêtements sont renfermés; c'est là qu'on place les ustensiles de ménage dans les niches et qu'on suspend les khalats à des chevilles enfoncées dans la paroi.

Par le froid, toute la famille se réunit dans cette chambre, autour d'un brasero installé sous le sandal, table basse en bois, sur laquelle on place une large couverture ouatée. Chacun tire sur lui un coin de la couverture, se cache les jambes, et tous, recroquevillés, serrés les uns contre les autres, passent dans cette posture les longues soirées d'hiver. Une chandelle de suif les éclaire, ou simplement une mèche de coton plongée dans l'huile et dont le lumignon fume en brûlant. Le Sarte ne fait pas de grands frais d'éclairage ; au reste, il veille rarement tard.

Dans cette chambre, dont le plus grand côté a quatre mètres au maximum, souvent sept à huit personnes dorment ensemble. L'air est corrompu rapidement, et la puanteur de l'huile, les vapeurs du brasero, augmentent encore l'insalubrité du logement. Malgré tout, les femmes n'en sortent guère durant la mauvaise saison.

A côté de la chambre des femmes, on voit souvent une cuisine spéciale au-dessus de laquelle se trouve une sorte de poulailler ou une chambre à sécher les raisins nommée balian-khâna (chambre haute), terme où d'aucuns ont vu l'origine du mot « balcon ». Le balian-khâna sert également à loger les parents venus de loin.

De la cour placée devant le harem on peut passer dans le jardin, mais par une porte basse et étroite, par précaution contre les curieux.

Les appentis formant les dépendances de la maison se trouvent à l'intérieur du biroun ou lui sont contigus. Ils servent de grenier pour le foin, qu'on entasse aussi sur le toit, et d'écuries pour le bétail, qui mange dans des auges en terre battue.

Telle est la maison d'un Sarte dans l'aisance. Pour le riche, elle sera plus grande et mieux ornée : les colonnettes de bois de l'aïvane seront grossièrement sculptées ; les niches des chambres seront d'albâtre, agrémentées d'arabesques ; les murs seront blanchis, et les tapis remplaceront le feutre.

Quant à la maison du pauvre, elle est plus petite, se compose d'une chambre unique, sorte de terrier où il vient dormir en compagnie d'un abondante vermine.

On retrouve dans le costume des Sartes l'uniformité qui se manifeste dans leurs habitations. Ici, la mode n'existe point, on ne fait point sur mesure, la « confection » triomphe. Quelle que soit leur situation, les Sartes se couvrent de vêtements taillés sur un patron unique.

Tous portent le kouliak, chemise en coton ou en calicot; l'ichtane, large et court caleçon de même étoffe, et, par-dessus, le khalat, longue robe coupée droit, aux manches fort larges à l'épaule, étroites aux extrémités, et si longues qu'il suffit de fermer le poing en baissant les bras pour qu'elles tombent et qu'on puisse s'abriter les mains du froid ou de la pluie. Le khalat descend plus bas que les genoux; il est d'une étoffe légère de coton, et, s'il doit servir de pardessus, d'une étoffe de soie ou de laine.

Le Sarte aisé porte plusieurs khalats l'un sur l'autre, et les serre avec le bilbak, ceinture de cotonnade, longue parfois de dix mètres. Le khalat de dessus seul reste flottant; on le ferme sur la poitrine avec des cordons.

Le bilbak n'est si long qu'en raison des usages nombreux auxquels on le destine; en voyage, par exemple, il sert de serviette, de mouchoir, de porte-monnaie, de sac aux provisions. Tel revient du bazar ayant dans son bilbak tout ce que nous mettrions dans un panier.

Par-dessus le bilbak, on boucle en outre le kiamar, ceinture mince en cuir, à laquelle sont suspendus en une touffe différents objets : un ptchak (couteau dans sa gaîne), un kaïrak (pierre à aiguiser), un bigis (poinçon), un doukerp (petits ciseaux pour la barbe et pour les ongles), de l'amadou dans un petit sac, un peigne en os ou en mûrier, et une bande de cuir tailladée qui sert d'ornement en attendant qu'elle soit usée en lanières.

Les Sartes ne font usage ni de la cravate ni de la chaussette; ils vont la poitrine découverte et se contentent d'enfermer leurs jambes dans les mazis où se perd leur ichtane.

Les mazis sont une sorte de bas en cuir souple et noirci, bordés en haut d'une ganse brodée ou de couleur voyante, tandis qu'au talon une applique de chagrin vert reproduit un motif quelconque d'ornementation.

Par-dessus les mazis, ils chaussent leur kaouch, babouches en cuir de mouton, à talons larges, qu'ils quittent à la porte des mosquées et à l'entrée des chambres. Les kaouch des élégants sont en chagrin vert, avec bouts retroussés, à talons pointus, gênant la marche et prouvant qu'on est de haute extraction par l'impossibilité dans laquelle on se trouve d'aller à pied.

Celui qui entreprend un voyage à cheval ou va assister à une course, remplace les mazis par des bottes de cuir blanc ou saour, à semelles garnies de clous brillants, et dont le talon est plus ou moins large, selon les prétentions à l'élégance.

Pour prendre part soi-même à une course, on passe le tchim ou tchalvar, très-ample pantalon de cuir à fond immense où les pans de tous les khalats possibles peuvent tenir à l'aise, et l'on serre la taille avec le bilbak.

Le Sarte, si pauvre qu'il soit, se coiffe toujours d'un tepe ou kaliapousch, petite calotte ronde qui s'adapte au sommet de la tête. Le tepe, très-simple pour le pauvre, est en velours brodé pour le riche; il sert comme de coiffe au turban roulé en torsades, et dont l'aspect varie avec la position de chaque individu. Le turban, par la forme qu'on

ENTRÉE DE TACHKENT. SOUS L'AQUEDUC.
D'après une photographie de Kazlowski.

lui donne, en dit aussi long sur son propriétaire que les différentes coiffures de l'Europe. Il a des particularités qui correspondent à la casquette à trois ponts, ou aplatie sur l'oreille, au képi, ou bien au plus irréprochable chapeau de soirée.

Un iman, un hadji (pèlerin de la Mecque), un mollah, un cadi, tout homme ayant des droits à la considération de la foule, se coiffe d'un turban volumineux, très-blanc, aplati de chaque côté des tempes au point de cacher presque la figure; l'étoffe est alors de mousseline ou de laine blanche. Un marchand se contente de rouler négligemment un tchalma de couleur de moindres dimensions; un pauvre diable n'a qu'un embryon de turban fait d'un lambeau de calicot, parfois assez sale. Le guerrier le porte moins large que le lettré, mais plus haut, soit pour se grandir, soit pour abriter son crâne des coups de sabre. Les enfants, habillés comme leurs parents, portent plutôt un turban de couleur.

Pendant l'hiver, on jette sur les vêtements une pelisse en peau de mouton de même forme que les khalats.

Quant au costume des femmes, il est fort simple, surtout à la maison, où elles ne portent qu'une chemise et un pantalon très-large serré aux chevilles. Le pantalon se met sur le corps; il est en coton, mais la partie visible, plus bas que la chemise, est quelquefois d'une étoffe mi-soie mi-coton appelée adras, ou même de kanaous tout en soie.

La chemise, en cotonnade ou en mousseline, est échancrée sur la poitrine pour les femmes, et sur l'épaule pour les jeunes filles.

Sur la chemise, la femme revêt une sorte de jaquette à manches étroites, serrant la poitrine et fermée par devant; par-dessus, le mourcek, khalat à manches larges, d'étoffe plus ou moins luxueuse, selon les fantaisies du mari.

La femme va généralement pieds nus dans les kaouch, et, pour voyager par le froid, elle se chausse de bas de laine. Sa coiffure, faite d'un mouchoir lié derrière la tête, se complète de l'ouramal, pièce de mousseline blanche dont les extrémités tombent sur les épaules.

La femme ne passe dans la cour extérieure ou biroun, et ne sort dans la rue qu'après s'être cachée sous le parandja, manteau de couleur sombre, qui la couvre de la tête aux pieds et lui donne la tournure d'un épouvantail. Elle distingue son chemin au travers du tchimat, voile tissé en crin, qu'elle soulève dans les rues désertes afin de respirer plus à l'aise. Les Juives elles-mêmes doivent se masquer à la mode musulmane. Les vieilles femmes sont dispensées de ce déplaisant uniforme.

Les femmes sartes ne passent point gaiement l'existence. Jusqu'à l'âge de cinq ou six ans, on leur permet de jouer avec les autres enfants, et déjà on les initie aux menus travaux du ménage. Les filles des riches vont à la metched, où on leur enseigne à lire et écrire. Vers neuf ans, elles ont généralement terminé leurs études, faites à la légère, plutôt pour la forme, et, leur vie durant, elles restent d'une ignorance crasse.

Les unes savent à peine compter jusqu'à dix avec l'aide de leurs doigts; les autres, plus instruites, savent leur alphabet par cœur, sont en état de réciter une prière, d'épeler une ligne de manuscrit, mais c'est toujours par extraordinaire qu'elles savent lire couramment, et une femme maniant le calame passe pour une véritable merveille.

Elles sont nubiles vers onze ans. Les parents leur jettent alors sur la tête le tchimat qu'elles ne quitteront plus dans la rue, et, dans la cour intérieure de la maison, elles ne se découvrent dorénavant que devant leurs plus proches parents — ou leurs amoureux, à la dérobée.

On les prépare au mariage en leur enseignant à coudre, à filer la soie et le coton, car une fille a d'autant plus de valeur qu'elle est plus habile de ses doigts. Elle est « de meilleure défaite », et son père est en droit d'exiger un plus fort kalim du prétendant qui la lui demande.

Ici, le mariage n'est qu'un marché entre les pères de famille, dont l'autorité est absolue et décisive, en ce qui concerne leurs enfants. A la vérité, quand il est question d'une fille, les parties discutent moins et s'entendent plus facilement que lorsqu'il s'agit d'un cheval ou d'un mouton.

Voici l'histoire d'un mariage. Un père juge que le moment est venu de donner une femme à son fils, ou bien un homme marié, quelquefois grand-père, trouve bon d'augmenter le chiffre de ses épouses, celles qu'il possède ayant perdu de leurs charmes ou de leur habileté au travail.

Dans l'un et l'autre cas, on s'adresse à une vieille femme qui connaît un certain nombre de jeunes filles. C'est elle qui renseigne les intéressés sur la beauté et les qualités des jeunes personnes qui peuvent convenir. Les amateurs se décident d'après les descriptions flatteuses qui leur sont faites, et la vieille, qui joue le rôle d'entremetteuse matrimoniale, est chargée de négocier l'affaire. Elle se rend chez le père de la jeune fille et lui expose qu'un tel de telle famille désire qu'il lui cède une de ses filles. Le père accepte, et débat immédiatement avec la marieuse la nature et le montant du kalim.

Pour les gens aisés, le kalim se compose généralement d'une somme d'argent, d'un trousseau comprenant plusieurs habillements complets de femme, depuis la chemise jusqu'aux babouches, et de tout ce qui sert à la confection du repas de noces, y compris les raisins et les carottes.

Il arrive que la jeune fille apporte de son côté des meubles ou des immeubles quelconques, mais il n'en est point parlé d'abord, et c'est plus tard seulement, après la conclusion du mariage, que l'épouseur sait si son beau-père est un ladre ou un galant homme.

La coutume veut également que le mari ne voie sa femme à visage découvert qu'après la cérémonie; mais celui-ci prend ses mesures, et trouve le moyen, soit par une porte entre-bâillée, soit par-dessus le mur, d'apercevoir les traits de la jeune fille qu'on lui destine. La marieuse facilite cette indiscrétion en invitant à propos la jeune fille à lui faire visite. Elle sait bien que sa complaisance lui vaudra un petit cadeau de la part du coupable.

Après ces préliminaires inévitables, le kalim est payé, puis on fixe le jour de la noce. Dans un certain monde, le nika ou mariage est compliqué d'une clause prévoyant le cas où le mari congédierait sa femme, et alors la mère de la fiancée et ses parents, d'accord avec les témoins, fixent le khakmar ou indemnité que la famille de la femme doit recevoir si tôt ou tard son époux la répudie. On procède ensuite à la célébration du mariage dans la maison habitée par la fiancée. Le mollah qu'on a invité pour réciter la prière est dans une première chambre, en compagnie du marié, des parents et des témoins. Dans une chambre voisine, la mariée, vêtue de ses plus beaux atours, se tient accroupie près de la porte fermée. Le mollah récite une prière, puis, à travers la porte, il demande à la jeune fille si elle veut d'un tel pour époux; sur sa réponse affirmative, il se tourne vers le futur, lui demande s'il veut prendre une telle pour femme. Le futur répond oui. Le mollah prend alors une tasse, la remplit d'eau, la présente au jeune homme, qui boit une gorgée et la lui rend. La tasse est portée à la jeune femme, qui imite son époux, et ce qui reste d'eau est bu de la même manière par les assistants. La tasse vidée, les femmes conduisent celui qu'on vient de marier près de celle qui l'attend à côté d'un lit couvert d'un drap « blanc » pour la circonstance; les femmes reçoivent des présents, puis se retirent en faisant les vœux de bonheur et des compliments.

Le mari reste trois jours avec sa femme dans la maison qu'elle habite; ensuite, il l'emmène sous son propre toit. Dès lors, commence pour l'épouse une existence d'une monotonie indicible.

Mariée à un riche, elle a l'avantage de disposer d'une chambre pour elle seule, ce qui la dispense de vivre en contact perpétuel avec d'autres compagnes plus âgées et d'humeur acariâtre, ou plus jeunes et jalouses. Son mari ayant de nombreux serviteurs mâles ne la surcharge point de besogne. Préoccupée surtout de plaire à son seigneur et maître, elle consacre ses loisirs à se parer. Aussi bien que ses sœurs d'Occident, elle connaît les artifices de la toilette, et sait ajouter à sa beauté l'éclat emprunté du maquillage. Avec l'ousma, plante cultivée dans les jardins, elle fait ses sourcils plus noirs, les prolonge jusqu'à la naissance du nez; elle donne du lustre à ses cils avec le sourma (antimoine) apporté de Russie, et elle dissimule sa pâleur sous une couche d'eïlik — un fard rose obtenu en infusant dans l'eau les racines d'une plante qui ressemble à la bourrache.

Puis, elle mêle des nattes de crin à ses cheveux qui pendent sur son dos en tresses minces et nombreuses, et, à leur extrémité, elle attache des perles, du corail, ou des verroteries enfilées. Elle teint aussi ses ongles avec la fleur pilée du henna mélangée d'alun, elle étale cette couleur jaune-rouge sur la paume de ses mains et même sous la plante de ses pieds. Afin de faire pénétrer le henna, elle l'applique le soir en forme de compresse qu'elle garde jusqu'au matin.

En toilette de sortie ou de gala, elle se charge de bijoux de haut en bas. Sur le front elle pose le barghek, bandeau en or orné de pendants alignés qui tremblent à chaque mouvement de la tête; sur les tempes ou sur la poitrine elle a les cylindres en or ou en argent, enrichis de pierres précieuses qui contiennent les toumors, préservant des maladies et des accidents; aux oreilles les boucles, et, passé dans l'aile du nez, un anneau, si telle est la coutume de son pays d'origine; au cou plusieurs rangées de colliers portant, l'un, le tchachpak, houppe de soie à calotte dorée ou d'argent; un autre, le peschaous, qui est une houppe également, mais ornée de corail et de pierres précieuses; ayant entre ses fils des chaînettes auxquelles s'attachent un cure-dent, une pince pour s'épiler. A chaque poignet sont superposés des bracelets d'or ou d'argent; des bagues innombrables sont enfilées à tous les doigts, et des anneaux serrent les chevilles.

Généralement petite, chétive, avec une tête vieillotte et impassible, de grands yeux noirs sans expression, la femme sarte ainsi peinte, sous sa clinquaille et ses falbalas, semble une figure de cire. Quand elle s'en va sur ses jambes grêles, elle se traîne comme une malade. Et elle peut bien l'être d'ennui, car la vie du harem manque de distractions. Il est vrai qu'à l'occasion des grandes fêtes religieuses ou des réjouissances domestiques, les femmes de connaissance se réunissent en l'absence des maris, et elles dansent, chantent en frappant le tchilmandy ou s'accompagnant du doutor. Celle qui gratte un ou deux airs agaçants sur ce primitif instrument à deux cordes, passe aux yeux de ses amies pour une musicienne consommée — telle la dame virtuose qui, chez nous, joue Chopin à première vue. Si leurs époux leur ont donné quelque argent, elles achètent des friandises et se régalent. Tout comme leur seigneur elles fument le tabac dans la pipe à eau, elles mangent l'opium et mâchent volontiers une résine nommée tchaktchak. Il n'est point rare qu'elles se grisent de bouza, mais elles préfèrent à tout le reste le « sucre de fleur », comme elles l'appellent poétiquement : le goulkant, mélange de graisse de mouton, de sucre et de haschich, qui procure des rêveries érotiques. La femme qui a goûté le goulkant en mange à tout propos et s'en procure à tout prix.

Elles luttent ainsi contre l'ennui. Et quand elles abusent des narcotiques, leur esprit sommeille, leur être s'abêtit, et elles végètent dans le harem. En cet état, elles ne prennent plus plaisir à sortir de la maison et à se faire montrer les étoffes dans le bazar, où elles vont quelquefois à cheval avec un jeune parent ou une vieille femme en croupe pour garder leur vertu. Elles préfèrent rester en place, le mouvement leur répugne.

D'aucunes ne sont point fidèles, ont des intrigues au dehors et se sauvent avec un amoureux.

Parvenues à la vieillesse, elles sont négligées de leur mari, qui prend des concubines, dès que ses femmes légitimes ne peuvent plus être des génitrices d'enfants ou des instruments de plaisir.

La femme mariée à un pauvre n'a pas tous ces loisirs.

Elle n'a point de nourrice pour ses enfants, et en même temps qu'elle les élève, elle doit vaquer aux soins du ménage, coudre ses vêtements et ceux de la famille entière, laver le linge, filer, partager les travaux de son mari s'il exerce une industrie, et jusqu'à sa mort mal nourrie, mal habillée, elle n'est qu'une bête de somme surmenée par son maître.

III

TACHKENT INDIGÈNE (suite).

Les hommes. — Éducation d'un garçon. — Les metcheds; les médressés. — L'enseignement que donnent les mollahs. — Un saint orgueilleux. — Les lettrés; leurs mœurs. — A propos d'Akkouli Bey. — Les talismans; le commerce qu'on en fait. — Histoire d'un talisman. — Un savant grincheux. — Superstitions. — Prédiction drôlatique. — Distractions des hommes : courses, combats de cailles, de perdrix, etc.

Les hommes ont une vie plus agréable que les femmes. Ils sont élevés avec plus de soin, fréquentent l'école plus longtemps. C'est à l'âge de six ou sept ans que les fils de gens jouissant de quelque aisance commencent leurs études. Ils vont d'abord à la metched, façon d'école primaire libre, tenue par un mollah, enseignant à lire et à écrire. On prodigue le nom de mollah (instituteur, magister) à tout homme sachant lire un manuscrit, écrire une lettre ou simplement réciter la prière. Les gens des villes s'appellent quelquefois entre eux de ce nom, par politesse. De même que les hadjis, ces lettrés affectent de porter le turban blanc; ils jouissent de la considération des fidèles, qui les invitent volontiers à leur table dans les grandes occasions.

Le mollah n'a pas d'appointements fixes; il ne relève

d'aucun ministère de l'instruction publique, et ses élèves le payent avec des cadeaux en argent et en nature. Durant la mauvaise saison, il rassemble les enfants dans la metched, s'il en a une à sa disposition, ou dans une chambre quelconque. Quand la température le permet, c'est en plein aïr, dans une cour ou sous les branches d'un arbre, qu'il infuse son savoir à ses jeunes disciples. Ils arrivent dès le jour, vont prendre leur repas vers huit ou neuf heures du matin, et, leurs forces réparées, se mettent de nouveau à l'œuvre jusqu'à midi ou une heure. Ensuite, ils sont libres jusqu'au lendemain.

Sous l'œil du maître, ils s'accroupissent en rond sur une natte et chantent, les uns l'alif (alphabet), les autres l'aftiaque ou livre d'épellation, et la leçon leur entre dans la tête par l'oreille. Quiconque passe devant une école entend une discordante musique. Un élève qui a étudié jusqu'au dix-septième ou dix-huitième chapitre de l'aftiaque prend le galamdane (écritoire) du maître et rend visite aux membres de sa famille et aux amis de la maison. Il présente l'écritoire ouvert et dit : « Alamnascha. » Chacun délie sa bourse et met la pièce dans l'écritoire. L'enfant frappe aux bonnes portes, et, sa tournée finie, apporte le produit de la quête à son maître. Celui-ci, encouragé à mieux faire par ces cadeaux, veille à ce que l'enfant dont la famille ne lésine point fasse de rapides progrès, et il le pousse — comme on dit dans nos écoles — la gaule au poing.

Le mollah fait bon usage d'une baguette longue et flexible pour rendre ses élèves assidus à la lecture et attentifs à ses explications. Parfois il attache avec une corde les jambes de l'enfant qu'il veut châtier ; ses camarades lui saisissent les bras et le maintiennent étendu sur le dos, tandis qu'on le frappe sur la plante des pieds nus. Les enfants de la metched vont en corps à la mosquée réciter la prière ; ils ne doivent point partir avant la fin ; s'ils s'en vont trop tôt, ils sont punis à coups de gaule.

Après avoir bien étudié l'aftiaque, l'élève sait lire à peu près. On lui met alors le Coran entre les mains. C'est là un événement important de sa vie d'écolier que son père célèbre quelquefois par une réjouissance. On cuit force palao, on rassemble les parents et les amis, le maître est invité, il est le héros de la fête. On lui donne un beau khalat de soie qu'il revêt immédiatement et un long tchalma de laine blanche qu'il roule en turban autour de sa tête. L'enfant revêt une robe neuve, et des pièces d'étoffe sont distribuées à ses camarades. L'aîné des écoliers qui supplée le maître dans ses cours reçoit un tepe (calotte) brodé de soie, et il prend part au festin, assis près de son chef, qui le premier met la main au plat.

Les parents font quitter l'école à leurs enfants dès qu'ils peuvent les associer utilement aux travaux domestiques : ils prennent cette décision souvent après la circoncision du garçon, quand il a neuf ou dix ans. Il vit dorénavant avec son père, qui lui enseigne son métier ou l'art de tromper les clients s'il est marchand : car la probité est leur moindre défaut.

Lorsque les parents pensent que leurs enfants ont des dispositions pour l'étude et qu'ils pourront plus tard tirer parti de leur savoir, ils les laissent sous la direction du mollah. Et, avec le temps, ils parviennent à lire couramment, puis ils apprennent les noms des pays formant les sept climats, s'exercent à écrire, et celui qui a une belle main devient scribe et libraire du même coup, vendant les livres qu'il a copiés. Tel autre ayant de la mémoire, l'esprit délié et l'ambition d'arriver haut, s'en va à Samarcande, ensuite à Bokhara, la tête de l'Islam, étudier dans les médressés célèbres.

La médressé est une école supérieure entretenue grâce aux dons des fidèles qui lui lèguent des terres, une boutique, ou un bain dont le rapport sert à payer les professeurs et les élèves. Ces biens inaliénables s'appellent vakoufs ; ils sont régis par le moutavalli, qui verse les sommes perçues au moudari (directeur de l'école), choisi parmi les hommes illustres par leur savoir ou leur sainteté. Chez nous les choses se passèrent de la sorte jusqu'à la sortie du moyen âge.

Grâce à la recommandation chaleureuse d'un puissant, il est offert, dans ces médressés, une petite chambre au jeune homme privilégié. C'est là qu'on le voit à genoux devant les « grands livres » qu'il lit à haute voix des heures entières, psalmodiant les phrases selon le rituel, avec un balancement de corps d'avant en arrière. Les étudiants parlent fièrement de ces énormes in-folio, réservoirs de science : leur taille est si formidable que les feuilleter est une fatigue.

Les études de la médressé consistent en la lecture de quelques livres, un livre représentant un cours. A des heures fixes les élèves sont réunis, l'un d'eux lit un texte, et le maître explique les mots et les passages obscurs, — très-nombreux, dit-on, — avec un soin extrême, consacrant à une ligne parfois une heure de développements. On ne lit pas toujours un livre par an, et il faut plusieurs années d'un travail assidu pour en digérer cinq ou six. Mais qui a fait cela est un savant, et peut porter un gros turban blanc. Il connaît le Coran, il a appris quelques mots de la langue arabe, sa tête est bourrée de vers des poëtes turcs et persans, sa mémoire est écrasée, le but est atteint. Qu'il trouve un sens nouveau à un verset du Coran interprété déjà pour la millième fois, et il aura fait une découverte équivalant aux plus belles inventions de l'Occident, il sera cité comme un homme de génie, et rien ne l'empêchera de devenir un saint, un iman à longue barbe, que l'on viendra voir de loin.

Il pourra à son tour diriger une médressé ou bien une mosquée où des fidèles afflueront, qui ne manqueront point de lui verser des offrandes copieuses au jour sacré du Ramazan.

En somme, chez les Sartes, pour qui sait lire et écrire, et veut continuer d'apprendre, le travail intellectuel consiste à accumuler des phrases, à jongler avec des mots, à équivoquer sur une syllabe.

Sous ce rapport, un certain iman de Tachkend, célèbre au loin, ne laisse rien à désirer. A une science profonde il joint les plus édifiantes vertus, il a lu Platon dans une traduction, il passe pour savoir l'arabe, fait des miracles, et son écriture est belle. Les indigènes le vénèrent : c'est un saint.

Il parle de toutes choses dans une langue imagée, et le nombre de ses élèves et de ses admirateurs est très-grand.

Les croyants mendient ses bénédictions pour leurs nouveau-nés, qu'ils lui apportent. L'iman récite sur le petit être vagissant une prière de circonstance qui lui assurera un riant avenir. Parfois, entre deux tasses de thé, le nez haut, de côté, il se contente de souffler trois fois sur l'enfant. En échange, le père dépose sur son tapis des pièces d'argent, des mesures de riz, de blé, puis se retire, marchant à reculons, s'inclinant à chaque pas avec force remercîments.

Depuis qu'il a acheté un globe terrestre à des marchands russes, il passe pour être au courant des progrès que les Occidentaux font faire à la science en général et à la cosmographie en particulier. Il faut voir avec quelle dignité il montre sa sphère aux fidèles qui viennent recueillir les paroles de vérité que sa bouche laisse tomber dédaigneusement.

Concernant la terre il a son idée faite : elle est ronde, il en est sûr. Il n'a point fait cette découverte en fouillant les livres ou en observant la nature; cette vérité lui a été révélée par Allah, clément et miséricordieux, qui lui a parlé en confidence un jour qu'il priait avec son cœur, à l'heure où le soleil disparaît.

Le savant homme enseigne également que la terre est immobile. Le fait est patent, dit-il, il suffit de lever les yeux pour s'en convaincre. Qui peut nier que le soleil se lève à gauche, tourne et descend se coucher à droite? Et tout fidèle qui contemple le ciel quand la nuit est venue, ne voit-il pas la lune et les étoiles glisser dans le même sens? Il fait observer que la sphère des ourousses n'était pas exacte, qu'il a dû la compléter en traçant à la couleur rouge un chapelet de demi-lunes qui coupe en biais les méridiens. Ces demi-lunes figurent les sept ciels.

Comme la plupart des saints personnages du pays, il est d'une morgue excessive, ne souffre point qu'on discute ce qu'il avance. Au surplus, contredire un iman est le propre d'un pataud, d'un Kirghiz, d'un Ousbeg. Un Sarte de bon ton ne commet pas d'aussi grossières bévues.

N'est-ce pas Allah qui parle par la bouche de l'iman?

Si l'auditeur n'est pas convaincu du premier coup, s'il a sur la langue l'objection toute prête, qu'il garde le silence, qu'il approuve avec les autres d'un « khoub » (bien!) modeste, en inclinant la tête. Il pourra, quand l'iman aura cessé de parler, lui soumettre ses humbles arguments, mais sous forme de doutes, car un petit mollah ne doit rien affirmer à l'encontre de celui qui se tient pour une irréprochable incarnation de la divinité. Trouve-t-il une réponse plausible, l'iman daigne réfuter le téméraire; est-il à court, une affirmation catégorique le tire d'embarras; avant tout, il importe de sauvegarder une réputation d'infaillibilité. En général, dans toutes les réunions de lettrés, un « oui » ou un « non » bien net du personnage en renom, vers qui les yeux se tournent, suffit pour trancher une difficulté, source de discussions, et personne ne souffle mot.

L'homme à la sphère n'admet pas qu'on le compare au Prophète lui-même. On raconte qu'un jour, en compagnie de ses disciples, il va au cimetière prier sur la tombe de son père. Il reste debout quelques instants, la tête inclinée, absorbé par la méditation. Soudain il lève les bras et s'écrie d'un ton inspiré : « O mon père, tu peux entrer au ciel, mes prières t'ont ouvert les portes que tu avais trouvées fermées! » Un de ses élèves lui demande d'expliquer les paroles qu'on vient d'entendre. Il lui répond que son père était en enfer en punition des fautes qu'il avait commises sur la terre, et que le miséricordieux vient à l'instant de mettre fin à ses souffrances par égard pour les vertus de son fils. Un maladroit lui rappelle alors que le père de Mahomet s'était trouvé dans une situation semblable, et que le Prophète avait intercédé lui-même, et que.....

Mais l'iman l'interrompt, et très-froid, vexé qu'on le compare à si mince personnage : « Peuh! peuh! le Prophète... Mahomet... que me parles-tu du Prophète! »

Ces lettrés, ces pieux individus forment la partie la plus

intéressante de la population indigène, et, puisque l'occasion se présente, nous en parlerons avec quelques détails.

Grâce à notre ami M. W..., nous nous trouvons souvent en contact avec les plus renommés d'entre eux. Ils aiment à se rendre chez le mirza ourousse, qui parle leur langue, leur fait toujours un bienveillant accueil, leur témoigne de la considération et leur offre une table bien garnie. Vaniteux et gourmands, ils n'oublient pas le chemin d'une maison où on leur donne la bonne place à une bonne table, et sur un signe de notre ami ils accourent au rendez-vous qu'on leur fixe.

Le vendredi, après le namaza khouftane (prière du soir), il y a chez le mirza ourousse une compagnie nombreuse et choisie. Dans la chambre basse où nous sommes réunis, deux musiciens jouent du doumbourak et du sournoï. Une collation copieuse est servie. On verse du thé dans les tasses et aussi du cognac et du rhum que ces fervents musulmans avalent d'un trait avec une satisfaction visible. Ceux qui nous voient pour la première fois, gênés par la présence d'infidèles, hésitent à boire ; ils n'imitent leurs camarades qu'après s'être fait prier et s'être laissé dire par leur hôte qu'il ne leur est rien offert de ce que le saint Coran défend.

Entre deux airs de musique on s'entretient.

Un des musiciens, grand et beau gaillard d'une trentaine d'années, a étudié autrefois dans une médressé de Tachkent avec l'intention de devenir iman, mais un beau jour on l'a surpris dans sa cellule en compagnie d'une femme légère, il a été expulsé, et sa carrière de religieux ayant été perdue par cette incartade, il a cultivé la musique, pour laquelle il se sentait des dispositions. Il passe pour jouer admirablement de tous les instruments, et mène la vie agréable d'un artiste choyé du public. A l'entendre, il va partir bientôt pour Kaboul, où l'émir l'a mandé ; mais auparavant il veut aller à Stamboul, chez le sultan de Roum, car sa renommée de musicien a traversé les déserts; puis il se dirigera vers la Mecque. Il dit tout ce plan de voyage sérieusement, avec de beaux gestes. Mais mon voisin me souffle tout bas qu'il n'en est rien, que c'est un « lafgui », un hâbleur comme il s'en trouve tant dans ce pays où fleurit le mensonge. Et, à ce propos, il me conte une histoire de lafgui. Elle prouve qu'ici l'on peut exagérer autant qu'à Marseille et à Bordeaux.

— Depuis vingt ans un nommé Abdoullah, de Bokhara, passait aux yeux de ses compatriotes pour le plus grand menteur qu'on pût trouver dans tout le Turkestan. Fier de cette renommée, Abdoullah dormait tranquille. Quand il s'en allait boire le thé au bazar, c'était la tête haute qu'il chevauchait; mais il advint qu'un marchand qui revenait de Tachkent l'aborda un jour en lui disant : « Bismillah (au nom de Dieu!), ami Abdoullah, il y a à Tachkent plus menteur que toi. » Abdoullah en pâlit. Des curieux étaient présents quand le marchand parlait en ces termes, la nouvelle se répandit dans le bazar, et à l'occasion chacun répétait à l'illustre menteur : « Est-il vrai, Abdoullah, qu'il y a plus menteur que toi à Tachkent? » Celui-ci en devint inquiet, il perdit sa gaieté, et résolut de faire le voyage de Bokhara à Tachkent pour se rendre compte par lui-même de ce qui lui semblait une énormité. Il part, va frapper à la porte de son rival ; un enfant de huit ans vient lui ouvrir :

— Mohammed le menteur est-il chez lui?
— Que lui veux-tu? je suis son fils.
— Va dire à ton père que j'apporte un tapis que j'ai

déroulé depuis Bokhara jusqu'aux portes de Tachkent.

— Allah sera content, répond l'enfant, mon père vient de faire un accroc à son turban, ton tapis sera juste assez grand pour cacher la déchirure.

Cette réponse du fils suffit à Abdoullah pour le convaincre de la supériorité du père, et il retourna à Bokhara avouer qu'il avait trouvé son maître.

Mon interlocuteur est Kokandais, ce qui le met à l'aise pour se moquer des gens de Tachkent et de Bokhara.

Cependant, un des mollahs parlait de l'Inde, où la coutume est de brûler des morts, où des femmes ne peuvent supporter la perte de leur mari et se précipitent dans les flammes du bûcher, sans hésiter. Elles sont réduites en cendres avec le cadavre de l'homme qu'elles ne veulent point quitter.

« Au jour de la résurrection, demande un auditeur, qu'arrive-t-il à ceux dont les os sont brûlés ?

— Que les os soient brûlés ou enfouis dans la terre, les morts ressusciteront sous la forme qu'ils avaient de leur vivant », répond un Tatar.

La conversation roule ensuite sur la fête splendide que Akkouli Beg a donné récemment à Pskent à propos de la circoncision de son fils.

Comme la communion chez les catholiques, cette cérémonie religieuse est le motif d'une grande réjouissance chez les musulmans. L'amour-propre de la famille est en jeu, c'est à qui recevra le mieux ses hôtes.

En Asie, comme ailleurs, il n'est pas mauvais d'avoir la réputation d'homme riche et généreux. Tel économise donc de longues années afin de pouvoir tenir table ouverte à ses parents et à ses amis quand le moment est venu.

Pendant huit jours, Akkouli Beg a régalé tous ceux qui

sont venus le féliciter. Il voulait faire honneur à son origine, étant fils de ce fameux Yakoub Batcha, un danseur qui par son talent et ses intrigues s'éleva de la boue du bazar au faîte de la puissance. Yakoub fut premier ministre de Khoudaïa Khan dans le Kokan, puis maître absolu à Kachgar, où les deux plus puissantes nations du globe vinrent solliciter son alliance.

« Akkouli Beg n'a-t-il pas fait assassiner son frère, il y a quelques années ? » demandai-je.

« Oui, me répondit un mollah, d'un coup de pistolet dans le dos. Akkouli Beg est un grand prince, un saint homme ; qu'il ait une longue vie ! »

L'individu qui n'a pas un cri d'indignation et ne trouve que louanges à l'adresse d'un fratricide, est le « famulus » du saint iman dont il était question tout à l'heure.

Il est venu de Kaschgar, dans le Turkestan, après la mort de Yakoub Batcha : petit, gros, avec un nez crochu flanqué d'yeux ronds, montrant ses dents fines et blanches, il a le rictus d'un chat dans une face brune d'orfraie. Il utilise son habileté de calligraphe en copiant les méditations de son maître, et les vend le plus cher possible aux croyants qui se passionnent pour les élucubrations d'une des pures lumières de l'Islam. L'esprit de clocher s'en mêle, les Tachkentais sont très-fiers de leur saint, et le Kaschgarien écoule rapidement sa marchandise. Il a encore une autre source de revenus : il écrit des toumors ou talismans.

Les indigènes sont superstitieux à l'excès : ils croient non-seulement au pouvoir bienfaisant des reliques et des lambeaux de vêtements autrefois portés par des saints en renom, mais ils attribuent également une puissance surnaturelle à certaines prières, à certaines formules. Pour se les procurer, ils s'adressent à un mollah écrivant d'une belle écriture, et en échange d'une pièce blanche, ils reçoivent un papier contenant à l'encre noire et rouge les paroles qui doivent assurer soit la réussite d'un voyage, soit un heureux accouchement, soit les faveurs d'une cruelle qui n'a point voulu céder aux instances d'un poursuivant. Le rouge étant la couleur de bon augure, il importe que le talisman soit tracé à l'encre rouge à tel ou tel endroit de la page ; dans ces conditions, il donne le plus de chances favorables à la personne qui s'en munit. On le porte souvent sur l'épaule, cousu dans une pochette triangulaire visible à l'extérieur du khalat, au-dessus de la clavicule ; on l'enferme aussi dans un sachet ou un cylindre spécial, à l'extrémité d'un cordon qui pend au cou : nos catholiques portent leurs croix et leurs scapulaires de la même manière. Les musulmans achètent des talismans aux Juifs eux-mêmes, qui tiennent cet article, en même temps que les drogues. Ceux-ci ont, par exemple, un excellent remède contre les maladies de cœur : le jade, dont on met un éclat dans un sachet qu'on porte toujours sur la poitrine, en ayant soin de l'appuyer sur le côté malade.

On cite un scribe, besoigneux avant de s'occuper spécialement de la fabrication et de la vente des talismans, qui s'est enrichi rapidement. Il a commencé son commerce accroupi comme un mendiant, dans un coin du bazar, n'ayant pour toute fortune que son roseau et son papier ; aujourd'hui, on vient le trouver chez lui, et les clients se pressent à la porte de sa maison ornée d'éclatantes peintures et située au meilleur endroit du vieux Tachkent. Sa réputation est faite et sa bourse pleine.

En notre présence, le Kachgarien écrit d'une haleine un talisman de deux grandes pages pour le domestique de

INDOU.   D'après une photographie de KAZLOWSKI.   JUIF DE TACHKENT.

son hôte. Le jeune Achmed est désespéré de la froideur d'une charmante dame habitant le rydek de la ville, il veut en finir et emploie les grands moyens. Le scribe trempe sa plume tantôt dans l'encre noire, tantôt dans l'encre rouge. Il écrit en outre à l'adresse de cette beauté une supplique finissant en des termes qui sont bien un peu hyperboliques :

« Des larmes de mes yeux j'ai préparé (délayé) l'encre que tu vois sur ce papier fait de l'enveloppe de mon âme ; les cils de ma paupière ont fourni la calame qui trace ces lignes. Envoie-moi, je t'en supplie, une réponse favorable ; je la suspendrai à mon cou comme un toumor, et j'errerai fou d'amour. »

Leurs clients ne sachant pas lire, ces industriels ont beau jeu et peuvent donner un libre cours à leur imagination quand ils confectionnent leurs talismans. L'important est de donner un aspect agréable à l'écrit, en employant beaucoup d'encre rouge.

Un hadji tatar qui rit de la simplicité de ses coreligionnaires nous a conté à ce propos l'anecdote suivante :

« Au printemps, un ichane de Bockhara, en humeur de voyage, monte sur son âne et se dirige du côté de Karchi. Chemin faisant, le ciel se couvre, les nuages s'amoncellent, un orage terrible crève sur sa tête. L'ichane presse sa monture, se dirige, par une pluie battante, vers la première maison du village le plus proche, et demande l'hospitalité.

« Par la porte entre-bâillée, le maître du logis l'invite à porter plus loin ses pas, attendu que sa femme est sur le point d'accoucher. La délivrance est difficile ; il n'a point le loisir de recevoir un étranger sous son toit.

« On va fermer la porte au nez du voyageur ; mais

l'orage ne fait que commencer, et il tient bon, parlemente, réclame une toute petite place dans un coin pour sa bête et lui-même, promettant de partir dès que le ciel s'éclaircira. Le paysan est inflexible.

« — Qu'il aille plus loin !

« Heureusement, l'ichane est un homme à expédients, il a une inspiration :

« — Je t'écrirai pour ta femme, dont j'entends les cris plaintifs, une prière qui facilitera l'accouchement.

« Du coup, on lui fait bonne mine :

« — Qu'il entre, Allah sera content !

« On installe bien l'âne, on lui donne la botte de foin, on apporte le dasterkane au voyageur, qui se sèche au feu, sort son écritoire et écrit à notre Ousbeg enchanté le talisman que voici : « Je suis à l'abri, mon âne a la botte ; « quant à la femme de mon hôte, qu'elle accouche ou non, « peu m'importe. » Le mari suspend immédiatement le talisman au cou de son épouse, et, rassuré sur l'issue des couches, la laisse gémir. Sans se préoccuper plus de celle qu'il aime, il fait servir le palao par son fils et régale de thé l'ichane jusqu'à ce que la dernière goutte de pluie soit tombée. Alors celui-ci enfourche son âne, et « qu'Al-« lah te garde, brave Ousbeg ! » il s'en va gaiement.

« L'autre reste un instant sur sa porte à suivre des yeux le saint homme que Dieu lui a envoyé avec tant d'à-propos. Il réfléchit à l'heureuse conjoncture et conclut en se disant qu'Allah est grand ! »

Un mollah tatar est venu, en compagnie du Kacgkarien, visiter l'ourousse mirza. Il se tient à sa place dans une pose modeste ; rêve tandis qu'on cause autour de lui, de temps à autre lève les yeux vers le ciel et pousse un long soupir.

C'est un mystique.

Il fait partie d'une secte dont la doctrine a surtout cela de particulier que chaque sectaire se considère comme une incarnation plus ou moins parfaite de la divinité. Tout en affectant les dehors de l'humilité, les néophytes, dit-on, n'en sont pas moins très-fiers de leur situation récente d'incarnés. Quant aux convertisseurs, ils sont révérés par leurs prosélytes à l'égal des prophètes.

Après avoir gagné dans le commerce une fortune considérable, ce Tatar s'est ruiné pour obéir à un de ces illustres mystiques dont il exécute les moindres volontés.

Pour son directeur spirituel, il s'est dépouillé peu à peu de la majeure partie de son bien, et, maintenant encore, il abandonnerait le reste de son avoir sur un signe du bienfaiteur qui lui a dessillé les yeux. Beaucoup le blâment de ce désintéressement, mais d'autres l'excusent, disant qu'on ne peut trop donner à qui vous met sur la route du ciel.

Les chefs de ces mystiques organisent des réunions où ils font exécuter à leurs sectateurs des exercices semblables à ceux des derviches hurleurs. Dans une grande salle ou dans une cour fermée, les initiés s'agenouillent en rond, gardent un instant le silence, immobiles : ils se recueillent. Soudain, leur chef se met à pousser des cris gutturaux, les assistants l'imitent, puis il cesse ses cris, et le voilà chantant de toute la force de ses poumons une phrase courte, que les autres répètent en chœur et à tue-tête. Après une heure de cet exercice, dont le but est, disent-ils, de se rapprocher d'Allah, et qui paraît être de s'étourdir par des hurlements, ils tombent en une sorte d'extase et sont transportés au cinquième et même au septième ciel. De vieux croyants affirment que ces mystiques veulent en imposer par des jongleries. Ils conseillent au sunnite fidèle de fermer l'oreille à leurs discours et de s'en remettre du soin de son bonheur à Allah tout seul.

Ce Tatar a de violentes discussions avec un Bokhare incrédule à ses heures, qui nie hardiment l'existence des saints.

Le Bokhare est très-instruit pour un Asiatique; il écrit et parle couramment l'arabe, le turc et le persan; il a lu force manuscrits en ces trois langues; il discute de l'être et du non-être avec une facilité à exciter l'admiration d'amateurs européens. Aristote et Platon ne lui sont pas inconnus. La supériorité dont il a conscience le rend ironique; il parle à son adversaire d'un ton méprisant, lui prouve facilement son ignorance, le tourne en ridicule et s'attire des injures.

« Ni à Bokhara, ni à Tachkent, ni ailleurs, on ne trouve de saints par le temps qui court. »

« Sans les saints, répond le Tatare, l'ordre des choses serait bouleversé. »

« Pauvre ignorant! qui t'a dit ces choses? Sans doute le prétendu saint dont tu t'es fait l'esclave? »

« Je suis heureux d'être le serviteur d'un saint. »

« Si ton maître est un saint, tu dois savoir la prière. Récite-la donc, mollah! »

Le Tatar commence à dire la prière.

« Hé! hé! croyant, tu ne sais point l'arabe; tu le prononces comme un lourd Ousbeg. Tu parles même très-mal le persan. Allons, continue donc », dit le Bokhare en turc.

Le Tatar se tait, pâle de colère.

On vient de lui faire la plus grande injure que puisse recevoir un lettré : on lui a parlé en langue vulgaire. Son adversaire sourit d'un air moqueur en faisant un geste de commisération.

Cette attitude l'exaspère, et il s'écrie :

« Allah en est témoin, tu as parlé comme un bouc. »

« Allah en est témoin, réplique l'autre; j'entends les paroles d'un âne. »

L'entretien continue sur ce ton affable jusqu'à ce que le Tatar, abandonnant la partie, s'en aille, poursuivi des huées de son contradicteur.

Ce Bokhare a une soixantaine d'années. Il est chétif, sec. Il a l'esprit inquiet et remuant, ne peut vivre longtemps au même endroit; il mène l'existence d'un nomade qui porte ses enseignements dans toutes les villes de l'Asie centrale où la science compte des amis.

Il explique son besoin de mouvement continuel d'une façon assez curieuse. Il prétend que chaque année, dans les premiers beaux jours qui suivent l'hiver, une « petite bête » lui mord la rate jusqu'à ce qu'il se mette en marche. Aussitôt qu'il a changé de résidence, la « petite bête » le laisse en repos. A son avis, c'est un ver qui le ronge si régulièrement à chaque retour du printemps.

Dernièrement, on crut qu'il allait se fixer définitivement à Bokhara. L'émir l'avait appelé près de lui et pensait le retenir en lui payant annuellement une somme assez forte. Le savant homme avait une position enviable.

Encore qu'ils fussent jaloux des préférences dont était l'objet un nouveau venu, ses collègues s'inclinaient devant sa supériorité indiscutable.

Mais notre homme a mauvais caractère et le commerce difficile. La discussion fait ses délices, il la recherche, et la moindre contradiction le met hors de lui.

Un jour, dans la chaleur d'un débat théologique, il a

injurié de grands personnages de la famille de l'émir. Ceux-ci ont tiré vengeance de l'insulteur en l'accusant de saper les bases de la croyance sunnite, et son protecteur lui a retiré son appui, supprimé ses gages, et finalement l'a invité à disparaître sans retard.

Il est alors venu à Tachkent, où il avait des connaissances. S'étant installé dans une médressé, il ne tarda pas à réunir autour de lui un chiffre respectable d'élèves, dont les cadeaux lui permettaient de vivre à l'aise. Mais la petite « bête » qui loge dans sa rate a de nouveau fait des siennes, et un matin les élèves ne trouvèrent plus leur professeur à la place accoutumée. Il ne reparut que trois mois après.

Fatigué de l'enseignement, le Bokhare avait résolu de vivre loin des villes et de chercher un endroit à la campagne où il se proposait de donner au monde le spectacle d'une vie ascétique.

Il va s'établir alors dans un village, à quelques lieues de Tachkent.

Il ne sort point de la mosquée, passe son temps à mortifier son corps et à réciter des prières. Il vit de la charité des fidèles. Peu à peu, il a conquis la réputation d'un saint homme.

Mais cette vie monotone le fatigue encore, l'ennui le prend ; il se décide à sortir de sa retraite et à enseigner de saines doctrines. D'abord, tout va bien ; puis il ne tarde pas à laisser passer le bout de l'oreille, le vieil homme reparaît ; il rassemble des jeunes filles, et leur lit des poëmes d'amour. Il perd de sa gravité d'emprunt, professe des hérésies, devient libéral. Ne va-t-il pas soutenir que le musulman ne commet pas de péché en mangeant au même plat qu'un infidèle ! Cette nouveauté impie fait jaser, les croyants sont mécontents et cessent d'avoir en lui l'aveugle confiance d'autrefois. On ne le consulte plus en toute occasion comme devant, les enfants ne s'empressent plus de venir baiser le bas de sa robe. Cette froideur eût dû lui être un avertissement salutaire. Mais non. Même en public, il se comporte sans décence. Durant la prière, il ne garde plus l'immobilité convenable; il remue, s'interrompt pour avaler son grain d'opium. On prétend même qu'en pleine mosquée, tandis qu'il priait, il se permit un geste fort indécent.

Cette inconvenance fut le coup qui jeta bas l'édifice rapidement échafaudé d'une sainteté qui pouvait devenir lucrative. On ne lui témoigna plus de respect, on ne lui porta plus d'offrandes, et on lui rogna si bien les vivres qu'il ne lui resta plus qu'à s'en aller.

Une nuit, il partit pour Tachkent, où il a repris son ancienne occupation de mollah enseignant la philosophie. Ces aventures, ces déboires, ne lui ont point rassis le caractère; il est indécis dans ses croyances, et, selon qu'il est disposé, se comporte en musulman rigoriste ou en soufyste d'un scepticisme déplorable. Aujourd'hui, il jeûne et prie sans interruption; demain, il se moquera des saints, de Mahomet, boira des liqueurs prohibées par le Coran, et, sous l'influence de l'eau-de-vie russe, il doutera des qualités divines d'Allah et même de son existence.

« Qu'est Allah? » dit-il alors à un de ses élèves qui ne le quitte point.

« Allah est le maître de l'univers, le clément, le miséricordieux, souverain au jour de la rétribution. »

« Hé! hé! en es-tu bien sûr? »

Et l'élève est confondu en entendant ce blasphème.

Tel qu'il est, ce Bokhare est le plus éclairé de tous les

mollahs indigènes dont nous avons fait la connaissance. Il n'a point la superstition naïve de la plupart de ses congénères. Il ne croit point qu'une pastèque tombant à terre annonce un tremblement de terre, lorsqu'elle a été fendue par la chute; il n'admet pas non plus que le bruit du tonnerre soit produit par une vieille secouant là-haut un tapis ou ses culottes de femme liées par le bas et remplies de pierres; durant l'éclipse de décembre dernier, il n'a point tremblé de peur, n'est pas monté sur le toit pour invoquer Allah, frapper sur une marmite sonore et pousser les cris qui effrayent le dragon étreignant la lune et l'empêchent de la dévorer; et pourtant, quand il est directement en cause, il est aussi crédule que l'enfant. Il a grand'peur de mourir, et c'est avec la foi solide d'un homme effrayé qu'il récite « la prière de longue vie », une prière qui lui vaudra cent vingt ans d'existence. Il l'a communiquée tout bas à son meilleur ami l'ourousse-mirza, lui recommandant de tenir cachée cette recette d'une valeur inappréciable.

Le mirza est sceptique; il m'a récité la prière en souriant. Je la croyais moins laconique, vu l'importance du but. La voici :

« Allah, préservez-moi des accidents et des maladies, et faites que je vive cent vingt ans. »

Deux fois par jour il faut prier en ces termes, et le résultat ne trompera pas l'attente. Il est bon d'énumérer les accidents et les maladies qu'on désire éviter.

D'après une croyance très-répandue dans le Turkestan, le monde doit finir l'an 1300 de l'hégire. La terre s'entr'ouvrira, et tout ce qui est disparaîtra, à commencer par le quartier de Tachkent où se trouvent les maisons de prostitution.

La date de la catastrophe est proche, et les fidèles ne laissent pas d'avoir des préoccupations. Ils se disent leurs craintes, se reprochent l'un à l'autre leurs méchancetés, leurs mensonges, leurs mœurs dépravées. « L'indignité de notre conduite attire sur nous la colère divine; il est temps de penser et d'agir mieux. » Malgré ces récriminations, ils mènent leur vie habituelle de débauches et de tromperies, car ils sont amoureux du lucre et des divertissements, et rien ne les délecte comme l'obscénité.

Il n'est pas rare que des bruits de guerre, d'invasion ou de bouleversement se répandent parmi les indigènes. Il semble que les tremblements de terre, fréquents dans cette région, ébranlent les cerveaux aussi bien que les édifices. Et une nouvelle, pourvu qu'elle soit bizarre, frappe leur imagination, prend de la consistance et les pousse à des actions parfois comiques.

Il y a quelques années, un hadji avait rapporté de la Mecque une prédiction drôlatique pour nous. Un saint de la « mère des cités » lui avait révélé que, dans le Turkestan, une poule pondrait un œuf d'où sortirait un serpent, et le reptile dévorerait tous les hommes. La rumeur court, et bientôt la population ne déjeune plus que de poulets. Ceci se passait dans le Turkestan russe.

Le chef du district apprend le massacre, réunit vite les chefs indigènes, et les invite à expliquer à leurs coreligionnaires que d'un œuf de poule il sort toujours un poulet, qu'il n'y a pas lieu de s'épouvanter de la prédiction, et que le mieux est de laisser vivre ces pauvres volatiles.

Les barbes blanches retournent dans leurs villages; mais, quoi qu'ils disent, la tuerie continue. Le chef de district ne sait plus quelle mesure prendre. Heureusement, l'idée lui vient de faire annoncer que toute personne ayant tué une poule payera en amende la valeur d'un mouton. L'argument fut décisif, et les poules respectées ; jusqu'à présent, les survivantes n'ont point vengé la mort de leurs sœurs, aucune d'elles n'a couvé l'œuf d'où le serpent doit sortir.

Une des distractions favorites des Sartes est d'assister aux combats de cailles et de perdrix. A Tachkent, chaque vendredi, après la prière du matin, les amateurs de ce sport se réunissent dans un grand jardin nommé Chaïkan-Taour. Les assistants tiennent des paris, et le propriétaire d'une bonne caille ou d'une bonne perdrix de combat empoche une somme assez ronde. Ce plaisir est à la portée de toutes les bourses, une caille non dressée valant quelques centimes ; aussi le moindre rôdeur de bazar a-t-il dans un repli de son khalat un de ces oiseaux, qu'il garde toujours par devers lui pour le dresser dans ses moments de loisir. Les perdrix ont plus de valeur ; elles sont de montagne, et ne se vendent jamais moins d'une trentaine de francs. Elles atteignent des prix très-élevés quand elles ont remporté de nombreuses victoires, et il arrive même que l'excès de gloire les conduit tout droit à la marmite, leurs propriétaires ne pouvant plus en tirer parti ; les amateurs, sûrs d'une défaite, ne veulent point parier contre.

On organise des courses de chevaux à l'époque des grandes fêtes religieuses, à l'Arsol (jour de l'an), au Rouza-Kaït (leurs Pâques), qui suit le dernier jour de jeûne à la fin de Ramazan, et au Kourban-Kaït. Les coursiers sont montés par de jeunes garçons ; la foule des curieux est toujours immense ; les myriades de cavaliers en costumes éclatants font la haie le long de la piste, et, par un beau soleil, pour le resplendissement des couleurs, on ne peut comparer à la houle des turbans et des khalats bariolés que le spectacle, au mois d'avril, des fleurs de la steppe qui ondulent sous le vent.

Le Sarte est ennemi des exercices du corps ; il préfère les longues poses dans le tchaï-khana, où l'on donne rendez-vous à ses connaissances, où, moyennant quelques centimes, des heures entières, on reste à causer de l'événement du jour, tout en étalant la richesse de ses vêtements aux regards des passants. Et puis il trouve généralement dans le tchaï-khana un musicien, un chanteur ou bien un beau et jeune batcha coquettement habillé, aux gestes gracieux, minaudant comme une femme. C'est lui qui daigne verser le thé, présenter la pipe à eau aux clients, qui l'admirent tout à leur aise, l'appelant taksir (majesté). Entre temps, ils jouent aux cartes, aux dés, aux osselets, mangent un melon, une pastèque ou des fruits secs.

Les pauvres n'ont point toutes ces joies, et ils cherchent fréquemment l'oubli en fumant le nacha [1], qui leur donne des idées riantes, ou bien en buvant le koknar préparé avec des capsules desséchées de pavot, qu'on fait bouillir dans l'eau.

Sous l'influence du koknar, l'individu s'affaisse le dos au mur et reste immobile dans un état de somnolence dont la durée varie suivant la quantité absorbée, et là il rêve les yeux fermés, dans une sorte d'anéantissement agréable dont il a la sensation ; il perçoit tout ce que l'on fait près de lui, mais il souffre du moindre bruit, de la parole qu'on lui adresse, et son bonheur n'est complet qu'avec un repos et un silence absolus. Puis il se lève et se

---

[1] Haschich.

rend à son travail. Une fois qu'il s'y est accoutumé, le buveur de koknar ne peut plus se passer de ce narcotique, et chaque jour, à la même heure, il lui faut prendre la dose, sans laquelle il perdrait vite toute énergie physique et morale, et serait le plus malheureux des hommes.

Telle est, brièvement résumée, la vie que mènent les Sartes.

Nous pourrions, à propos de Tachkent, décrire avec plus de détails leur façon de se nourrir, leurs jeux, leurs petites industries; mais les procédés, les coutumes, étant à peu près les mêmes pour les sédentaires des plaines que nous allons parcourir, nous dirons ces choses chemin faisant, car voici l'hiver passé, la neige fond sur les pentes des montagnes, les arbres bourgeonnent. C'est bientôt l'heure de se mettre en selle.

IV

DE TACHKENT A KARCHI.

Nos plans. — L'ambassade afghane. — A travers la steppe de la faim. — Les membres de l'ambassade. — La famille de l'émir Abdourrhaman-Kan. — Départ de Samarcande. — La steppe. — La recette pour le kabâbe. — Les Turcomans. — Procédés de *routiers*. — Dans le Bokhara. — Rachmed-Oullah médecin, diplomate et cuisinier. — Scène de bivouac. — Entrée triomphale à Karchi.

Nous sommes à la fin de février, nos plans sont faits, dans les premiers jours de mars nous commencerons par des excursions aux alentours de Tachkent, nous les continuerons près de Tchinaz, le long du Syr-Daria, pour nous enfoncer dans la steppe de la faim dès que l'on pourra y faire des collections d'histoire naturelle. Aussitôt les grandes chaleurs venues, quand les passes seront libres dans la montagne, nous gagnerons par Samarcande les hauteurs du Kohistan, et, plus tard, si nos ressources sont suffisantes, ayant exploré les parties peu ou point connues de la vallée du Tchirtchik, nous rentrerons en France par Bokhara, le pays des Turcomans, Khiva, le désert de l'Oust-Ourt, la Caspienne et le Caucase. Mais on vient de nous annoncer l'arrivée d'une ambassade afghane envoyée au général Kauffmann par le nouvel émir de Kaboul,

Abdourrhaman-Khan. Elle est composée de Kodja-Saïb, ambassadeur extraordinaire, un fin diplomate, paraît-il; d'un cousin de l'émir et de quelques cavaliers et fantassins afghans, le gros de l'escorte étant resté à Samarcande. Cette ambassade apporte au général Kauffmann des témoignages de gratitude de la part de son ancien hôte, et doit revenir sur ses pas avec la famille que l'émir a laissée entre les mains des Russes lorsqu'il s'en est allé guerroyer sur la rive gauche de l'Amou.

Aujourd'hui que la fortune lui a souri, qu'il a pris à Kaboul la place de Yakoub-Khan, il croit pouvoir sans trop de risques faire venir auprès de lui ses deux femmes et ses trois enfants, dont le plus jeune marche à peine.

Une escorte russe devant accompagner la famille princière jusqu'à Mazari-Chérif, près de l'antique Bactres, l'occasion est belle pour nous de voyager à travers le Bokhara dans d'excellentes conditions. Il n'y a pas à hésiter, il faut remettre à une autre époque notre exploration de la steppe et nous joindre aux Afghans, si rien ne s'y oppose. Nous nous adressons au général Kauffmann, il nous accorde gracieusement cette permission. La caravane doit se réunir à Samarcande, nos préparatifs sont vite faits, et, par le vieux Tachkent, nous gagnons d'abord Tchinaz, sur le Syr-Daria, que l'on traverse en bac à cet endroit.

Sur la rive gauche du fleuve commence immédiatement la steppe, encore mal éveillée du court mais profond sommeil d'hiver : c'est à peine si quelques liliacées bulbeuses hasardent leur tête. La plaine désolée et nue était autrefois cultivée en partie, grâce à l'eau que lui envoyait le Zérafchane par de profonds aryks dont nous avons vu les lits desséchés près d'Osch-Tepe, à quelques lieues de Djizak.

Djizak est un immense village comptant environ vingt

mille habitants, renommé pour ses scorpions et la maladie du richta [1], que contractent souvent les indigènes. Il est situé au pied d'un chaînon de montagnes traversé par la route qui mène à la riche vallée du Zérafchane.

Après le village de Gankli, dans la vallée du Sanzar, se dressent, de chaque côté de la route subitement rétrécie, des blocs de rochers à pic et solidement campés qui constituent ce qu'on appelle la Porte de Tamerlan. Sur la paroi schisteuse de droite on lit deux inscriptions persanes : l'une célèbre Ouloug-Beg, vainqueur des rois et des nations, l'ombre d'Allah sur la terre ; l'autre, de 1571, rappelle une victoire d'Abdoullah « khan des khans », qui anéantit, grâce à l'heureuse conjonction des astres, quatre cent mille de ses ennemis, et « durant un mois le sang coula dans la rivière de Djizak : que le monde le sache ! »

Avant Saraïlik, nous apercevons la longue file des voitures afghanes se déroulant sur la route qui grimpe un contre-fort à pentes douces du chaînon de Malgouzar. Les arbas aux grandes roues criardes emportent les richesses que l'émir avait laissées à la garde de ses fidèles, et les nombreux achats que ceux-ci ont faits avant de quitter la capitale du Turkestan russe. A l'arrière-garde, dans des voitures fermées de tentures, sont les femmes, près desquelles leurs parents chevauchent. D'un geste énergique ils écartent les indiscrets qui viennent trop près du harem ambulant. En tête, un excellent cheval tire l'arba, sur le devant duquel sont placés les deux fils de l'émir, emmitouflés de fourrures qui les garantissent à peine du glacial vent du nord-ouest. Leurs beaux visages d'enfants sont marbrés de froid, et le mirza à mine allongée qui se tient

---

[1] Filaire de Médine.

derrière eux grelotte, les bras croisés. Les cavaliers afghans prennent à tour de rôle les devants, amassent des tas d'herbes sèches, les allument, se chauffent un instant, et, quand elle passe, se joignent à la caravane; ils vont alors à pied, tirant leur cheval par la bride.

Aux endroits où l'on trouve des puits, des tentes sont dressées à l'avance et des provisions rassemblées qui doivent nourrir tout le monde. Ce fut ainsi que la famille de l'émir traversa la steppe à petites journées et arriva à Samarcande.

De Saraïlik, la route ondule vers la vallée du Zérafchane, que nous traversons à Djimbaï. Le fleuve charrie un volume d'eau assez faible par un réseau de longs bras maigres; dans deux mois, la fonte des neiges transformera en une vaste nappe mugissante les minces filets qui maintenant coulent à l'aise dans un lit trop large.

Le vent du sud-ouest, qui nous glace et nous cingle le visage de poussière depuis le Syr-Daria, s'apaise un peu juste à l'instant où nous découvrons l'illustre Samarcande. La nuit va tomber, et, dans le gris du ciel, les monuments en ruine s'arrondissent, grandioses, au-dessus des maisons basses.

Le lendemain, nous voyons par un beau soleil les médressés du Chir-Dar, du Tillah-Kari et d'Ouloug-Beg, qui bordent la place splendide du Righistan, et la mosquée de Chah-Zindeh, et le tombeau de Tamerlan, appelé Gour-Émir. Il nous manque le temps de bien examiner ces édifices, qui témoignent de la puissance des Timourides. A notre retour, nous les admirerons à loisir. Les Afghans ne feront que toucher Samarcande; nous n'avons que trois jours pour faire les dernières emplettes, acheter des chevaux, les pelisses indispensables; il faut aussi trouver un arba pour les bagages, des djigites pour nous accompagner — l'un d'eux nous servira d'interprète — il n'y a donc pas une minute à perdre. Abandonnés à nous-mêmes, nous n'aurions pas le temps de nous procurer tout cela. Fort heureusement, le gouverneur de Samarcande, le général Ivanoff, et le général Karalkoff, qui nous offre une hospitalité des plus cordiales, nous prêtent un bienveillant appui, et nous serons prêts pour le 13 mars, jour fixé pour le départ.

L'avant-veille, l'ambassade afghane au grand complet vient faire ses adieux au général Ivanoff et lui présenter les jeunes princes. Les enfants ont le pantalon et les bottes russes, et la redingote afghane serrée au corps et chamarrée d'or; ils sont coiffés de turbans de fin cachemire brodé d'or et portent le sabre au côté. Ils sont conduits par le mirza qui les a élevés, un grand homme maigre à longue barbe, d'une figure douce et impassible. Suivent l'ambassadeur extraordinaire, Chodja-Saïb, dans le même costume mi-européen mi-asiatique, avec pantalon et bottines d'origine anglaise, un homme trapu, d'apparence intelligente, l'œil vif dans une face pleine, s'exprimant posément avec gestes calmes; puis le serdar, parent de l'émir, grand garçon très-brun, maigre, osseux, œil dur, figure longue et morne de Castillan; puis un chef Kara-Kalpak à face ronde, œil petit, pommettes rouges, barbe tirant sur le roux; il a longtemps suivi Abdourrhaman-Khan sur la terre d'exil; le chef de l'escorte afghane ferme la marche, pieds nus dans ses babouches, un vieux dont la tête branle nerveusement, à barbe grise, et qui a un grand air d'énergie, tout courbé qu'il est. Ces gens se comportent avec la dignité qui est le propre de l'Oriental, mais ils n'ont point les manières courtisanesques des Sartes; il est vrai qu'ils sont plus mâles et point faits pour le joug comme ces énervés.

Les compliments de politesse échangés, le dasterkane est servi, et après un entretien qui roule sur le voyage à travers le Bokhara et sur le temps passé par l'émir afghan à Samarcande, l'ambassade se retire lentement, gravement.

Le jour suivant, le général Ivanoff rend visite aux jeunes princes, et nous l'accompagnons. On nous présente au Chodja Saïb comme des faranguis ramasseurs d'insectes et de plantes, très-flattés de faire route en aussi noble société. Chodja Saïb nous serre la main, et, communiquant son impression à Zaman-Beg, l'interprète, il lui dit que certainement nous cherchons « l'herbe d'or », qui paraît être la pierre philosophale de ce pays, encore en plein moyen âge.

Le 13 mars, ayant fait nos adieux à nos aimables hôtes, nous prenons le chemin de Bokhara en compagnie de quelques officiers russes, d'interprètes, d'un docteur et de cinquante splendides Cosaques de l'Oural, qui forment une garde d'honneur aux jeunes princes et entourent leur voiture tout le long de la route. Nous-même avons comme serviteur un tadjik samarcandais nommé Abdou-Zaïr, parlant assez de russe pour nous comprendre et en outre presque tous les dialectes turcs et persans de l'Asie centrale ; il est secondé par son ami Roustem, également Samarcandais, parlant seulement le turc, mais ayant déjà fait le chemin de Chirrabad. Roustem est peu causeur, et il admire fort la volubilité de parole qui distingue son compagnon.

Nous sortons de la ville par des rues étroites, en faisant fuir devant nous les femmes et les enfants. Après les derniers champs cultivés, on traverse un pont orné aux quatre coins de colonnes autrefois complétement couvertes de briques émaillées ; aujourd'hui, les briques sont détachées aussi haut que peut atteindre un cavalier se dressant sur sa selle. Ce pont est attribué au grand Timour. Nous n'en trouverons pas d'autre avant Karchi. Passé le pont, on grimpe une berge et l'on aperçoit bientôt à droite la vallée du Zérafchâne. Le « rouleur d'or » coule au fond d'une dépression bordant la steppe, qui semble brusquement tomber en falaise. A gauche, au sud, les montagnes de Samarcande, ou Samarcand-Taou, sont encore couvertes de neige au sommet. Jusque par delà la frontière bokhare, nous allons longer leurs tressaillements extrêmes où s'abritent les derniers villages du Turkestan russe. Leurs habitants recueillent précieusement l'eau bondissant des gorges quand la neige fond au feu du soleil ; ils arrosent leurs champs peu fertiles et vivent de maigres récoltes.

La route est poussiéreuse, et le vent du sud-ouest crible les figures de grains de sable si drus qu'à peine peut-on risquer un œil pour voir devant soi. Il paraît que ce vent très-sec souffle avec une violence extrême chaque jour dans l'après-midi, et surtout au coucher du soleil ; il rendrait inhabitable cette partie de la plaine qui va du Samarcand-Taou aux bords du Zérafchane ; il balayerait en outre vers le pied des montagnes les insectes venimeux innombrables en cet endroit. Aussi l'émir de Bokhara avait-il choisi ce coin de son empire comme lieu de déportation, n'en connaissant pas de plus désagréable à habiter. La proximité de Samarcande rendait facile la surveillance des condamnés, et ceux-ci, exposés simultanément aux piqûres des scorpions, des scolopendres, des phalanges, et aux fureurs du vent du sud-ouest, n'auraient pas vécu plus de trois ans dans cet enfer.

Tandis qu'on nous donne ces renseignements, nous joignons les voitures qu'entourent des Afghans et environ cent cinquante cavaliers turcomans. Nous les dépassons au petit trot, pour ne point savourer au pas la poussière soulevée par cette troupe. Les jeunes princes tiennent la tête de la caravane comme d'habitude. Avant le soleil couché, on arrive à Sazigane, village de peut-être cent maisons, traversé par un torrent qui lui arrive du sud-ouest. C'est là que se dresse le campement. Les habitants du village, prévenus de notre arrivée, attendent accroupis à terre par bandes ou juchés sur les murs qui entourent leurs masures. Ils regardent curieusement, mais à distance. L'aksakal vient débiter ses salamalecs au chef de notre troupe et reçoit des interprètes les ordres de réquisition. Les yourtes qui nous sont destinées sont à l'abri du vent, le foin est prêt, les feux vite allumés. Immédiatement la distribution des vivres commence et ne finit qu'à la tombée de la nuit avec les derniers arrivants. L'obscurité est complète, le vent hurle. A la lueur de notre lanterne, nous attaquons, en compagnie du docteur, un monceau d'excellent palao entassé dans une vaste écuelle en bois. Dès les premières bouchées, arrive un Afghan, les joues empourprées par la chaleur du brasier, et il nous offre avec un bon rire, en se léchant les doigts, une longue broche qui enfile trente ou quarante petits morceaux d'excellent rôti de mouton. C'est une gracieuseté que nous fait l'interprète Zaman-Beg, qui est au mieux avec le premier rôtisseur de la troupe afghane ; il l'a envoyé offrir une broche de kabab aux faranguis. A peine avons-nous détaché deux ou trois morceaux — avec nos doigts naturellement,

SARTE. SOLDAT AFGHAN.

D'après une photographie de KAZLOWSKI.

— que nous n'accordons même pas un coup d'œil au palao que nous expédiions avec tant de plaisir un instant auparavant. C'est que si le palao est un plat bien agréable, valant son poids d'argent pour qui a l'appétit aiguisé par une bonne chevauchée, le kabab, lui, vaut son pesant de diamants! Tous ceux qui ont voyagé en pays turc, au Caucase ou sur les côtes est de la Méditerranée, connaissent ce rôti, dont ils ont gardé le meilleur souvenir. Eh bien, le kabab afghan est au kabab turc ce que Bignon est à Duval. Aujourd'hui que nous en mangeons pour la première fois, il nous vient la conviction que tous ces poëtes qui chantent sur leur lyre les beautés de l'Orient ne l'ont assurément jamais visité, car au lieu de dire les platanes, les peupliers, qu'ils traitent poétiquement de palmiers, à leur retour dans la belle Europe ils n'auraient manqué de pleurer harmonieusement le kabab succulent!

O lecteur gastronome qui comprend mon enthousiasme pour cette ambroisie du désert, permets-moi de te donner la recette pour la cuisson du mets qui vaut à lui seul le voyage de l'Oxus, car, si habile cuisinier que tu sois, quoi que tu fasses, il te manquera toujours dans ton petit pays d'Occident l'élément premier de réussite : l'énorme mouton stéatopyge nourri pendant deux mois de printemps de l'herbe tendre et parfumée de la montagne ou de la steppe.

Sache-le donc! On prend le filet ou le faux filet du mouton, et, à défaut, le gigot, on le coupe en morceaux de taille à remplir la bouche d'un honnête homme, on coupe de même la graisse qu'on prend au bon endroit, on embroche alternativement gras et maigre, en ayant soin de serrer les morceaux les uns contre les autres; puis on sale et l'on poivre à dose convenable. Une fosse est prête où, comme des escarboucles, luisent des charbons incandescents. On tourne au-dessus de ce brasier la broche tenue d'une main ferme, et, quand on a le coup d'œil du génie, au bout de dix ou quinze minutes de pétillement de graisse qui tombe en suintant sur le feu tandis que les yeux pleurent de fumée, on peut savourer un rôt *di primo cartello*.

Aussi, huit mois après, rencontrant à Bokhara l'artiste rôtisseur devenu courrier et sans doute espion d'Abdourrhaman, je lui serrai cordialement la main et lui souhaitai longue vie. Cependant, le clairon des Cosaques sonne la prière pour le tzar Alexandre, fils de Nicolas, et l'on étend les couvertures pour dormir sur le feutre qui sert de lit.

Notre tente est en mauvais état ; dans le haut elle a des déchirures par où la lune regarde ; dans le bas elle est mal fermée, et le vent s'engouffre avec trop de sans gêne. On entasse des bottes de foin en manière de paravent, et tout va bien jusqu'à ce que messieurs nos chevaux s'en viennent manger le mur improvisé. Ils broient le fourrage lentement, à moitié endormis, et l'air entre au fur et à mesure que leur festin s'avance en raison directe du carré des ouvertures. Mais bien enroulés dans les couvertures, fatigués de la première étape, nous dormons quand même, et le vent a beau hurler ses notes les plus aiguës, il nous chante une barcarolle mélodieuse.

Le matin, on se réveille trempé par la pluie tombée dans la nuit. Le vent continue à soulever la poussière, notre direction est sud-ouest, et nous l'avons debout. Ce ne sont que montées et descentes ; nous laissons à gauche quelques petits villages tapis à l'entrée des gorges de la montagne que nos djiguites disent se nommer Ibrahim-ata en mémoire d'un saint fameux. Tel est aussi le nom de l'endroit où nous devons faire halte. Aujourd'hui, les Turcomans marchent avec plus d'ordre qu'hier; ils entourent un toug, et un jeune garçon leur sert de tambourinier. Il a un tambour de chaque côté du cou de son cheval, une baguette dans chaque main, qu'il manie avec plus de force que d'adresse, à la façon du lapin-tambour des enfants qui laisse tomber une patte à chaque tour de roue. Dans l'après-midi, on prépare le bivouac à mi-côte en face d'un thalweg qui mène au sud dans le Chahri-Sebz. Dans le thalweg, où je cherche des perdrix, je trouve un peu d'eau de pluie, et la bois avec autant de plaisir que le meilleur vin de la côte. Il suffit d'en être privé pour l'aimer.

Les nuages courent là-haut, un orage est imminent; à la nuit, le tonnerre, répercuté par les échos, gronde effroyablement, les éclairs déchirent les nues, la pluie coule à flots. Des gouttières ne tardent pas à se déclarer dans notre tente, on choisit les places sèches, et dans une posture plus ou moins commode, on dort. Dans la matinée, la pluie tombe toujours, et le départ est retardé dans l'espoir que l'orage cessera bientôt. C'est alors que nous est annoncée la mort d'Alexandre II, et des scènes se passent qui nous font penser à certains passages des Mémoires de Saint-Simon.

Puis un incident se produit qui explique la répugnance de nos pères à loger les gens de guerre. L'aksakal du village accourt, réclame l'interprète, et se plaint de la conduite des Turkmènes. Ceux-ci, se voyant près de la frontière, se croient dispensés de la retenue dont ils ont fait preuve jusqu'alors, et se laissent aller à leurs vieilles habitudes de prendre beaucoup et de payer peu ou point.

La veille, ils ont fait différents achats dans le village, promettant de régler le compte le lendemain; mais au dernier moment ils refusent net. Les indigènes ont dépêché leur chef aux Russes pour implorer leur intervention. Il est temps, car nos Turkmènes ont plié bagage et sont tous en selle, prêts à partir. Ils entourent leur toug flottant au-dessus de leur troupe massée sur un monticule. On envoie chercher leurs chefs par l'interprète; ceux-ci arrivent au galop, sautent de cheval et se tiennent près de la tente. L'un d'eux, qui prend la parole, passe par la porte sa tête ornée de l'immense bonnet, une tête énergique et rusée de chef de routiers. A l'entendre, le chef afghan ne leur avait pas payé de solde depuis longtemps ; ils veulent bien s'acquitter, mais la bonne volonté ne suffit pas, il faut de l'argent. « Vois, ma bourse est vide. » Et il tire sa bourse, la retourne : « Les Russes sont riches, qu'ils prennent à leur charge la dépense que leurs hôtes et amis les Turkmènes ont faites sur les terres d'Ak-pacha, et ils seront éternellement reconnaissants, par Allah ! » Ce discours débité avec les gestes à l'avenant, un sourire bonnasse, en appuyant la main au cœur pour témoigner de la sincérité des paroles.

Durant les pourparlers, l'orateur dévisage ses interlocuteurs, son petit œil vif scrute les physionomies, court de l'interprète au chef russe, comme pour voir si l'expression du visage est conforme aux paroles qui lui sont traduites.

La somme à payer étant relativement assez faible, on croit devoir passer outre, et il est promis à l'aksakal qu'on lui tiendra compte de la dépense lors du prélèvement des impôts. Le brave homme s'en va très-content de cette solution de la difficulté, car il n'est point accoutumé à ce que les choses tournent à l'avantage des siens. Avant l'arrivée des Russes dans le Turkestan, il ne se fût pas avisé de réclamer rien à des routiers armés jusqu'aux dents, ils lui eussent répondu à coups de fouet.

Quant au chef turkmène, dès qu'il a obtenu ce qu'il veut en somme, il se retire avec force salutations, saute à cheval, élève en l'air le fouet qu'il tient de la main droite, et, à ce signal, toute sa troupe, qui attendait immobile en épiant ses gestes, s'ébranle, et aussitôt le tambourinier se met à tapoter ses nagara [1] qui résonnent dans le piétinement des chevaux. Puis notre troupe se met en marche. Voici d'abord Djame, village peuplé de condamnés, qui est loin d'être un séjour de délices ; un ruisseau le traverse. Le chemin est pierreux jusqu'à la frontière, marquée d'un poteau peint aux couleurs russes. A peu près à la même latitude, à l'est, à deux mille lieues de là, en est planté un autre au nord de la Corée. Ce poteau avance toujours vers le sud à la suite des Cosaques qui éclairent la route.

La frontière passée, on fait un coude à gauche sur le sud pour reprendre la direction sud-sud-ouest jusqu'à Karchi.

On fait une pause dans une vallée aux puits de Tchour-Koudouk dont l'eau est salée — leur nom l'indique. L'herbe commence à tapisser les pentes. Les nomades se plaisent dans cette région, où ils trouvent assez d'eau pour abreuver des troupeaux nombreux, où le bétail paît un bon fourrage. Aussi dès le commencement d'avril il n'y aura pas comme aujourd'hui des bandes de perdrix à picorer tranquillement, les Ousbegs arriveront joyeusement, les yourtes s'arrondiront à cette place maintenant déserte, et, aussi longtemps que le niveau de l'eau ne baissera point, que le soleil n'aura pas brûlé l'herbe et désolé la plaine, les alentours du puits de Tchour-Koudouk retentiront des hennissements des chevaux, du bêlement des moutons, et à l'heure où l'on rassemblera les cavales pour les traire, ce sera des

[1] Tambourins.

criaillements de femmes et d'enfants, des hommes qui s'appellent, des chiens qui aboient, car il est difficile d'entraver les bêtes.

A un kilomètre environ des puits de Beglamisch, où finit cette étape, s'avance à notre rencontre, au galop, à la tête de plusieurs djiguites, un cavalier vêtu de robes éclatantes. C'est un petit homme très-gros, très-rond, au ventre vénérable, qui rebondit comme une boule énorme sur un magnifique cheval blanc. Il ralentit sa monture en s'approchant de nous, et, sous un turban blanc énorme qui convient à un Asiatique de qualité, nous voyons une large face, d'apparence joviale, ornée d'une barbe beaucoup trop noire pour n'être pas fraîchement teinte d'ousma. Tel est l'ambassadeur que l'émir de Bokhara envoie accueillir les princes afghans au seuil de ses domaines. Ce puissant personnage, qui a nom Rachmed Oullah et le tchin de Tok-Saba, nous serre les mains chaleureusement, et avec un sourire de ses dents ébréchées, fermant les yeux d'aise, tant notre vue le réjouit, il laisse tomber une avalanche de questions qui sont autant de compliments commandés par l'étiquette du pays :

— Louange à Dieu! le tzar blanc Ak-pacha [1] est en bonne santé?

— Oui.

— Khoub. Yarim-pacha [2] est en bonne santé?

— Oui.

— Khoub. Le général Ivanoff est en bonne santé?

— Oui.

— Khoub. Le général Karalkoff est en bonne santé?

— Oui.

---

[1] Le tzar blanc.
[2] Moitié d'empereur, nom donné au général Kauffmann.

— Khoub. Vous-même, comment vous portez-vous?
— Très-bien.
— Khoub. Vous n'êtes point trop fatigué du voyage?
— Non.
— Khoub. Le vent ne vous a pas incommodé? etc. Et à chaque réponse, le Bokhare se penche sur le cou du cheval pour saluer, mettant les mains sur le cœur en même temps qu'il répète l'inévitable *khoub*. Lorsqu'il en a fini avec ces indispensables questions, le chef russe à son tour lui demande des nouvelles de la santé de l'émir, de ses fils, du beg de Karchi, etc., dans l'ordre hiérarchique.

Notre djiguite Abdou-Zaïr nous donne des détails biographiques sur Rachmed-Oullah, dont la famille depuis longtemps fait souche de médecins illustres que les émirs attachent à leur personne. Rachmed-Oullah est digne de ses ancêtres; l'émir fait grand cas de sa science et ne s'en sépare point volontiers. Mais dans les grandes occasions où il lui faut un homme capable de représenter dignement un grand prince, il emploie son maître Coictier, qui est très-habile diplomate. Il l'a envoyé plusieurs fois à Tachkent, près du gouverneur général du Turkestan, défendre les intérêts du Bokhara, et toujours il a été content de son favori, qui n'est pas moins content de lui-même. Il faut entendre Rachmed-Oullah vanter ses talents de guérisseur. « Dernièrement, raconte-t-il, je m'en vais à Tachkent; à peine étais-je parti que Sa Sainteté ressent un malaise; la souffrance l'oblige à s'aliter. On m'envoie un courrier qui voyage jour et nuit, on me rappelle. Je fais diligence, arrive à Bokhara sans débrider, visite immédiatement l'émir, lui donne un médicament, et, le jour même, avant la prière du soir, Sa Sainteté était sur pied. »

Près des puits, il y a foule. Les Ousbegs des environs,

prévenus du passage de la caravane, sont accourus. Une belle tente bokhare et des yourtes sont dressées à notre intention.

Rachmed-Oullah descend vivement de cheval, aidé par deux de ses flambants serviteurs, et prenant par le bras les hôtes qui lui arrivent, les introduit sous la grande tente, les prie de s'asseoir. Les tapis sont jonchés de plateaux sur lesquels s'entremêlent les friandises composant habituellement le dasterkane : des raisins, des abricots secs, des amandes, des carottes confites et enfin des monceaux d'une pâtisserie assez fade faite de graisse de mouton, de sucre, de miel, d'œufs et d'amidon. Nous goûtons par politesse à ce qui compose le dasterkane, tandis qu'on sert le thé.

A l'entrée de la tente, les porteurs de plats font queue; on a fait venir ces serviteurs tout exprès de Karchi. Ils vont pieds nus, ne sont pas d'une propreté excessive, mais ils s'acquittent bien de la besogne. A leur tête marche leur chef, qui a des bottes, un beau tchambar de cuir brodé de soie et un gros turban. C'est un élégant jeune homme à l'œil voilé, ayant obtenu autrefois les faveurs de l'émir; il marche d'un pas de cocodette et se dandine en montrant les dents avec suffisance. Il prend le plat des mains du serviteur le plus proche, le passe au gros Rachmed-Oullah qui le dépose devant nous, et d'un geste nous engage à chasser notre faim.

Il y a sept ou huit mangeurs, et l'on entasse des mets pour soixante ou quatre-vingts personnes : la politesse bokhare consistant à gaver l'hôte au point de lui arracher un hoquet significatif qui est lui-même une politesse pour l'amphitryon, l'équivalent d'une visite de digestion à Paris.

L'ambassadeur, invité à s'asseoir, ne prend pas le temps de boire la tasse de thé qu'on lui offre et s'excuse de nous fausser compagnie : il a un surcroît de travail. Rien ne se fait que par son ordre; il cumule en ce moment les fonctions de maréchal des logis, d'intendant, d'ambassadeur et de grand chef des cuisines. Aussi le voit-on se hisser sur le pan d'un mur à proximité des marmites. De là-haut il domine la situation, et la main appuyée sur son sabre recourbé, il donne des ordres du ton d'un général au fort de la bataille, tout en ayant l'œil sur la cuisine. A sa voix, chacun de ceux qu'il interpelle se précipite et, l'ordre reçu, repart à toutes jambes. Il y a grand remue-ménage. Il faut nourrir hommes et bêtes, veiller à l'équitable distribution des vivres, ne mécontenter personne. C'est là une tâche difficile avec des Afghans et des Turkmènes, tous gens d'un caractère désagréable, professant pour les Bokhares un souverain mépris et se faisant servir comme en pays conquis.

Afghans, Turkmènes et Russes forment trois camps distincts, à distance l'un de l'autre.

Les jeunes princes ont leurs tentes à part, ainsi que leur suite; le reste des Afghans s'installe entre les roues des voitures alignées. Les arbas qui portent les femmes sont placées hors de vue des indiscrets; leurs parents seuls leur parlent, des femmes les servent, un cordon de sentinelles afghanes écarte les étrangers. Le décorum exige ces précautions.

Les Turkmènes bivouaquent en carré. Aussitôt arrivés, ils déroulent les pièces de feutre qu'ils transportent, comme nos cavaliers, leur portemanteau. Après avoir soigneusement couvert leur cheval de la nuque à la croupe, ils l'attachent à une chaînette de fer terminée par un piquet mince et long de même métal, qu'ils fichent dans le sol, et le cheval sellé est placé à portée et bien en vue.

Ils étalent pour eux-mêmes d'autres pièces de feutre dont moitié sert de matelas et moitié de couvertures, par le froid ou la pluie. Par ce mois de mars, ces hommes robustes se couvrent seulement de leur manteau pour la nuit, et ils dorment par groupe de deux ou de quatre, la tête cachée pour abriter les yeux de la rosée.

Les chevaux au piquet, chacun ayant choisi sa place, les Turkmènes se mettent à leur aise, se débarrassent de leur fusil, l'étendent près d'eux, enlèvent leurs grands manteaux, ne conservant pour tout vêtement que la chemise et le kouliak en toile de coton, et pieds nus, rarement dans des babouches, ils vaquent à leurs occupations ou se livrent aux douceurs du *far niente*. Quelques-uns conservent à la ceinture un pistolet ou un coutelas, peu d'entre eux quittent l'immense bonnet de peau de mouton dont les profondeurs recèlent généralement une réserve d'amadou, des allumettes s'ils ont pu s'en procurer, de la ficelle, etc., et tous ces menus objets qu'on mettrait dans une gibecière de voyage. Celui-ci fait allumer sa pipe à eau par un plus jeune que lui, qui prend avec ses doigts un charbon, le place sur le tabac, souffle jusqu'à ce que la fumée s'élève, tire les premières bouffées et passe la pipe à son aîné. Lui, les jambes croisées, aspire deux ou trois fois avec un glouglou formidable, et en rendant la pipe il souffle un nuage de fumée derrière lequel disparaît un instant sa figure hébétée par l'absorption trop considérable de nicotine. En voici qui jouent silencieusement aux cartes, avec des cartes de modèle français fabriquées en Russie; celui-ci frotte son fusil avec du sable; celui-là, replié sur ses talons, souffle le feu pour hâter l'ébullition de l'eau; son compagnon guette le moment et jette dans le koungane la pincée de thé vert qu'il puise dans un petit sac; l'eau bout une deuxième fois, et le thé est prêt. Ils en savourent immédiatement une tasse brûlante à petites gorgées. La plupart sont allongés et dorment, car le Turkmène qui fournit des étapes énormes sans se plaindre, peut dormir un jour entier, ne se réveillant que pour manger, s'il n'a point d'occupation. Ils vont abreuver leurs chevaux et, s'ils le peuvent, font emplir les auges du puits par les Bokhares, auxquels ils témoignent le dédain qu'un homme du désert a toujours pour un fourbe de l'oasis.

Les Cosaques campent près de nous sur le point le plus élevé. Ils ont formé les faisceaux, placé des sentinelles. Assis les jambes croisées, le dos contre les yourtes à l'abri du vent, ils réparent leur équipement. Une sorte d'Hercule à moustache rousse enfile délicatement une aiguille, il va réparer un accroc fait à sa blouse; son voisin raccommode une bride, un autre graisse ses bottes. Trois géants se préparent à renverser un cheval dont ils veulent examiner la gorge malade. Ils lui attachent les jambes de devant avec une courroie que l'un tire dans un sens; les deux autres donnent une brusque poussée dans le sens opposé, et la bête, perdant l'équilibre, s'abat. Ils se couchent sur lui pour l'empêcher de remuer, lui prodiguant les caresses et les exhortations. Le malade se tient coi. Un quatrième écarte la mâchoire et regarde; subitement les chanteurs de la sotnia entonnent un chant cosaque et s'accompagnent du tam-tam. Les badauds accourent, écoutent bouche béante, et paraissent surtout apprécier les notes assourdissantes de l'instrument sonore.

Jusqu'à la nuit, dans le campement, c'est un va-et-vient continuel. Les Bokhares courent à droite, à gauche, traînant du foin, portant du riz dans les écuelles de bois, de l'eau dans les outres en peau de chèvre.

Une deuxième fois les cavaliers sont allés, à tour de rôle et par bandes abreuver leurs chevaux ; le soleil est au bord de l'horizon qui s'enflamme. C'est l'heure de prier Dieu. Un mollah monte sur un tertre, détache l'extrémité de son turban, se tourne vers la Mecque, et, les pouces aux oreilles, en face du soleil qui descend, il crie la grandeur d'Allah. Les dévots ont pratiqué leurs ablutions selon le rite, ils ont ôté leurs chaussures, et, leur manteau étendu comme tapis de prière, ils se placent derrière le mollah. Celui-ci, sa face maigre illuminée du crépuscule, les domine, rigide ; seules ses lèvres s'agitent, puis il s'incline à diverses reprises, et les croyants répètent ses gestes. Finalement, tous portent ensemble les mains à la barbe et retournent à leur bivouac.

La trompette des Cosaques sonne à son tour. Ces rudes guerriers se mettent sur deux rangs, et leur chef chante la prière d'une voix forte, et lorsqu'il demande au ciel ses faveurs pour Alexandre fils d'Alexandre, empereur de toutes les Russies, tous l'accompagnent, et l'on entend des basses formidables. Et ils rompent les rangs et regagnent leur place.

Les feux s'allument, la nuit tombe, on prend le repas du soir. Vient pour nous l'heure des notes, et pour tout le monde, de la causerie, de la tasse de thé bue lentement, des contes, des farces qui font éclater soudainement les rires, des récits de guerre écoutés tête tendue. Enfin le calme se fait peu à peu, on ne voit plus les silhouettes se détacher autour du foyer. On se roule dans sa couverture, et avant de se reposer on fume une dernière cigarette en pensant à ceux de là-bas. Bientôt, sauf un ou deux feux qui clignotent avant que la flamme s'affaisse, sauf un hennissement de cheval qui piaffe, la steppe animée par des hôtes de passage retombe dans l'obscurité et le silence.

Parfois notre sommeil est interrompu par une ondée subite, car nous sommes dans la saison des pluies; parfois un cheval affolé rompt ses entraves, met les hommes sur pied.

Dès l'aube, les arbas partent, puis suivent les cavaliers.

Telles sont, avec quelques variantes, les scènes qui vont se répéter chaque jour de notre voyage à travers la steppe.

On nous donne une explication fantaisiste sur l'origine du nom de Beglamich. Les puits porteraient ce nom parce qu'un Beg aurait présidé à leur construction.

Dans les environs se trouve la tribu des Arabes. Plusieurs de ces Arabes sont venus nous voir passer. A l'œil on ne les distingue pas des autres Ousbegs. Ethnographiquement, cette dénomination ne vaut plus que comme souvenir, de même celle de Turk que se donnent souvent des tribus d'Ousbegs et de Kirghiz.

A Beglamich se trouvent des saklis actuellement inhabités où les nomades viennent s'installer, près des puits.

Un sakli se compose de quatre murs en terre formant carré ou parallélogramme. A l'intérieur, les nomades dressent leurs tentes, entassent des broussailles ou du kisiak pour se chauffer et du foin pour les bêtes. On entre dans le sakli par une porte assez large pour livrer passage à une vache ou un cheval. Plus on se rapproche de l'amou, plus les murs des saklis sont élevés et plus on prend de précautions ; chaque soir on rentre le bétail et l'on barricade l'entrée par crainte des pillards qui rôdent volontiers le long du fleuve.

De Beglamisch, nous voyons des tentes à l'est et des crêtes blanches au nord-nord-est.

L'étape suivante nous mène aux puits de Tachlik, qui ont une eau potable. Durant la route, nous faisons avec Rachmed-Oullah plus ample connaissance. Chaque fois qu'il nous rencontre, il demande des nouvelles de notre santé, se servant pour la circonstance du vocabulaire russe dont il dispose, une vingtaine de mots environ, mais surtout des verbes qu'il emploie invariablement au passé défini et à la troisième personne, sous la forme interrogative : « A-t-il promené ? A-t-il mangé ? A-t-il dormi ? » Décidément Rachmed-Oullah est très-aimable. Les Afghans sont moins souples, et c'est avec plus de roideur que Chodja-Saïb nous tend la main. Quoique représentant d'un grand prince, Chodja-Saïb ne croit pas s'abaisser en emportant lui-même, ce que ne ferait pas le Bokhare, des provisions de bouche pour la durée de l'étape. Il ne monte jamais à cheval sans avoir placé en réserve quelques morceaux de pain dans le capuchon tombant sur ses épaules. Il n'en chevauche pas moins très-grave.

De Tachlik nous apercevons pour la première fois les monts Koungour ; par une illusion optique fréquente dans ces plaines dénudées, il nous semble un Himalaya qui barre l'horizon, et cependant ce n'est qu'un soulèvement haut d'une centaine de mètres, qui borde durant deux kilomètres à peine la route des caravanes, près de Karchi.

La steppe est toujours morte, et si l'on s'écarte de la route tracée par les chameaux et par les arbas, les chevaux bronchent fréquemment dans les trous innombrables de tortues et de rongeurs qui dorment la fin de leur sommeil hivernal.

L'émir a donné l'ordre de faire une réception pompeuse

A TACHLICK.

Dessin de MUENIER, d'après les croquis de M. CAPUS.

à la troupe, où se trouvent ensemble les fils de l'émir de Kaboul et des officiers d'Ak-Pacha. Les deux plus hauts dignitaires de Karchi après le Beg nous joignent au moment où nous quittons Tachlik; ils nous serviront d'introducteurs.

L'un, beau brun d'une quarantaine d'années, est le commandant de la cavalerie de Karchi; l'autre, à barbe grisonnante, est, dit-on, le chef des irrigations. Tous deux magnifiquement vêtus montent de superbes chevaux. Ils font les saluts d'usage, et prennent la tête de notre troupe. La route va d'abord sur l'ouest, suivant les pentes douces d'un sol fortement ondulé, puis vers le sud-sud-ouest. A environ huit kilomètres de Karchi, nous sommes au pied des collines de Koungour, le chemin zigzague avec des ravins à droite, on tourne la hauteur, et en bas Karchi s'étale dans mille bouquets d'arbres verts. Jusqu'aux bords du Kachga-Darya qui traverse la ville, on descend, on rencontre des étangs aux roselières touffues qui abritent nombre de canards, de cormorans et de sarcelles. Puis commencent les ruelles enserrées des hauts murs de terre des jardins, et il faut faire maints détours avant d'arriver au logement spécialement réservé aux ambassades d'infidèles.

Toute la population est sur pied. Chacun s'est perché où il a pu pour mieux voir passer les « Ourousses »; sur les murs, sur les toits, sur les arbres, il y en a partout. Les femmes et les filles sont embusquées derrière les portes et regardent d'un œil effaré; par-dessus les murs se dressent des têtes de femmes qui vite disparaissent. Les deux côtés du chemin menant au bazar sont émaillés de mendiants à genoux qui nous exposent leurs infirmités. Aveugles, boiteux, lépreux, nous attendent depuis longtemps, la cour des miracles de Karchi nous fait fête. D'une voix rauque, les mains tendues, les veines gonflées au cou, — faisant preuve en somme de très-peu de fanatisme, — ils récitent avec une volubilité surprenante leurs meilleures prières pour les généreux qui leur donnent, tout cafirs qu'ils sont. Les pièces de monnaie qu'on leur jette tombent comme l'huile sur la braise et les font crier avec encore plus de feu. Les remercîments d'un aveugle sont des hurlements.

Ici on comble une ornière, là on abat un pan de mur pour élargir la voie et faciliter le passage aux arbas qui suivent. Les travailleurs, bousculés par les hommes du beg, jouent de la pioche à qui mieux mieux. Les curieux se plient en deux devant les hauts fonctionnaires qui nous précèdent.

Au milieu de cette agitation, de ce grouillement, nous passons tranquillement au pas, blancs de poussière, brûlés d'un soleil déjà ardent, et les gigantesques Cosaques silencieux, avec leurs manteaux gris, font tache sur le bariolage des vêtements indigènes. Ils dominent de leur haute stature tous ces Asiates, les regardent en souriant comme les forts.

Une ruelle longeant un canal et juste assez large pour un cavalier mène à la maison où l'émir nous offre l'hospitalité. On pénètre par une passerelle étroite dans une première cour, où l'on descend de cheval, et l'on se rend à pied dans la cour d'honneur, ayant à droite une galerie devant une grande salle où le dasterkane obligatoire est prêt pour les hôtes. Le petit homme rond, flanqué de son frétillant chef de cuisine, nous installe.

V

KARCHI.

Notre logement. — Le Karaoul. — Les Ersaris. — Une connaissance de Tachkent. — Les consultations du docteur russe. — L'origine d'un instrument de musique. — La Chine. — La prison. — La fosse aux punaises. — Le Palais-royal de Karchi.

En face de la grande salle réservée aux officiers russes est une construction à un étage dont le rez-de-chaussée est occupé par les serviteurs, et le premier par les interprètes, le docteur, l'officier de Cosaques et nous-mêmes. Notre chambre est meublée d'un morceau de feutre et percée d'une fenêtre s'ouvrant sur l'Arik (canal d'irrigation), qui nous sépare de la ruelle. Par fenêtre, nous entendons un trou dans la muraille, mal fermé par une porte à deux battants faite de quatre mauvaises planches de peuplier. Pour y voir sans allumer la chandelle, il faut ouvrir cette porte. La fabrication du verre étant inconnue dans le pays, il n'y a guère que l'émir qui puisse se permettre le luxe de fenêtres vitrées, et c'est déjà une prétention à la richesse que d'avoir un châssis où le papier huilé tient lieu de vitres.

De l'autre côté de l'Arik sont massés des enfants et des hommes de tout âge. Ils épient nos moindres gestes, font des remarques à haute voix, rient à l'occasion; pas un seul ne nous quitte de l'œil ; mais les policemen de l'endroit font une sortie, le bâton à la main, les coups pleuvent sur le dos des badauds, le sauve qui peut est général, et la ruelle promptement déblayée. Cinq minutes après, la même foule compacte est là, bouche béante. Indiscutablement nous avons un succès de curiosité.

Les Cosaques sont installés à l'entrée de la ruelle, à côté de nous. Ils passent et repassent, qui avec une énorme charge de foin, qui avec un sac d'orge. Les curieux fraternisent avec eux, leur parlent avec cette familiarité des gens de nos petites villes en conversation avec des troupiers de passage.

A la vérité, le Bokhare est l'ami de tous ceux qu'il craint, et il prodigue indifféremment ses sourires à ses amis les Ourousses, à ses amis les Afghans, à ses amis les Turkmènes, qu'il redoute également. Il leur offre avec la même figure épanouie de joie les plats chargés de kaverdak [1] et de palao, sauf, au moment convenable, à jouer les plus méchants tours à ceux qu'il importunait la veille de ses marques d'amitié.

Des divanas [2] arrivent avec le kla ou bonnet pointu sur la tête, le long bâton terminé par une chaînette, et leur gourde qui porte l'harmonieux nom de kadoumadbakh. Ils s'alignent, entonnent leur petite chanson dont la mélodie nous frappe ; on dirait d'un chant de liturgie romaine. Ayant reçu quelques pouls [3], ils remercient d'une inclinaison de tête et s'en vont d'un bon pas, toujours chantant. Ils sont vêtus de loques et d'une saleté inimaginable.

La nuit vient, et avec elle le garaoul, comme on l'ap-

[1] Viande de mouton coupée en morceaux et rôtie dans la marmite.
[2] *Divana* (fou), nom donné aux moines mendiants.
[3] Petite monnaie de billon.

pelle en persan. Ici on dit karaoul [1]. Un bien désagréable noctambule, que ce veilleur armé d'un tam-tam, qui, sous prétexte de vigilance, toutes les cinq minutes, pousse un cri semblable au miaulement le plus aigu d'un matou, et l'accompagne d'un formidable coup de poing sur son instrument d'épouvante. A moins d'être sourd de naissance, on est infailliblement réveillé, et sans la fatigue qui nous ferme les yeux, nous passerions une nuit blanche.

Cette façon de faire la police, en effrayant les malfaiteurs comme des moineaux, ne nous semble point recommandable, et quand le braiment éclatant des ânes qui foisonnent dans ce pays s'ajoute au tintamarre du karaoul, c'est un vacarme à rendre fou furieux tout individu nerveux.

Une fraction des Turcomans de l'escorte est bivouaquée dans un jardin vis-à-vis de notre fenêtre. Ces cavaliers sont de la peuplade des Ersaris, qui vivent échelonnés sur les deux rives de l'Amou, le long du territoire bokhare. Un de leurs khans, nommé Koul-Khodja, étant ami d'Abdourrhaman-Khan, aida ce dernier à reconquérir l'Afghanistan. Il rassembla ses gens, les invita à se diriger vers le Turkestan afghan; cinq mille yourtes l'auraient suivi, qui fournissent depuis à l'émir les cavaliers dont il a besoin.

Ces Ersaris ont entre eux un air de famille qui saisit dès l'abord. Ils sont bien gens d'une même tribu. Il y en a de tout âge, depuis l'adolescent imberbe jusqu'à la vieille barbe grise. Ils sont généralement de taille moyenne, de structure assez élégante, maigres, les reins cambrés et les extrémités fines. Les pommettes sont saillantes, le nez droit, gros du bout, les yeux enfoncés et bridés, les lèvres grosses;

---

[1] Du verbe turc *karamak*, regarder, surveiller.

la face serait ronde sans le menton pointu. Leur cou, bien attaché, grand et fort, suffirait à les distinguer de l'Afghan à la tête enfoncée dans les épaules. Ils ont la démarche souple et vont bien campés sur les reins, les épaules en arrière, regardant hardiment. A part le monumental bonnet qu'ils ont soin d'aplatir légèrement par devant, ils ont le costume des autres nomades : la longue chemise à manches larges et le caleçon en toile de coton se perdant dans les bottes sans talons. Pour la route, ils revêtent par-dessus leurs khalats de calicot un long manteau de couleur sombre, d'une étoffe grossière, tissée avec les poils de mouton et de chèvre. Le manteau, étendu sur le cheval comme celui de nos cavaliers, abrite la besace placée de chaque côté de la selle, qui contient les vivres pour l'homme et le cheval.

Ils sont armés de fusils et de pistolets à piston ou à pierre de provenance russe ou anglaise, et pour la plupart en fort mauvais état. Leur sabre recourbé, à lame mince et d'une trempe excellente, est leur arme favorite, qu'ils manient avec beaucoup d'habileté et de force en frappant de taille. Au moment du départ, sur un signe de leur chef qu'aucune marque extérieure ne distingue, ils viennent se placer sur deux rangs de chaque côté de leur toug. Puis ils se divisent par pelotons : les uns accompagnent les arbas, le Chodja-Saïb, les autres marchent par groupes, à l'aventure et sans ordre.

En regardant dans la rue, nous remarquons un homme à longue barbe noire qui nous salue avec persistance en s'inclinant. Il nous semble reconnaître un musicien badakchanais que nous avons entendu à Tachkent. Il est visible qu'il veut nous parler ; nous l'invitons à monter près de nous. Il est amaigri, bronzé par le soleil, dans un délabrement complet ; ce n'est plus le brillant musicien vêtu de soie que nous avons connu autrefois. Il nous conte qu'à Tachkent sa musique ne plaisait point, que les Sartes ne lui faisaient pas assez de cadeaux pour qu'il pût vivre de son talent, et qu'il s'est décidé à retourner dans son pays. Il a donc fait des marches forcées, car il voulait rejoindre à tout prix notre caravane avant son départ de Karchi. Il a voyagé à pied, tantôt payant son écot dans les caravansérails d'un air de musique, tantôt remerciant du récit d'une légende les chameliers rencontrés sur sa route qui l'invitaient à s'asseoir à leur marmite, à passer la nuit près de leur feu. Il est joyeux de nous savoir ici; il se rappelle que nous l'avons traité généreusement, et il espère que nous voudrons bien lui laisser prendre place sur notre arba jusqu'à l'Amou, car ni lui ni son frère le cymbalier ne sont en état d'aller plus loin, et il montre ses pieds ensanglantés. Ayant obtenu ce qu'il désire, il nous serre les mains, appelle sur nous les bénédictions d'Allah, et, avant de se retirer, demande la permission de venir nous jouer un air de rabôbe dans la soirée. Il va, dit-il, mettre immédiatement des cordes à son instrument.

Dans l'après-midi du même jour, le docteur donne des consultations. La nouvelle s'est répandue qu'un médecin fait partie de la caravane, et les indigènes viennent chercher la guérison. Les cas de syphilis, de maladies d'yeux et de la peau sont les plus fréquents. Un Juif de seize à dix-sept ans, un des plus beaux types de Sémite que nous ayons vus, vient montrer sa tête. Un herpès lui dénude l'occiput, et si les précautions ordinaires ne sont vite prises, il sera chauve à jamais. Le docteur l'invite à se faire raser la tête afin qu'on puisse le traiter. Mais le Juif ne veut point que ses boucles tombent par le ciseau, il préfère souffrir plutôt qu'enfreindre la loi, il n'oserait se montrer à ses coreligionnaires sans ses cheveux en tire-bouchons le long des joues. Les musulmans présents le raillent, il ne leur répond point, salue et se retire.

Un homme déjà grisonnant arrive avec un bel enfant sur les bras. A la vue de costumes étranges, en entendant une langue qui n'est pas la sienne, le petit malade cache sa figure et sanglote. De bonnes paroles, quelques morceaux de sucre le rassurent, ses pleurs cessent. Le père raconte alors que « son enfant est tombé sur la tête l'année passée, qu'il s'est blessé grièvement, qu'on a négligé la blessure, elle s'est envenimée ; le tabib a été mandé ; en guise de remède, il a appliqué le fer rouge, et la plaie s'est toujours élargie depuis cette opération, au lieu de se cicatriser comme on l'espérait ». Il enlève le morceau de feutre graissé de suif de mouton qui couvre l'horrible mal, l'enfant gémit de nouveau, et, par un trou béant large comme son petit poing, on voit les trépidations du cerveau. Le docteur, constatant que toute guérison est impossible, ne peut qu'ajouter des paroles de consolation au lénitif qu'il donne pour la forme.

Ici la médecine est en enfance et l'hygiène inconnue.

Le soir du même jour, le musicien badakchanais, qui tient sa promesse, entre silencieusement dans notre chambre, accompagné de son cymbalier. Après les politesses d'usage, il s'assied dans un coin, dégage son bras droit du khalat, dont la longue manche le gêne, et accorde son rabôbe. Cet instrument, ayant à peu près la forme d'une mandore à la caisse très-profonde et au col très-allongé, possède vingt et une cordes : trois pour le doigté, le reste pour la résonnance. Le musicien regrette bien d'avoir épuisé la provision qu'il avait faite à Caboul, les cordes à boyau des Sartes étant mauvaises.

Il aime beaucoup son instrument, le compare au paon, « le plus bel oiseau de l'Inde ». La boîte est gonflée comme la poitrine du paon se rengorgeant, le col allongé, et les clefs du haut figurent la tête dressée et le bec. Vu de face, à l'endroit où l'artiste touche les cordes, le rabôbe ne semble-t-il pas se pavaner? Certes il n'est pas de plus bel instrument.

Au reste, d'après la légende que le ménestrel nous conte avec des gestes très-nobles, Allah lui-même l'aurait inventé : « Quand le miséricordieux songea à mettre l'homme sur la terre, il commença par pétrir son corps de l'argile le plus pur, puis voulut lui donner l'esprit. Mais celui-ci, lisant dans l'avenir, entrevit les misères sans nombre qu'il allait souffrir dans cette enveloppe matérielle et résista au Tout-Puissant, ne voulut point animer l'argile modelé par la main divine. Allah, à qui répugnait la violence, usa de ruse. Il imagina le rabôbe, en tira des sons tellement harmonieux que l'esprit, enivré d'une musique délicieuse, ne se sentit plus la volonté de résister, et de lui-même vint se placer dans le corps de l'homme, qu'il ne quitte jamais, à moins d'un signe d'Allah. »

Le Badakchanais joue ses plus beaux airs, et nous l'écoutons avec un plaisir véritable. Sa musique n'agace pas des oreilles européennes comme la musique sarte, à laquelle il est difficile de s'accoutumer. Son cymbalier, qui lui fait face, frappe de la main droite avec une cymbale de bronze à plein ou sur les bords de l'autre cymbale, tenue du bout des doigts pour augmenter la sonorité. Ils chantent des exploits de héros du temps passé, les dernières guerres, se regardant l'un l'autre, la tête immobile, l'œil dans l'œil, et l'air dont ils accompagnent les paroles semble le bruit des cavaliers en marche, les chevaux allant au pas; puis le chant s'anime, et c'est comme une charge de rôdeurs du désert s'abattant sur une caravane.

Le cymbalier paraît admirer fort son maître et lui témoigne beaucoup de respect. Lorsqu'on leur sert un plat, il ne mange qu'après avoir été convié par son supérieur; au cours d'une conversation, il n'ouvre la bouche que pour dire le nom de personne ou de ville que l'autre lui demande d'un geste d'interrogation.

Le musicien s'entretient avec nous jusqu'à une heure avancée de la nuit. Il nous parle des Anglais, dont il a une haute idée, car ils savent voler dans les airs, fabriquer les machines mieux que les Russes. Mais quel empire se peut comparer au pays de Tsin, où l'on cultive le thé le plus parfumé, le plus agréable à boire, où l'on trouve la meilleure porcelaine? Pour parfaire une de ces tasses merveilleuses dont les empereurs et les émirs seuls font usage, il ne faut pas moins que le travail et la patience de trois générations : le petit-fils achève ce qu'a commencé son grandpère. Mais quelle pâte fine! quelle sonorité! Frappe du doigt sur une tasse, et elle vibre une note harmonieuse comme le plus beau son du rabôbe, retentissante au point que l'oreille la perçoit à un farsakh[1] de distance! Un jour, un empereur de Chine buvait du thé. Il était soucieux et rêveur. Oubliant la réalité pour un instant, il ouvre les doigts et laisse échapper sa tasse. Dans sa chute, elle se brise en mille morceaux avec un bruit que le souverain trouve aussi agréable que la meilleure musique. Immédiatement il donne l'ordre de rassembler treize cents tasses de la plus fine porcelaine, et, le lendemain, après avoir pris le repas du soir, il les fit jeter par les fenêtres du palais

---

[1] Environ huit kilomètres.

sur les pavés d'une cour. Et ce fut un concert original et divin bien digne du maître de tant de peuples.

Nous questionnons l'artiste au sujet de Caboul, qu'il a visité. Le séjour de cette ville lui a laissé un mauvais souvenir, et il n'y veut point retourner, car ses habitants sont méchants, querelleurs et peu généreux. Ce n'est pas comme dans sa patrie, où l'étranger est toujours bien reçu, où un voyageur peut traverser tout le pays sans avoir à craindre un mauvais traitement.

Il sera heureux de nous servir de guide quand nous viendrons voir le Badakchan, qui a pour capitale Faïzabad. Ayant fait l'éloge de son pays, le musicien nous remercia de nouveau et se retira, car il était tard.

Le lendemain, nous visitons la ville. Les enfants courent derrière nos chevaux; ceux qui sont sur les toits, où ils jouent au cerf-volant, nous saluent d'un geste obscène; les hommes nous apostrophent du seuil des portes. Le hasard nous mène vers la forteresse, où le beg vit entouré de ses soldats, derrière de hauts murs de terre crevassés, bordés d'une mare croupissante, qui tient à distance ses administrés. La porte principale est grande ouverte; un portail sert de corps de garde. Aux parois sont accrochés de longs fusils à mèche et des lances; la garde ne nous laisse point pénétrer dans l'enceinte. Nous tournons bride, et, par la place des exécutions, tombons dans une rue où, sous le soleil, quatre hommes sont accroupis, enchaînés l'un à l'autre par le cou. Ils ont la barbe et les cheveux longs, le corps amaigri. Ce sont des condamnés qu'on a placés devant la prison pour recueillir les aumônes qui les font vivre. Ils tendent les mains et implorent la pitié des passants.

En travers de la porte, un gardien sommeille, le pistolet

à la ceinture, le bâton à la main. Le cerbère est borgne, noir, grand, osseux. Il se lève en grognant.

— Peut-on visiter la prison?

— Ha, ha! répondit-il. Il nous fait signe de le suivre et marche devant nous. Entre les quatre murs qui enclavent une cour sont construites des masures très-basses, aux toitures délabrées, qu'on se garde bien de réparer. A l'intérieur, les prisonniers dorment sur le sol battu ou sur de minces nattes de paille; ils sont uniformément vêtus d'une chemise, d'un caleçon de cotonnade et tête nue. Tous ont des fers aux pieds, quelques-uns les ont également aux poignets. Plusieurs circulent librement dans la cour, et nous entourent aussitôt, demandant une aumône, un silao; l'un d'eux expose sa misère. Par les portes ouvertes on en voit qui cousent.

— De quels crimes sont coupables ces malheureux? demandai-je au geôlier.

— Des brigands, des voleurs!

— Pourquoi ce grand brun qui nous tend la main est-il ici?

— Brigand, voleur!

Impossible d'arracher au borgne d'autre réponse. Il n'est point décidé à bavarder.

Ouvrant une porte minuscule, il nous introduit dans un bâtiment composé d'une enfilade de petites chambres où l'on enferme des prisonniers. L'un — un savant sans doute — est occupé à copier un livre, il ne détourne point la tête; un autre se balance en récitant des versets du Coran; des fiévreux serrés dans un coin, affaissés sur eux-mêmes, regardent avec l'œil brillant des malades. Puis nous arrivons à la dernière chambre qui a son plafond

KILIF.
Dessin de GIRARDOT, d'après les croquis de M. CAPUS.

percé d'une ouverture carrée par où tombe la lumière du jour. Une longue et solide corde pend d'une poulie fixée à une poutre du toit.

Le borgne ouvre une trappe que nous foulions du pied par mégarde.

— Regardez, dit-il.

Et, en bas, dans l'obscurité d'un trou où nos yeux ne perçoivent d'abord pas les objets, c'est un cliquetis de chaînes remuées, des voix rauques qui se lamentent; on distingue des mains levées et tournées vers nous, des faces blêmes d'hommes dont on ne voit pas le reste du corps. Une odeur fétide d'êtres humains entassés se dégage de ce fouillis.

— Silao toura, silao toura[1], supplient ces misérables.

Nous nous préparons à jeter quelques pièces de monnaie, mais le gardien s'y oppose. Il prend lui-même les aumônes et, appelant les enterrés par leur nom, laisse tomber à chacun la part qui lui revient. Il veut empêcher la lutte effroyable de ces affamés se disputant la maigre obole qui payera le morceau de pain qu'on leur vendra plus tard. Car l'émir ne nourrit point les coupables qu'il emprisonne, il les loge et laisse la charité des croyants faire le reste. Et, suivant les hausses ou les baisses de la générosité publique, les misérables mangent de quoi prolonger leur pitoyable existence ou bien ils endurent les tenaillements de la faim. Aux habitants de la fosse on lance un morceau de pain, on descend une cruche d'eau. C'est tout, la trappe se ferme.

Ils attendent sous terre le bon plaisir du puissant qui

---

[1] La charité, seigneur!

les a mis là. Des années entières, sans soins d'aucune sorte, ils restent couchés sur un fumier, sont rongés par la vermine.

Parfois il advient qu'il y a des mécontents dans le peuple, les impôts se perçoivent difficilement, les sujets murmurent. Sa Sainteté envoie alors un courrier porter au beg l'ordre de faire un exemple. On ouvre la trappe, on choisit dans le tas, on hisse à fleur du sol un des infortunés, on lui attache les mains derrière le dos, on le traîne jusqu'à la place publique près du bazar, et là, en présence des curieux qui se pressent, — car on a soin de choisir un jour de marché, — la victime s'agenouille. Le bourreau saisit la barbe, relève la tête, et, d'un coup rapide de son mince couteau bokhare, il tranche la carotide du condamné ainsi qu'on fait au mouton dans un abattoir. Le cadavre est accroché au gibet par les quatre membres et exposé durant plusieurs jours; il importe que nul n'en ignore et que les méchants tremblent.

Et les corbeaux, à coups de bec dans les yeux, commencent la besogne que termineront prestement les chiens, à moins que la famille du supplicié ou une âme charitable ne s'empresse d'ensevelir les restes du coupable.

L'affreux spectacle de la fosse aux punaises nous serra le cœur. Nous sortîmes de la prison attristés et silencieux. Notre djiguite Abdouzaïr lui-même avait perdu sa loquacité habituelle. Et philosophant, tandis que j'enfourchais ma bête, je m'étonnais du contraste de ce ciel pur et sans nuage qui narguait aux êtres humains enterrés vivants.

A quarante pas de la prison, en passant par la porte qui

s'ouvre sur le bazar, on tombe au milieu de galeries construites en carré, autour d'un bassin plein d'eau. C'est le Palais royal de Karchi. Les marchands de thé et les barbiers se sont entassés dans ce coin de la ville qui est le rendez-vous des gens qui flânent et s'amusent. Les galeries retentissent du bruit des tchilmandys. Les élégants, chaussés de bottes aux bouts pointus et relevés, se promènent indolents d'une boutique à l'autre. Ils marchent avec un déhanchement de bon ton, traînent les pieds en relevant avec grâce leur khalat de soie qu'ils tiennent serré aux hanches. Un batcha aux gages d'un vendeur de thé se livre à une danse des plus lascives, et cherche à attirer les buveurs par des sourires engageants.

Un jeune chanteur agenouillé hurle une mélodie agaçante, le cou renversé et les mains sur les hanches. Un conteur debout parle appuyé sur un bâton flexible, et l'on fait cercle autour de lui. Voici les sportsmen avec leurs cailles et leurs perdrix de montagne dressées à un duel acharné; les propriétaires les excitent en leur taquinant le bec qu'ils frappent avec un bâtonnet plusieurs coups de suite. Quand les oiseaux voient rouge, que la colère les aveugle, ils les lancent l'un sur l'autre; le maître du vainqueur empoche l'enjeu. Les joueurs de cartes ne manquent pas, ils se servent de cartes françaises de provenance russe. Les barbiers sont très-occupés, c'est la veille du vendredi, le dimanche des musulmans, et tout sunnite qui se respecte vient se faire raser le crâne et tailler la moustache au ras de la lèvre supérieure de façon à dégager la bouche. Les clients attendent patiemment leur tour en jasant. Des beaux se font teindre en noir la barbe et les sourcils. On agrandit les yeux à celui-ci d'un léger coup de pinceau entre les deux paupières; celui-là, un petit miroir à la main, s'épile consciencieusement l'intérieur des narines au moyen d'une pince. Les tchilim[1] passent d'un fumeur à l'autre. Plus loin est le coin abandonné aux fumeurs de haschich et d'opium ; on les reconnaît à leurs traits fatigués, à leur teint plombé et à cet œil hagard de l'homme qui passe d'une excitation fébrile à l'hébétement le plus complet. A mesure que nous passons, on nous apostrophe, on nous décoche des railleries, on nous regarde curieusement, on questionne nos hommes. Partout du bruit et beaucoup d'animation. Les inévitables divanas coiffés du bonnet en pain de sucre mendient aux abords des boutiques et réclament effrontément l'aumône comme chose due ; ils apportent encore au vacarme l'appoint de leurs vociférations.

En sortant des galeries pour gagner notre demeure, nous nous heurtons à deux vieux Turkmènes. Le premier chasse devant lui deux ânes accouplés, le second traîne à la queue de son cheval cinq ou six chevaux attachés à la queue l'un de l'autre. La rue est étroite, il y a foule, impossible d'avancer ou de reculer. L'homme du beg qui nous précède frappe de son fouet le cheval du premier Turcoman afin de l'écarter, il l'appelle « chaïtan[2] ». Le vieux a un brusque mouvement de tête qui en dit long de menaces à l'adresse de l'insulteur, la figure trahit une énergie sauvage, la barbe grise et hirsute n'adoucit point cette physionomie. Les deux vieux qui se sentent les plus faibles nous font place. Tous deux avaient le fusil en bandoulière.

Ces Turkmènes étaient des environs de Kerki.

[1] Pipe à eau.
[2] Démon.

Afghans et Ersaris sont répandus dans le bazar où ils font leurs provisions pour la route. De Karchi à Kilif sur l'Amou, ce n'est que steppe et désert, et le départ est fixé au lendemain; ils se hâtent de terminer leurs achats. Quelques-uns d'entre eux nous reconnaissent, ils nous saluent.

VI

DE KARCHI A L'AMOU DARYA.

Bonne foi bokhare. — Réveil de la steppe au printemps. —Turkmène économiste. — Les puits. — Mirages. — Un cuisinier tatar. — L'histoire de Saïd-Achmed-Khan contée par un ménestrel du Badakchane. — Kilif. — L'Amou. — Khodja Saïb. — Les Kafirs. — Les Afghans. — Un bac. — Les Cosaques. — Chefs afghans. — A propos des Anglais. — Prétendues forêts.

Le 20 mars, nous quittons la ville au milieu de l'affluence du peuple. Le petit et gros Rachmed-Oullah nous précède, il nous fait la conduite jusqu'au sortir de Karchi.

Chahri-Kent est le premier village que nous trouvons sur notre route; il est situé sur un des ariks qui dérivent du Kachga-Darya. Autrefois, ce fut une grande ville que défendait une forteresse; maintenant, c'est une humble bourgade peuplée d'un petit nombre d'habitants.

En Asie, on rencontre à chaque pas d'anciennes villes qui ne sont plus que l'ombre d'elles-mêmes. Ce pays est jonché de grandeurs déchues, et l'oublieuse histoire en dit à peine un mot.

Après Chahri-Kent, on traverse Chirvi, village d'une quarantaine de maisons : un saint lui a donné son nom, qui s'appelait Chirvi le Généreux (Chakhi-Chirvi). Ici l'on récolte surtout du blé, de l'orge et du raisin en grande quantité.

A dix minutes de là, le gros village de Kara-Tépé. Ses maisons sont entourés de jardins vastes et plantés d'arbres fruitiers. L'arik de Davna traverse Kara-Tépé.

Je m'adresse à un des habitants et lui demande le chiffre des maisons : — Soixante, répond-il.

Un peu plus loin, même question.

Réponse : Neuf cents.

Je continue mon chemin et mes questions.

Les chiffres qu'on me donne varient entre quarante et mille. Or, à mon avis, il y a quatre cents maisons dans ce village. Pas un seul individu n'a avoué être incapable de me fournir le renseignement.

Ces réponses faites au hasard, sans le moindre souci de vérité, peignent bien le Bokhare en particulier et l'Asiatique en général. Du moment que vous les questionnez, ils supposent immédiatement que leurs intérêts sont en jeu, et, sans réfléchir plus longuement, ils répondent un mensonge dont ils rient plus tard avec leur interlocuteur, si ce dernier leur en démontre l'absurdité. Cette tournure d'esprit n'est pas la moindre difficulté pour le voyageur dans l'Asie centrale, lorsqu'il prend à cœur la tâche qui lui incombe. Et il lui faut chercher le vrai dans une moyenne basée sur de nombreuses questions et des observations multiples.

Avec Kara-Tépé finit l'oasis. Nous ne traverserons plus de canaux jusqu'à l'Amou. Encore un village à droite, à environ deux verstes de la route, encore une verste de plaine cultivée, et puis la steppe. Le chemin des caravanes, qui est le nôtre, suit sensiblement la direction du sud. Le vent du sud-ouest souffle avec force et soulève la poussière, qui tourbillonne et nous aveugle. A notre gauche pointent les cimes neigeuses des montagnes de Yargakli. D'après notre djiguite Abdouzaïr, elles fournissent des quantités énormes d'un sel cristallisé qui se vend à bas prix sur le marché de Karchi.

Nous campons à environ trente verstes de Karchi, au puits de Youssouf (Joseph). C'est une mare d'eau stagnante et boueuse, mélangée de la fiente des bêtes de somme, dans de telles proportions, qu'il faut renoncer à la filtrer. Les filtres sont obstrués bien vite et ne fonctionnent plus. Quant à attendre que les impuretés se soient déposées au fond des seaux, qui en a le courage avec une soif dévorante? Ce liquide jaunâtre est salé, et notre thé a la couleur du café au lait.

Le puits ou plutôt la mare de Youssouf, puisqu'il faut l'appeler par son nom, était couverte d'une coupole. Les orages, les tremblements de terre, l'ont ébranlée ; avec leur incurie caractéristique, les habitants se sont gardés de la réparer, et il ne reste que des décombres. Et le voyageur boira de l'eau corrompue par les immondices, jusqu'au jour où un riche croyant fera les frais d'un curage et d'une nouvelle voûte.

Notre campement est abrité du vent par un renflement du sol. L'étape a été courte aujourd'hui, car c'est un jour de fête pour les musulmans. Ils veulent célébrer dans la soirée la nouvelle année 1299 qui commence. Les feux restent allumés une bonne partie de la nuit. Notre Badakchanais va d'un groupe à l'autre, joue du rabôbe. On l'entend jusqu'à une heure avancée. Sa musique ne parvient pas à nous endormir, l'air est à peine respirable, l'atmosphère est chargée d'électricité. Dans la nuit noire, on entend des hennissements de chevaux qui se sont échappés et s'entre-battent. Ils sont, eux aussi, sous l'influence énervante de la température.

Près de Youssouf, la route que nous suivons bifurque à l'est vers Gouzar, non loin d'une flaque d'eau d'où s'élèvent des canards sauvages. Ils se sauvent à tire-d'aile vers la mare de Youssouf où nous les voyons s'abattre. Ce sont des hôtes de cette contrée; ils seraient des guides précieux pour qui chercherait de l'eau; en les suivant, on arriverait à un étang ou à une mare.

En avançant dans la direction du midi, nous constatons l'approche du printemps.

La steppe se réveille du pesant sommeil d'hiver. Les tortues qui ont passé les temps froids enfoncées la tête en bas dans leur demeure souterraine, se sont senties renaître à la chaleur des premiers rayons de soleil. Elles ont soulevé la couverture de terre et de sable que le vent avait jetée sur leur carapace; à courir la plaine, elles ont repris de la vigueur, et déjà elles se livrent à leurs ébats amoureux. Les fourmis travaillent; elles ont hâte de remplir leurs greniers, car elles sont toujours inquiètes du lendemain. L'alouette sans souci chante gaiement, puis d'en haut se laisse tomber comme une folle. L'herbette sort gentiment de terre, — une goutte d'eau la fait vivre, — et fluette, elle s'incline au moindre souffle du vent. Les coléoptères noirs et trapus voltigent; ils nous passent près des oreilles en bourdonnant d'aise, ils comprennent que les caravanes vont sillonner la plaine. Ce sont les balayeurs du désert. Assis à l'entrée de leurs silos, ils écoutent le bruit du lointain, et dès qu'ils perçoivent le pas lourd et cadencé des chameaux ou le trot des chevaux, ils prennent leur vol. Pilleurs d'épaves spéciales, ils guettent la chute de la fiente et s'abattent. Arc-bouté sur ses pattes de devant, la tête près du sol, le coléoptère pousse de ses pattes de derrière une proie quatre fois grosse comme lui. Il la roule jusqu'à son logis, aidé de sa femelle qui grimpe et se cramponne de l'autre côté, puis se laisse retomber pour aider de son poids à la poussée de son époux. Des compétiteurs surviennent, qui sont arrivés trop tard pour prendre part au festin que leur prodiguaient les chameaux, et une lutte acharnée s'engage qui dure jusqu'à l'épuisement des combattants. Tandis que l'un s'efforce de fuir avec les provisions, l'autre repousse les assaillants, parfois un couple d'autres larrons arrive, et c'est une mêlée où de beaux coups sont échangés.

De leur côté, les hirondelles fendent l'air en rasant le sol, elles chassent les premiers insectes. Au-dessus de nos têtes, des mouettes passent, et leurs puissantes ailes frappant l'air à coups précipités, font des sifflements ; elles vont, d'un vol rapide, en voyageuses qui se rendent compte de la longueur du chemin, et veulent arriver au gîte avant le coucher du soleil.

Un clin d'œil, et elles sont loin : leur troupe n'est bientôt plus qu'un point noir s'enfonçant dans le ciel.

Des bandes de cigognes tirent sur le sud-ouest : les pattes roides et allongées, le cou tendu, le bec en avant, avec leurs grandes ailes déployées comme des voiles, elles glissent majestueuses dans l'azur et bien alignées ; elles s'éloignent, on dirait des flocons blancs poussés par une force invisible. Et puis, voici sur le chemin d'autres coureurs de la steppe que les beaux jours ramènent : des Turcomans qui marchent à la tête de leurs chameaux en se balançant sur leurs jambes arquées. Ils ont le fusil sur l'épaule, l'énorme bonnet sur la tête. Nous saluons ces solides gaillards.

— Que Dieu te garde!
— Et que Dieu te garde!
— D'où viens-tu?
— De Choubroukhan, près de Maïmèné.
— De quel tribu es-tu?
— Kara-Turkmène.
— Où vas-tu?
— A Karchi.
— Quoi vendre?
— Des sacs et des tapis.
— Combien les vendras-tu?
— Le plus cher possible.
— Qu'achèteras-tu?
— Ce qui est bon marché.

Ces Kara-Turkmènes nous donnent en passant une leçon d'économie commerciale; ils nous résument l'art de s'enrichir en peu de mots : vendre cher, acheter bon marché. Si j'ajoute que ce sont leurs femmes qui fabriquent pendant l'hiver ces tapis et ces sacs qu'ils s'en vont vendre à Karchi, vous admettrez que la vie de certains Turkmènes a ses agréments.

A quatre heures de cheval de Youssouf-Sarvadan, les presqu'îles de sables commencent à couper la steppe de l'ouest à l'est; à gauche de la route, des monticules s'allongent du nord-est au sud-ouest.

Une heure plus loin, il y a des puits fermés. Ils sont profonds et, paraît-il, donnent de l'eau toute l'année. On ne les utilise que pendant les grandes chaleurs, après que l'évaporation, le vent, l'infiltration, ont fait disparaître les mares et les flaques d'eau formées par la chute des pluies. A dater du mois de mai, des Ousbegs qui nomadisent dans ces contrées viennent s'installer près des puits, les ouvrent et les nettoient. Puis, quand les caravaniers s'arrêtent pour renouveler les provisions d'eau et abreuver les chameaux, les gardiens des puits remplissent les auges pour les bêtes, les outres pour les hommes. On les paye d'une pièce de monnaie ou d'une poignée de fruits secs, car les gens du désert en sont friands. Ces puits s'appellent kirkidjak. Ils empruntent leur nom à la contrée où ils sont situés. Chaque printemps, lorsque la pluie a fait sortir l'herbe du sol, les Ousbegs viennent refaire leurs troupeaux du jeûne de l'hiver, et ils se rapprochent des montagnes dès le commencement de mai.

La route ondule au travers des collines dénudées dont les thalwegs sont descendus, par de minces ruisseaux, aux bords incrustés de sel. L'eau coule du nord-est au sud-ouest suivant la pente naturelle du terrain. Une petite rivière Chour-Sou (eau de sel) mérite bien son nom pour sa salure excessive; elle est si maigre qu'elle coule à peine; elle se traîne, finit en mare, et les sables la boivent.

Après une longue étape, nous bivouaquons à quelques verstes des puits d'eau salée de Kout-Koudouk. Il faut recourir aux outres pour la préparation du thé et des aliments.

Le lendemain, nous nous rapprochons des montagnes. Le paysage est un peu plus accidenté, mais tout aussi désolé : ce ne sont que collines de sable, ruisseaux d'eau salée, puits d'eau salée, et dépôts saligineux aux endroits naguère occupés par de petits lacs maintenant desséchés.

Sur le soir, nous rencontrons à droite de la route une dizaine de puits : ils avaient autrefois des gardiens qui habitaient les maisonnettes carrées coiffées d'un dôme conique. Ces loges ne sont pas occupées. Elles sont construites en briques cuites, éclairées par une ouverture dans le toit qui laisse entrer le jour et sortir la fumée.

Les murs sont percés de petites fenêtres par lesquelles le gardien peut guetter facilement la venue des caravanes.

Les Ousbegs nomades des environs ensevelissent leurs morts près de ces puits. Lorsqu'on aperçoit soudainement le cimetière d'une hauteur que gravit la route, on s'imagine voir les ruines d'une ville. Les tumulus, très-nombreux, sont éparpillés sur une vaste surface, et les pierres détachées des collines que les Ousbegs ont coutume de déposer ou de ficher sur les tombes, donnent l'illusion optique, bien permise dans le désert, de pans de murs et de débris de construction.

On fait halte à Ispan-Tonda. Nous avons chevauché par vaux et par monts; sans cesse les cavaliers qui nous précédaient disparaissaient dans les plis du terrain que la nature semble avoir ici strié à plaisir. Les divers groupes de la caravane se maintenant à distance, les uns montaient tandis que les autres descendaient comme dans un jeu de bascule. A une verste d'Ispan-Tonda, on tombe par une pente assez rapide dans un golfe bordé de monticules aux marnes multicolores, hauts d'une centaine de mètres, et qui s'évase en plaine jusqu'à l'Amou. Le soir, le vent nous arrive imprégné de la fraîcheur du fleuve.

Grâce au voisinage de ces monticules, il semble que ce soit fait de la monotonie de la steppe. Au soleil couchant leurs pentes se colorent de teintes irisées, des aigles rentrent au nid, des oiseaux de nuit se mettent en chasse et poussent leur cri de guerre, autant de signes de vie qui réjouissent — et puis, au fond, à l'horizon, l'Amou se devine. Nous sommes enfin sur le dernier degré d'une façon d'escalier colossal formé par les plateaux qui se succèdent depuis Youssouf-Sarvadan.

Encore une bonne étape, et nous camperons sur les rives du fleuve.

A environ trois heures de cheval d'Ispan-Tonda, à l'entrée de la plaine salée, une construction en carré se dresse environnée de puits. Elle est en ruine. A conclure de l'agencement intérieur, du grand nombre de chambres, ce devait être un poste-caravansérail établi à dessein sur la route de l'Afghanistan. Dans les temps agités, les caravaniers y venaient mettre eux-mêmes et leurs marchandises à l'abri d'une surprise, et les soldats de l'émir, qui se tenaient probablement en permanence à cette place, avaient la consigne de protéger les marchands contre les attaques des pillards. Comme tous les édifices du temps passé qu'on rencontre dans ce pays, celui-ci a été négligé, on ne l'a point réparé. Les nombreuses coupoles qui surmontaient son toit sont tombées ou vont s'affaisser. Et les voyageurs qui s'arrêtent encore à cet endroit ne se hasardent plus guère que sous la coupole recouvrant la vaste chambre carrée du milieu; c'est là qu'ils allument leurs feux depuis bien des années, car le sol est jonché d'au moins un demi-pied de cendres.

Un groupe de Turcomans fermant la marche pénètre dans la ruine, qui s'anime un instant du piaffement des chevaux, de l'éclat des voix. Quelques-uns d'entre eux profitent de l'occasion pour étaler leur feutre, allumer un feu, faire bouillir un koungane de thé et fumer leurs tchilim. L'écho des voûtes répercute le bruit des rires. Puis chacun saute en selle, et la vieille maison abandonnée est de nouveau silencieuse et calme. Nous la quittons les derniers: les arbas sont déjà loin, et les cavaliers hors de vue.

— Qui a construit cet édifice? demandai-je à des Bokhares?

— Le grand émir Abdoullah-Khan! Telle est la réponse que feront à chaque question de ce genre les habitants des régions situées au midi de Karchi, qu'il s'agisse d'une antique médressé ou d'un caravansérail délabré rencontré par hasard au croisement des routes.

Aux environs de Samarcande et dans le Chahri-Sebz, on attribue à Timour presque toutes les antiques substructions.

Qui a construit? Timour, Abdoullah-Khan!

Qui a détruit? Tengiz-Khan.

Autant les deux premiers ont laissé un bon souvenir, autant le maudit Tengiz demeure dans l'esprit des indigènes le type du destructeur violent et terrible.

Le soleil tombe droit sur les têtes. On excite les chevaux, il tarde de fuir cette fournaise. Nous dépassons les arbas qui avancent péniblement dans le sable — leurs roues font un bruit rauque et criard — puis le serdar entouré de son escorte, et le grave Khodja-Saïb, au milieu de ses fidèles Afghans. Les Turcomans sont égaillés dans la plaine. Cependant, un désert salin miroite autour de nous. Nulle part nous n'avons vu d'aussi puissants effets de mirage : devant nos yeux des lacs avec des roselières, des nappes d'eau limpide; derrière nous la caravane qui semble traverser un marais, où chevaux et bêtes de somme s'enfoncent jusqu'à mi-jambes; tout autour, des arbres élancés et feuillus qui ont l'aspect de palmiers. En réalité, au lieu du riant paysage, on trouve du sable, des touffes d'herbe, ou un fond d'étang saupoudré de sel.

Seul, à pied, tirant péniblement d'une main son cheval par la bride, tenant de l'autre un immense parapluie, sous lequel il se dérobe à la douche de feu tombant d'en haut, un homme étique, vêtu d'une longue houppelande, chaussé de galoches où se perdent de maigres jambes, s'en va lentement. Toute sa personne respire l'ennui, la fatigue; c'est l'image ambulante de la désolation qui se traîne. Le piteux personnage, qui sème une note gaie sur cette route fastidieuse, est un Tatar russe. Il est cuisinier de sa profession, et cuisinier de grand talent. L'émir Abdourrhaman l'a connu pendant le long séjour qu'il fit à Samarcande, alors qu'il préparait la conquête de l'Afghanistan. Il a apprécié le savoir-faire de ce maigre Tatar, et, maintenant qu'il est maître de Caboul, il fait venir l'artiste culinaire dans la capitale de ses États dans l'intention de lui confier la direction des marmites royales. Si l'abattement du Tatar résulte de la fatigue du voyage, comme c'est probable, le malheureux reverra ses fourneaux avec plaisir, car il ne semble pas taillé pour les marches fatigantes.

Voici trois chameaux à gauche qui viennent d'un pas lent à notre rencontre. Chacune des bêtes est bâtée de deux grandes guérites en osier, recouvertes de nattes de roseaux. Dans ces sortes de niches nous distinguons des formes blanches : ce sont des femmes.

Dès que nous les approchons, elles se cachent la figure sous leurs voiles. Seule, une naine accroupie devant sa maîtresse sur le premier chameau, reste le visage découvert. Sa laideur la dispense du décorum. Nous comptons quatre femmes. Un jeune et joli garçon brun, un homme armé sont installés sur le dernier chameau. Derrière, un Afghan de haute taille, à longue barbe noire, s'en vient à pied, portant dans ses bras une gentille fillette, à l'air maladif; elle cache sa tête en nous voyant. Nous questionnons cet homme. La petite fille est trop faible pour supporter le roulis et le tangage du vaisseau du désert. Ces femmes et ces enfants appartiennent à Saïd-Achmed-Khan, grand personnage, ennemi d'Abdourrhaman. Il vient de s'enfuir dans le Bokhara, d'où il a réclamé sa famille à l'émir afghan qui la lui envoie. Le vainqueur n'a pas eu la dureté de refuser cette faveur à l'exilé; mieux que personne il sait combien la roue de la fortune tourne vite en Asie, qu'on peut être au sommet aujourd'hui, et jeté bas demain; qu'il n'est pas rare que le matin on récite la prière pour tel dont la tête roule dans un fossé le soir.

Notre étape finit à Yacoub-Ata, à l'ombre des premiers saklis turcomans.

Lorsque les feux du bivouac meurent, le musicien badakchanais, que nous avons mandé, se glisse silencieusement vers nous, et il nous conte, à voix basse, l'histoire de Saïd-Achmed-Khan.

« Vous savez, dit-il, que l'émir Abdourrhaman a épousé la fille du khan de Badakchane auquel Chir-Ali a ravi ses États. Cette fille est d'une beauté divine et très-intelligente; Abdourrhaman l'aime beaucoup, et il en a eu les trois enfants qui font partie de notre caravane. Il se trouve que le Kizilbach (Tête rouge) Saïd-Achmed-Khan a contribué pour une bonne partie à la conquête du Badakchane, et Chir-Ali, pour le récompenser, l'a fait khan de ce pays. Et lorsque Abdourrhaman crut le moment venu de reconquérir le domaine de son père, il passa l'Amou à la tête des fidèles qui l'avaient suivi dans l'exil. Or, les Ousbegs qui sont nombreux dans le pays de Balkh avaient gardé bon souvenir de la douce administration d'Abdourrhaman, leur beg d'autrefois. Ils prirent immédiatement les armes et accoururent près de lui. Sans coup férir, Mazari-chérif tomba au pouvoir des envahisseurs. Une lettre fut alors envoyée à Saïd-Achmed pour l'inviter à se ranger sous les tougs d'Abdourrhaman, mais il refusa et s'efforça de rassembler des troupes pour reprendre Mazari-Chérif. Mais les chefs et le peuple de Badakchane le détestaient, et ils le firent prisonnier, lui mirent la chaîne au cou et l'amenèrent à son ennemi. Celui-ci le fit jeter dans la fosse aux punaises de Mazari-Chérif où il est resté huit mois. Mais, tandis qu'Abdourrhaman guerroyait au sud de l'Hindou-Kouch, des amis du prisonnier ont corrompu les gardiens à prix d'argent et ils ont tiré du trou Saïd-Achmed, qui s'est enfui près de l'émir de Bokhara. Vous n'ignorez point qu'Abdourrhaman a vécu également à la cour de cet émir, et, lorsque celui-ci a intercédé en faveur du fugitif et prié qu'on lui envoyât sa famille, Abdourrhaman s'est souvenu du bon accueil de son hôte, et il a donné la liberté aux enfants gardés comme otages. Ces événements se sont passés pendant que l'ambassade afghane faisait le chemin de Tachkent. Le Khodja-Saïb a été prévenu à Samarcande. il a reçu l'ordre de ne rien dire au frère aîné de Saïd-Achmed qui l'accompagne, et de le surveiller. On craint qu'il n'aille rejoindre son frère; on l'oblige à chevaucher près du serdar, et les cavaliers turcomans ont l'œil sur lui. Les chameaux qui portaient la famille de Saïd-Achmed ont croisé la troupe du serdar; l'oncle a reconnu sa nièce sur les bras du dévoué serviteur; il a compris ce qui s'était passé. Le spectacle des siens gagnant la terre d'exil lui a déchiré le cœur; il a détourné la tête, et ses yeux se sont mouillés de larmes. Il a pleuré dans la journée. Ces regrets ont augmenté la défiance des Afghans, et, bien qu'il soit un puissant chef, personne ne lui parle plus. En ce moment, il est dans sa tente sous la garde de sentinelles afghanes. Il n'a point mangé le palao du soir, car il craint qu'on lui coupe la tête dès que la frontière sera franchie. »

Ayant terminé son récit, le musicien se retira sans bruit

comme il était venu, car il voulait cacher sa visite aux Afghans.

Dans ce pays, où les mœurs sont du moyen âge, les musiciens du genre de notre ami le Badakchanais peuvent mieux que personne renseigner le passant sur les événements contemporains. Ménestrels errants qui parcourent le monde musulman, l'instrument sur le dos, toujours dans les bazars où les curieux se pressent, où les oisifs viennent clabauder, invités journellement aux tables des puissants, participant à toutes les réjouissances, à toutes les fêtes, qu'elles soient motivées par un mariage, une naissance, une mort, — car c'est la coutume de fêter les morts, — doués en outre d'une mémoire prodigieuse, ils retiennent les mille racontars qui circulent de bouche en bouche. Et dans un pays où la presse est remplacée par le bavardage, les ménestrels se doivent feuilleter comme un livre de chroniques. Cependant qu'on n'aille pas oublier que ces artistes sont très-vaniteux, très-susceptibles, et que leur appréciation sur les hommes qu'ils ont approchés dépend souvent de la valeur des cadeaux et des bons traitements qu'ils en ont reçus.

A Yakoub-Ata, nous ne sommes qu'à dix ou onze verstes de Kilif, où nous devons quitter la caravane et voyager seuls.

Jusqu'à Kilif on trouve les sables en se dirigeant sur le sud-est. A mi-chemin, une trentaine de Turcomans sont réunis sur un tertre; ils ont tous une pelle de bois à la main. L'un d'eux se détache du groupe et, s'approchant du chef de notre troupe, lui présente sur sa pelle un morceau de pain et une poignée de sel, avec force salamalecs. C'est une manière de rendre l'hommage.

Sur ces entrefaites arrive le beg de Kilif, qui vient à

notre rencontre pour nous saluer. Ce personnage est de taille moyenne, brun, au nez crochu, à l'air martial. Il est somptueusement vêtu. Son manteau est de beau velours rouge de Bokhara, sa ceinture est plaquée d'argent, son sabre recourbé est orné de turquoises et de rubis, il a chaussé des bottes en chagrin vert dont la pointe se redresse, monte un magnifique étalon blanc très-fringant. L'importance de Kilif ne répond pas à la belle tenue de beg. La ville qu'il commande, juchée sur une colline près de l'Amou, mérite plutôt le nom de village. Et bien que le violent soleil du midi force les ombres, donne à Kilif une physionomie toute orientale, les maisons ont l'air si misérable, la forteresse crevassée qui les domine, fière dans sa gueuserie, et semblant menacer le fortin afghan sur l'autre rive, a l'air si décrépit, qu'on n'a pas la moindre envie de chanter : « C'est là que je voudrais vivre. » Un boulevardier parisien à qui l'on montrerait brusquement Kilif s'écrierait immédiatement : « Quelle dèche ! »

Nous campons au pied de la forteresse, à l'ombre de saules touffus. Sur l'autre rive on distingue les tentes blanches qui attendent les jeunes princes afghans et leurs hôtes. Les Turcomans tirent des coups de fusil, que l'écho répète avec le bruit du canon. Tout le monde est content d'être arrivé à l'Amou : la journée se passe en réjouissances. Le soir, on entend les fifres et les doumbouraks. Chacun se régale de l'excellente eau du fleuve.

L'Amou, resserré ici entre deux monticules de grès calcarifères, a environ quatre cents mètres de largeur. Il charrie en quantité énorme des sables dont le déplacement incessant modifie presque chaque jour le chenal. Bien que l'époque des crues ne soit pas encore arrivée, il roule ses eaux avec une vitesse qui dépasse déjà plus de quatre kilomètres à l'heure. On passe d'une rive à l'autre au moyen de quatre grands bacs à fonds plats. Deux de ces bacs appartiennent aux Bokhares, les deux autres aux Afghans. Le prix du transport d'une rive à l'autre varie selon la nature et le poids de l'objet à passer. Et les deux émirs font, paraît-il, de belles recettes. Kilif se trouvant sur le chemin des caravanes qui viennent de l'Afghanistan ou du Bokhara, et la traversée, à cet endroit, étant plus facile qu'à Patta-Kissar à l'époque des grandes eaux, les péages perçus par les deux émirs sont considérables.

Chaque bac est traîné par deux chevaux attachés à l'avant au moyen d'une corde assez courte pour leur maintenir la tête hors de l'eau quand ils sont obligés de nager. Deux hommes les guident et les excitent de la voix. Quand les chevaux prennent pied, ils tirent la barque; dans l'eau profonde, ils nagent. A l'arrière, deux ou quatre rameurs manœuvrent de grossiers avirons pour aider aux pauvres bêtes efflanquées par un va-et-vient continuel. Il faudra deux jours pour transporter la caravane sur l'autre bord, deux jours de repos pour nous, dont nous profitons pour mettre les notes au courant.

Comme à Karchi, le docteur donne de nombreuses consultations. Les maladies dominantes sont encore celles de la peau, les opthalmies et la syphilis. Le Khodja-Saïb lui-même vient réclamer les secours de la médecine. Il souffre d'une névralgie faciale. Nous le retenons longtemps sous notre tente. Le Khodja-Saïb se tient assez bien au point de vue européen. Quoique ministre et ambassadeur extraordinaire, il se mouche pourtant dans ses doigts; il n'emploie point la fourchette pour manger; mais ces remarques occidentales faites, il n'en reste pas moins un homme très-fin, très-intelligent, s'exprimant facilement et avec dignité.

C'est lui qui nous parle en termes imagés des habitants du mystérieux Kafiristan, situé au sud de l'Hindou-Kousch. Les Kafirs, dit-il, sont beaux comme des anges, leurs cheveux sont bruns. Ils sont dans leurs montagnes aussi nombreux que les arbres dans la forêt : quand ils lancent une pierre contre un de leurs ennemis, s'ils l'atteignent dans poitrine, la pierre lui sort par le dos; quand ils courent, on ne voit point leurs pieds toucher le sol. Ils viennent parfois en Afghanistan ou dans le pays avoisinant le leur, mais ils ne veulent point que les étrangers pénètrent chez eux. Leurs femmes sont également grandes, fortes, blanches et d'une si éclatante beauté qu'en payant cent et même mille roupies chaque « empan » de leurs corps, on les achèterait à bon compte.

Khodja-Saïb est veuf depuis neuf ans. Il avait une femme qu'il aimait beaucoup; elle était une amie pour lui. Il a versé bien des larmes lorsqu'elle est morte. Il n'a point voulu prendre d'autre femme tandis qu'il était encore jeune, car il était sûr de ne pouvoir remplacer celle qu'il avait perdue. Puis les années sont venues, et il mourra seul.

L'Afghan n'a rien de l'obséquiosité et de la platitude du Bokhare, qui manque d'énergie physique et morale. C'est un homme vivace; nerveux, à l'aspect mâle, marchant d'un pas alerte, la tête haute, sa figure marque l'énergie. Le nez est droit, quelquefois gros, les pommettes peu marquées, le bas du visage étroit, le menton accentué. L'œil généralement noir, quelquefois bleu ou gris, est fendu en amande et très-beau; le regard est dur. Le cou, souvent court, s'enfonce dans des épaules carrées. Les Afghans sont élancés. Leurs membres sont peu volumineux, mais garnis de muscles courts et puissants. Les pieds sont grands et peu larges, les doigts des mains très-longs. L'ensemble de l'Afghan indique la détente autant que la résistance.

Les Afghans parlent de leur émir avec un sans gêne qui surprend dans ce pays où semble être née l'adoration de la force, où l'aplatissement devant le maître n'est point un avilissement. Ils le critiquent à haute voix. Ils disent franchement qu'en telle circonstance il s'est mal conduit, que dans telle autre il eût pu mieux faire. Ils parlent à leurs chefs comme à des égaux. On pense au « si-no non » que les Aragonais adressaient aux rois de leur pays, quand on voit leur profond sentiment d'indépendance personnelle et leur fière attitude devant leurs émirs. L'anecdote suivante est caractéristique.

La coutume, en pays afghan, est que si un habitant rencontre son émir, il le salue, et l'émir rend aussitôt le salut. Un jour, l'émir se promenait, il avait l'esprit occupé, et, distrait, il ne fit point attention à un passant qui le saluait et ne lui rendit point le salut. L'Afghan attendit à côté de l'émir, qui l'aperçut enfin.

— Que me veux-tu? — Je t'ai dit : *Salam aleïkom* (le salut sur toi), et tu n'as pas répondu.— *Valeïkom assalâm* (et sur toi le salut), réplique l'émir, puis il continue son chemin.

Et l'autre s'en va content.

Ces gens parlent avec fierté de leur pays; c'est chez eux que nous avons rencontré pour la première fois en Asie un amour de la patrie, un orgueil national. Tandis que leurs voisins des bord de l'Amou, indifférents à qui les domine, se soumettent à tous les envahisseurs, d'où qu'ils viennent, les Afghans ont, au contraire, une préoccupation constante de maintenir leur indépendance. Ayant conscience de leur valeur personnelle, ils s'estiment supérieurs au reste des

Asiatiques, mais, soucieux de l'avenir, ils se défient également des Anglais et des Russes, dont ils comprennent la puissance et les ambitions.

On ne doit donc pas s'étonner de leur haine contre les Européens et de ce qu'ils empêchent les voyageurs de pénétrer dans leur pays. Pour eux, un explorateur sera toujours un ennemi; ils le prendront pour un Anglais ou un Russe qui veut étudier le terrain et préparer la voie aux gens de guerre.

Durant la première journée de notre séjour, les Turcomans et les Afghans passent sur l'autre rive.

Le deuxième jour, c'est le tour des Cosaques, des djiguites et de leurs chevaux. L'embarquement des bêtes donne beaucoup de peine : si quelques chevaux sautent dans la barque sur un signe de leurs maîtres, d'autres, plus jeunes et non initiés à cette manœuvre, font des essais infructueux, puis ne veulent plus quitter la terre ferme. Leurs maîtres les excitent à bien faire de la voix, du geste, à coups de fouet sur la croupe; deux hommes tirent la bride, d'autres poussent derrière. Un cheval reste sourd aux exhortations, insensible aux coups; il ne bouge pas; on lui attache une solide corde à une des jambes de devant, on tire, voilà une jambe par-dessus bord, l'autre suivra, grâce aux efforts de Cosaques herculéens qui le poussent ou mieux le jettent dans la barque. On entend des cris, des coups de fouet, des malédictions à l'adresse du cheval, des rires provoqués par l'impuissance d'un cavalier; un djiguite tire son cheval par la queue, un autre, robuste et hardi compère, enlève littéralement sa monture. La patience des hommes vient à bout de l'entêtement des bêtes, et le chargement est complet sans brutalité de personne. Les chevaux alignés, il ne reste plus qu'à atteler les deux animaux étiques qui doivent traîner le bac : ils n'ont rien de la mine florissante des chevaux marins des tableaux allégoriques du grand siècle. Appréciant mieux que les chevaux des Cosaques l'agrément d'une traversée de l'Amou, l'un d'eux s'élance et tombe au milieu des passagers, ses congénères, qui se fâchent, qui le criblent de ruades. Cet accueil peu chaleureux rappelle l'intrus à la réalité ; il se rend compte de sa situation et renonce à faire route en compagnie des siens. Il saute à terre et se laisse attacher sans résistance à l'avant du bateau. Deux Turcomans deminus entrent dans l'eau, mettent à flot le bac qui dérive vers l'Afghanistan.

C'est plaisir de voir sur la berge un groupe de Cosaques immobiles autour du drapeau de leur sotnia, en attendant le moment de s'embarquer. Ils sont beaux avec leur carrure solide, leurs vêtements sombres et poudreux, leur visage bronzé, debout à la tête de leurs chevaux, dans des poses à tenter un peintre, empreintes de l'insouciance qui caractérise ces coureurs d'aventures. Le Cosaque, homme de steppe par excellence, bon tireur, robuste, cavalier infatigable, semble créé pour la guerre d'Asie. Nul ne sait mieux que lui soigner un cheval et le ménager; suivant les besoins, il est tour à tour sellier, bottier, tailleur, cuisinier; conservant sa gaieté malgré la fatigue, marcheur au besoin, il peut fournir les étapes les plus invraisemblables dans la montagne comme dans la plaine. Le Cosaque a conquis la Sibérie, il peut conquérir le reste de l'Asie.

Tandis que je faisais ces réflexions, les derniers « Ouralsi [1] » avaient traversé l'Amou ; leur fanion était déjà planté sur la rive afghane.

---

[1] Cosaque de l'Oural.

Il ne reste plus sur le territoire de Bokhara que les officiers, l'interprète et nous-mêmes.

Nous buvions le thé tous de compagnie quand on nous annonce l'arrivée de deux chefs afghans qui viennent nous inviter à passer sur l'autre rive.

Ils entrent sous notre tente en saluant gravement, les deux mains sur le cœur. Ils sont vêtus d'un manteau de couleur sombre descendant plus bas que le genou, d'un ample pantalon blanc serré aux chevilles, les pieds nus dans les babouches. Celui qui prend le premier la parole a une tête remarquablement belle, des traits fins et réguliers, l'œil noir, pétillant d'intelligence, une certaine grandeur dans tout l'être, qui indique l'homme de race accoutumé au commandement. Il s'assied les jambes croisées, et après s'être informé de la santé du Tzar, de Yarim Pacha et des voyageurs, il proteste de l'amitié que le peuple afghan et son émir manifestent à l'égard des Russes, qui les ont toujours bien traités, qui ont reçu Abdourrhaman comme un ami. Et puisque les Russes ont bien voulu faire la conduite aux deux fils de leur prince, qu'ils daignent passer l'Amou et les suivre jusqu'à Mazari-Chérif, et qu'aussi longtemps qu'il leur plaira de séjourner sur la terre afghane, ils se considèrent comme les maîtres du pays et voient dans l'Afghanistan une seconde patrie, etc.

Le mirza représentant l'émir de Bokhara fait servir le dasterkane, les Afghans le goûtent à peine et ne remercient même pas, comme s'ils voulaient marquer de leur mépris aux Bokhares. Le visage du mirza se rembrunit. Les chefs se lèvent ensuite, écartent la portière de la tente et nous invitent à sortir les premiers, puis ils prennent la tête de notre groupe, nous conduisent au bac qui attend les passagers, s'installent sur les traverses qui supportent d'habitude les marchandises qu'on surélève afin qu'elles ne soient point mouillées, les Afghans d'un côté, nous en face, et l'on part.

La conversation continue. L'orateur de tout à l'heure, faisant allusion aux récentes défaites infligées aux Anglais, nous donne en souriant l'explication suivante de leurs longues luttes avec les maîtres des Indes :

« L'Afghanistan est un pays de montagnes. Il nourrit à peine ses habitants, qui vivent en pauvres gens malgré leurs efforts pour s'enrichir. Parfois ils ont le désir d'en finir avec leurs misères ; mais ils ne peuvent que s'adresser à Allah et le prier de s'apitoyer sur leur triste sort. Le ciel les entend quelquefois. Vers 1843, nos pères, lassés d'une existence de privations, adressèrent de vives prières à Allah, le suppliant de leur envoyer des richesses, et il envoya les Anglais, qui arrivèrent avec de belles armes et force bagages. Nos pères comprirent que leurs prières étaient exaucées, ils tuèrent les Anglais ou les chassèrent, après les avoir dépouillés de ce qu'ils apportaient. Longtemps le butin conquis permit aux Afghans de vivre fort agréablement. Mais avec le temps il n'en resta plus rien. Et ces dernières années nous étions mal à l'aise comme par devant. Nous imitâmes nos pères. Nous suppliâmes Allah d'abaisser ses yeux vers nous, et il nous a exaucés, nous a envoyé des Anglais. Vous savez ce que nous en avons fait.

— Est-ce qu'il vous les enverra encore ?

— Allah seul le sait !... Peut-être. »

Ce chef est un des plus chauds partisans d'Abdourrhaman, et il a contribué grandement au triomphe de son ami par un coup d'audace. Dès qu'Abdourrhaman eut passé l'Amou, un corps de deux mille hommes commandés par un des dévoués de Yacoub-Khan marcha contre l'envahisseur, mais notre interlocuteur, à la tête de cinq cents hommes seulement, surprit ces deux mille hommes et les tailla en pièces. Ce succès obtenu dès le début attira à Abdourrhaman beaucoup d'adhérents encore indécis.

— Comment osâtes-vous avec cinq cents hommes en attaquer deux mille? Pourquoi n'avoir pas attendu le renfort qu'on vous envoyait?

— Parce que mes ennemis appartenaient à des peuplades différentes et faisaient un ramassis de Sartes, de Turcomans, d'Ousbegs, qui n'avaient qu'un médiocre intérêt à vaincre; d'autre part, ils étaient dans une mauvaise position, puisque je les ai surpris. Les miens, au contraire, étaient tous de vrais Afghans, sur le courage desquels je pouvais compter. Si j'avais eu d'autres soldats, je n'aurais point tenté l'aventure.

Cependant nous touchons la rive afghane. Chacun saute à terre. Les begs nous conduisent à une grande tente aux couleurs voyantes, dressée au bord de l'eau.

Les jeunes princes sont dans un palanquin porté par des hommes. Dès que nous sommes arrivés dans la tente, où des siéges nous attendent, on pose le palanquin à terre, les enfants descendent. Ils sont richement vêtus d'un costume mi-européen, mi-oriental. Ils viennent s'asseoir parmi nous aux places d'honneur; nous les saluons, ils nous donnent la main. C'est un feu de file de *salamou aleikom* et *valeikom assalam*.

La conversation s'engage, roule sur la vie passée de l'émir, sur le temps qu'il était l'hôte des Russes; on sert le dasterkane, les tasses de thé circulent. Le mirza se tient derrière les enfants; il est aux petits soins pour ceux qu'il a élevés, ainsi qu'un vieil Afghan au chef branlant, dont le geste favori est de caresser les cheveux du plus jeune des garçons. Les enfants ont le sabre au côté, le revolver à la ceinture. Le petit a de six à sept ans; il aime beaucoup l'interprète Zaman-Beg, qui lui conte des histoires et joue avec lui. Zaman-Beg lui a donné à entendre qu'il ne fallait jamais prononcer en le scandant le mot persan : *cham-chir* (sabre), car il adviendrait alors que le sabre sortant du fourreau s'en irait couper la tête de la personne à laquelle on parle, aussitôt la dernière syllabe « chir » prononcée avec un temps d'arrêt après la première « cham ». L'enfant rit de bon cœur quand Zaman-Beg joue l'effroi parce qu'il dit « cham », mais il le rassure : « Ne crains rien, Zaman-Beg, tu es mon ami. Hier, je n'ai pas voulu tirer le revolver dans la direction de Kilif, j'avais peur de te tuer. »

Puis les princes et les begs se lèvent. Nous leur faisons nos adieux. Nous souhaitons bon voyage au Kodja-Saïb, donnons une dernière poignée de main, et le beg aux yeux noirs et les officiers russes, nos compagnons de voyage, nous reconduisent au bac. Le musicien badakchanais est là aussi, il est reconnaissant de ce que nous avons fait pour lui, il appelle sur nos têtes les bénédictions du ciel et verse des larmes en nous voyant partir. Nous nous installons, le signal du départ est donné. Dans la barque et sur la rive on porte la main aux barbes, et les chevaux nagent, nous ramenant vers la rive bokhare.

Nous aurions bien voulu poursuivre notre route en compagnie des Afghans et visiter la vieille Bactres, dont les ruines ne sont qu'à deux journées de marche. Mais le pays n'est pas encore pacifié, la défiance de l'étranger est extrême, et les Afghans ne nous laisseraient point circuler librement. Ce voyage doit être remis à plus tard. Nous n'avons pas eu la consolation d'entrevoir la terre promise, nous n'avons point gravi les rochers du Kilifli qui nous cachaient l'horizon : du haut nous eussions pu jeter un regard dans la direction du sud-est, vers ce coin de l'Asie qui vit, dit-on, éclore la civilisation première, et où nos pères auraient vécu le commencement de leur histoire.

Il ne reste plus à Kilif que les arbakèches bivouaqués sous leurs voitures.

A peine rentrés sous notre tente, nous avons la visite du mirza bokhare, qui nous entretient longtemps. Il a des connaissances géographiques étendues. Il sait qu'il existe un pays des Faranguis, qui est le nôtre. « Votre pays, dit-il, est très-peuplé et très-riche, et il y fait bon vivre. Ses habitants sont beaux et très-blancs ; ils sont intelligents, car ils inventent beaucoup de machines. Un autre pays également très-riche et beaucoup plus peuplé, c'est la Chine. On ne peut pas compter ses habitants ni ses soldats. L'empereur de Chine est le plus puissant du monde.

— Les Faranguis ont pourtant battu les Chinois.

— Il est vrai ; mais, lorsqu'ils furent défaits, les Chinois étaient mal armés ; maintenant ils ont des fusils et des canons comme les Faranguis et sont invincibles.

— Le Bokhara est un beau pays, très-grand, nous dit le mirza en secouant la tête. Le Bokhara fut grand, mais les Russes ont bien amoindri son territoire.

— L'étendue d'un pays ne fait pas sa force ni sa richesse, c'est plutôt l'intelligence et le travail de ses habitants qui lui donnent de la valeur. Or, les Bokhares sont travailleurs, leurs terres sont fertiles, et ils les cultivent bien.

— Sans doute, mais l'eau nous manque depuis que les Russes se sont emparés de Samarcande, et, dans la vallée de Zérafchane, nous ne pouvons cultiver ni autant de tabac ni autant de riz qu'auparavant.

Les temps sont bien changés !

— Notre intention est de visiter la ville où réside l'émir.

— Vous ferez bien d'aller voir Bokhara, elle est plus belle que Samarcande, elle compte de nombreuses mosquées, et ses médressés sont visitées par une foule d'élèves, car notre émir encourage la science. »

Le mirza nous parla encore d'un étang situé près de Denaou, au bord duquel on trouve des tigres. L'émir leur fait donner la chasse quand ils dévorent trop de bétail : on leur tend des piéges qui consistent en fosses dissimulées sous des branchages.

Le Bokhare ne nous quitte qu'à une heure avancée de la nuit. Il nous fait ses adieux, car il doit monter à cheval dès l'aube et retourner à Bokhara, où il pense pouvoir se reposer quelque temps. Il est très-fatigué ; depuis un mois il a fait plusieurs fois le voyage de Bokhara à Samarcande et à Karchi.

Dans la nuit, nous sommes réveillés par le tintement des sonnettes qu'on a coutume de suspendre au cou des chameaux. C'est une caravane qui arrive de Karchi avec une cargaison de marmites de fonte. Dans la matinée, les bacs la transporteront sur l'autre rive : elle s'en va à Mazari-Chérif.

Les chameliers sont du village d'Arab-Khana, situé à environ un tach[1] de Karchi. On les appelle Arabes, comme ceux que nous avons vus près du puits de Beglamich ; ils passent pour très-riches et possèdent de nombreux chameaux qu'ils louent aux commerçants, et s'occupent presque exclusivement du transport des marchandises.

---

[1] Huit kilomètres environ ; tach, en turc, pierre.

Nous causions avec des gens de la caravane, quand quatre cavaliers afghans passent au galop : ils vont dans la direction de Karchi.

Voilà ce qui est arrivé. Les Afghans ont loué à Samarcande des arbas et des chevaux pour transporter la majeure partie de leurs bagages jusqu'à Kilif seulement, parce qu'ils pensaient trouver sur la rive afghane les moyens de les transporter plus loin. Trompés dans leur attente, ils ont tout fait pour décider les voituriers bokhares à passer l'Amou et à poursuivre jusqu'à Mazari-Cherif. La veille, ils leur ont promis beaucoup d'argent, des khalats, de bons traitements, s'ils voulaient continuer leur route. Les arbakèches ont juré qu'on pouvait compter sur eux pour le lendemain matin. Mais, comme ils n'ont pas la moindre confiance dans la parole des Afghans, comme ils comprennent qu'après avoir franchi le fleuve ils seront à la discrétion de ces derniers, et qu'au lieu de tenir les promesses brillantes qu'on a fait miroiter à leurs yeux, on pourra très-bien les payer en coups de plat de sabre, ils ont jugé plus prudent de décamper dans la nuit. Au réveil, les Afghans n'ont pas vu l'ombre d'un arba, et leur départ sera retardé de plusieurs jours, car il leur faudra quérir au loin des chameaux de bât; ils veulent donc à tout prix décider les fuyards à revenir sur leurs pas, et ils lancent sur leurs traces ces cavaliers qu'ils ont chargés de séduire les arbakeches par des offres merveilleuses et des engagements solennels.

Deux heures après, les cavaliers revenaient sans avoir rien obtenu.

On nous avait parlé de forêts qui se trouveraient à l'est de Kilif. Un officier russe de l'escorte en avait entendu certifier l'existence par les indigènes. Un Kilifien affirme que sur la route de Kilif à Chirrabad, il y a une belle forêt de trois tach (24 kilomètres) de longueur.

— Tiens, ajoute-t-il, la porte de ma maison est faite avec le bois que j'ai pris dans cette forêt.

— Tu y es allé en arba?

— Non, le chemin n'est praticable que pour les chevaux.

Avec des renseignements aussi précis, nous croyions tenir la vérité; nous avons constaté que cet homme mentait ou ne comprenait point. En effet, il est probable que le central asiatique n'a plus de vocable équivalant à notre mot forêt, qui implique une agglomération d'arbres considérable. L'expression correspondant à la nôtre a perdu de sa valeur par suite du déboisement continu de ce pays-ci. La chose n'existe plus, le mot seul est resté, et, tout étant relatif, on ne l'applique plus maintenant qu'aux deux ou trois cents arbres échelonnés parfois au bord d'une oasis. Sans compter que c'est là une vraie forêt pour des gens qui font souvent cent kilomètres sans voir un peuplier!

VII

DE KILIF A CHIRRABAD.

Aspect du vieil Oxus. — Les Kara-Mogouls Turkmènes. — L'hiver de 1878. — Misère des Kara-Mogouls. — Chasse au lévrier, au fusil à mèche. — Un drôle d'oiseau. — Le roseau. — Les pillards. Le gibier dans la jungle. — Reportage. — Admiration du succès. — On parle de tigres. — Différentes manières de naviguer, radeaux, outres. — Hommes qui gîtent. — De l'Amou à Chirrabad. — Exercice illégal de la médecine.

Nous nous dirigeons vers Tchouchka-Gouzar, situé sur l'Amou. La route ne longe pas immédiatement le fleuve; elle va au nord-est à travers une plaine imprégnée de sel et un coin de désert que les montagnes environnantes alimentent du sable de leurs roches effritées. Après deux heures de cheval, on tourne à l'est; un sentier abrupt bordant le vide grimpe jusqu'à une gorge qu'on descend du côté de l'Amou qui se déroule au loin. Le pas de nos chevaux effraye des perdrix qui s'envolent; un coup de fusil attire l'attention de deux aigles blancs; ils planent un instant de leurs vastes ailes noires à la pointe, regardent, puis s'en vont majestueusement.

Au bas de la gorge, à environ quatre verstes, une vingtaine de huttes en pain de sucre, faites de nattes de roseaux, forment le kichlak de Kulanacha. Des Turcomans l'habitent. D'énormes mâtins à poil rude rôdent autour des huttes; ils se précipitent sur nos chevaux, qu'ils mordent au jarret. Nous avons peine à les écarter à coups de fouet. Leurs aboiements attirent heureusement leurs maîtres, qui les rappellent.

En sortant de Koulan-acha, quelques saklis inhabités; puis la route se rapproche de l'Amou. Voici des aryks qui reçoivent les eaux du fleuve à l'époque des crues. Ils sont à sec. Les roseaux, les joncs, font comme une forêt le long du fleuve. Cette jungle est la retraite favorite des perdrix, des lièvres nains, des sangliers, et le tigre vient y goûter le frais. Les roseaux sont brûlés aux places que les Turcomans veulent défricher. C'est par une de ces clairières que nous avons une échappée de vue sur l'Amou.

Le soleil est bas, l'horizon rouge; sur les îles échouées en travers du fleuve les flamants et les cigognes sont alignés par bandes; dans les anses où ils sont à l'abri du courant, les canards sauvages se sont réunis et se laissent bercer par le remous. Quant à l'Amou, large comme une mer, il va capricieusement, tourne à droite, à gauche, enlevant à une rive ce qu'il donne à une autre. Il creuse ici, comble là, à toute hâte. Calme à la surface, il glisse à travers les plaines sans rompre le silence de la solitude. La masse énorme de ses eaux s'en va vers l'ouest. C'est lui le vieil Oxus, conducteur des peuples, qui a indiqué le chemin de l'Occident aux émigrants des premiers siècles.

Derrière nous, les derniers contre-forts des montagnes de Baïssounne descendent; le soleil colore les pentes dénudées, fait briller le poli des roches et resplendir les cimes neigeuses plus blanches que le turban d'un hadji.

Au sud, devant nous, le désert gris trace sa grande ligne.

Dominés par tant de grandeur, nous restons immobiles, l'œil vague, heureux en somme d'être la molécule pensante dans cette puissante nature. De temps à autre, un morceau de la rive cédant aux coups de langue répétés du Darya se détache et tombe sourdement. Une cigogne en gaieté qui fait soudain claquer son bec et bat des ailes, nous arrache à la rêverie et nous rappelle qu'il reste plus d'un tach à courir avant de bivouaquer.

Le temps de rejoindre notre petite caravane, le soleil a disparu. En un quart d'heure, la nuit tombe, obscure. Le guide prend la tête, et nous trottons longtemps en file indienne. Une lumière apparaît à gauche, des chiens aboient, une conversation s'engage avec des interlocuteurs placés à trois cents mètres de distance, nous tournons bride; c'est là que nous passerons la nuit, sous la tente d'un Turcoman, non sans avoir dévoré d'abord un rôti d'excellent lièvre que nous devons aux jambes nerveuses des lévriers de l'aoul.

La bande de terrain traversée par la route que nous suivons s'allonge, pressée entre le fleuve et le chaînon de Kara-Kamar, qui lui donne son nom. Depuis une vingtaine d'années, ce coin de la Bactriane est habité par des Turcomans que l'extrême misère a rendus complétement sédentaires. Ils nous disent appartenir à la tribu des Kara-Mogoul Turkmènes. Ces gens abandonnent généralement la vie nomade le jour où ils ont perdu leurs troupeaux; depuis quelques années, le nombre des « chercheurs de pain », comme les surnomment les Bokhares, va toujours augmentant. Autrefois, si la sécheresse ou le froid avaient décimé leurs troupeaux, ils organisaient des expéditions dont le pillage était le but, et ils revenaient dans leurs campements avec des moutons et des vaches qui ne leur coûtaient point cher. Il arrivait aussi qu'en cherchant des moutons, on rencontrait une caravane, on l'assaillait sans hésiter, on sabrait les trop courageux, on attachait les autres à la queue du cheval, puis, quand on avait un beau lot de prisonniers, on s'en allait le vendre sur les marchés de Bokhara et de Khiva. Maintenant que les Russes dominent à Samarcande, sur l'Atrek, à l'embouchure de l'Amou, le pillage est de plus en plus difficile.

Force est de demander au sol la subsistance qui se conquérait le sabre à la main. Le Turkmène renonce peu à peu à rôder dans le désert aux environs des puits. Les temps sont changés, et celui qui se dressait sur ses étriers pour deviner à l'horizon la caravane à piller, se penche maintenant sur l'amatch et trace péniblement un sillon.

« Il y a quelque dix ans, nous dit un Kara-Mogoul, plusieurs d'entre nous qui connaissaient bien le Darya décidèrent une bande de Kara-Mogouls à venir s'installer près de Kara-Kamar. Nous nous sommes mis courageusement à l'œuvre, nous avons défriché le sol, semé le blé que l'émir nous avait donné et peu à peu fait place nette là où il n'y avait que roseaux. Le sol n'est pas fertile, mais il s'arrose facilement et sans grand travail grâce aux débordements périodiques de l'Amou. Pendant l'hiver, où les eaux sont basses, nous venons camper au bord du Darya, nous labourons, nous semons, puis, lorsque la neige fond sur la pente des montagnes, le Darya s'étale, arrose nos champs, nous reculons devant lui et gagnons les hauteurs.

« Les Kara-Mogouls vivaient pauvrement, mais ils vivaient, quand est survenu le terrible hiver 1877-1878. Le froid a tué nos vaches, nos moutons; pas un veau, pas un agneau n'a survécu. Souvent on trouvait le matin mort gelé sous sa tente tel qu'on avait vu bien portant la veille dans la soirée. De mémoire d'homme on n'a supporté dans le pays aussi terrible froid. Deux mois durant, on traversa le Darya sur la glace. Ce fut une ruine pour nous, et, comble de malheur, l'hiver de 1879-1880 a été également très-rigoureux, et la misère des Kara-Mogouls n'a fait qu'augmenter. »

Le campement où nous nous trouvons ne compte pas plus de quatre ou cinq yourtes en mauvais feutre. Le plus grand nombre vit sous des abris de roseaux tressés. Voici l'inventaire d'un de ces intérieurs — si c'est un intérieur que deux nattes appuyées l'une contre l'autre, liées en haut à une perche et chargées de pierres sur les rebords du bas pour que le vent ne les emporte point : — une cruche de terre ébréchée, deux écuelles en bois, un mauvais coffre, un paquet de hardes, une natte sur le sol servant de lit. Ne parlons point de la vermine. Telle est « l'habitation » occupée par un homme, une femme et deux enfants. Ils sont nu-tête, sauf la femme, et nu-pieds. Ils sont vêtus d'une chemise de coton et d'un caleçon de même étoffe. La femme a un mouchoir sur la tête, et sa chemise, qui lui tombe sur les chevilles, lui sert en même temps de robe. La saleté des vêtements est indescriptible. Ils vivent du lait que leur donnent trois chèvres et du produit de leur travail.

Vous devinez sans peine ce que sont les prolétaires de Kara-Kamar; ils sont occupés par les « riches », qui ne travaillent point, et pour lesquels ils labourent, sèment, récoltent, et, pour prix de leur labeur, ils reçoivent une mesure de riz, un peu de farine, les reliefs des repas et de vieilles loques dont on ne couvrirait pas un chien chez nous.

Le plus riche, qui est un serdar (prince), a trois mauvaises vaches, un cheval, deux chèvres, trois moutons, une tente percée seulement de quelques trous. Sa fortune peut s'élever à trois cents francs, meubles et immeubles compris. Il est entouré de la considération de ses concitoyens.

Les Turcomans sont chasseurs et pêcheurs. Ils aiment à percer le poisson au moyen du trident retenu par une corde qu'ils lancent avec une adresse extrême; ils chassent à courre avec des lévriers et à l'affût avec le fusil à mèche.

La chasse au lévrier est très-simple. Des cavaliers traversent les fourrés de roseaux de façon à rabattre le lièvre du côté de la plaine, des piétons tiennent en laisse les chiens, qu'on a eu soin de faire jeûner, et dès que le lièvre apparaît, on les lâche; les cavaliers suivent en poussant des cris, et en quelques minutes « l'animal aux oreilles d'âne » est sous la dent du lévrier. Les cavaliers, qui ont mis leurs bêtes au galop, s'emparent vite du lièvre, lui arrachent la tête et la donnent au chien pour prix de sa course.

La chasse avec un fusil à mèche demande plus de précaution. Le chasseur se met au courant des habitudes du gibier qu'il veut tuer. Quand il sait à quel endroit le lièvre et les perdrix viennent boire ou manger, il construit un affût au milieu des roseaux, les lie par la tige, les courbe de façon à s'abriter, puis il installe son fusil sur sa fourche — car il a une fourche; — puis il prépare son amadou après s'être assuré que le bassinet est garni de poudre; puis, se couvrant de son manteau couleur de sol, de telle sorte qu'on ne reconnaisse pas forme humaine, il attend, en regardant par les fentes de son habit, — qui n'en manque jamais, — que la perdrix arrive, qu'elle se tienne en place, occupée qu'elle est à becqueter les graines ou à tendre son jabot pour avaler l'eau, et alors le chasseur bat son briquet, allume d'abord la moelle séchée d'ombellifère, contenue dans un petit sac, qui lui tient lieu d'amadou, puis la mèche qui doit mettre feu à la poudre dans le bassinet, et... c'est alors que, assis sur un de ses talons, la tête penchée sur le canon, il vise avec soin ; lorsqu'il a mis au droit, il laisse tomber la mèche, et le coup part... quelquefois. S'il part, c'est une pièce tuée. Rarement le Turkmène manque son coup.

Le Nemrod de la tribu qui possède le seul fusil à mèche de Kara-Kamar vint me rendre visite avec son arme en bandoulière. C'est un immense gaillard à large face, à petits yeux bridés, aussi long que la couleuvrine avec laquelle il fait la guerre aux perdrix.

Il me salue.

— Montre-moi ton moultik [1] ! lui dis-je.

— Tiens, regarde. Montre-moi le tien.

J'examine l'arme qui est vieille et d'un beau damasquinage. Elle se compose d'un canon long d'environ un mètre trente, avec une fourche fixée près de l'extrémité pour l'élever au-dessus du sol d'à peu près quarante centimètres, et d'une crosse en bois de tilleul grossièrement taillée. Le canon a un centimètre d'épaisseur; à l'extérieur il a six pans, à l'intérieur quatre rayures perpendiculaires ; le calibre est de six millimètres. La charge de poudre est très-faible, elle suffit pour chasser le seul grain de plomb qu'on introduit dans le canon en le forçant avec une baguette de fer. Une mèche de coton est fixée à l'extrémité d'un S [2] en fer tournant autour d'un pivot fixé au flanc de

---

[1] Fusil.
[2] Le serpentin de nos anciennes arquebuses.

la crosse ; on le lève ou on l'abaisse à la main sur le bassinet.

Cependant le Turkmène tourne et retourne mon fusil à percussion centrale, dont il ne comprend pas le mécanisme, et exprime son étonnement par des claquements de langue répétés.

Je le démonte et lui donne des explications.

— Tu vois ce petit paquet, il contient la poudre et le plomb.

Réponse : claquement de langue et mouvement de tête.

— On le place ici.

Nouveau claquement de langue et nouveau mouvement de tête.

— Puis on ferme en redressant le canon, on relève les chiens, et pour tirer, on les fait tomber en pressant avec le doigt sur cette languette de métal.

Encore un claquement de langue et un mouvement de tête.

Je fais suivre les explications d'une expérience, je tire et recharge très-rapidement.

— *Djakchi toura,* c'est beau, maître, finit par dire mon interlocuteur, et immédiatement : Donne-moi de la poudre.

— Si tu as un oiseau vivant à m'apporter en échange, je te donnerai beaucoup de poudre.

— Donne de la poudre, je t'en apporterai un, un beau.

Je lui donne quelques charges de poudre, et il part après m'avoir remercié. Il s'en va en balançant son grand corps. Je le rappelle.

— Hé, croyant, j'oubliais de te poser une question. Dis-moi donc d'où te vient ton beau fusil.

— Je l'ai acheté.
— Où?
— Au bazar.
— Mais à quel bazar? à Karchi?
— Je ne sais pas, fait-il en éclatant de rire.
— Tu ne vois donc pas qu'il l'a volé? me dit mon djiguite Abdou-Zaïr.

Le Turkmène revient au bout de quelques instants, toujours muni de son fusil; il apporte deux perdrix, qu'il a tuées chacune d'un balle dans la poitrine. Il les jette à mes pieds.

— Et l'oiseau vivant? demandai-je.
— Il est là, répond-il, dans mon manteau. »

Je vois un être s'agiter sous l'étoffe.

— Montre donc ton oiseau.

Mais il ne se presse point.

— Tu sais, Toura, tu m'as promis de la poudre, dit-il en ouvrant lentement son manteau.

— C'est entendu, fais voir l'oiseau.

Et il me tire par les oreilles un petit lièvre.

— C'est là ton oiseau?

— Ha, ha, tu me donneras de la poudre, ami, tu me l'as promis.

Nous nous mîmes tous à rire de l'aplomb du Turkmène qui me donnait un lièvre pour un oiseau. Les plaisanteries d'Abdou-Zaïr parurent d'abord le rendre confus, puis il se prit à rire avec nous. Peu lui importaient nos moqueries; on lui avait donné de la poudre, il avait atteint son but.

En rôdant le long de l'Amou, je vois une mauvaise barque dissimulée dans une crique. Elle appartient aux Kara-Mogouls, qui s'en servent pour transporter sur l'autre rive du sel qu'ils vont vendre à Mazari-Chérif. Ils descendent ainsi jusqu'à Kilif et même plus bas. Ils remontent le courant en tirant la barque avec une corde. Ce sel leur vient des montagnes où on le trouve cristallisé. Ils vendent aussi des roseaux. Ils les coupent presque à ras du sol, les lient en bottes qu'ils rassemblent de manière à former un radeau. Munis de vivres pour quelques jours, ils s'installent sur ce véhicule tout primitif, et descendent le fleuve jusqu'au point où ils savent devoir trouver des acquéreurs. Une mauvaise perche leur sert à s'éloigner des obstacles, ou à se remettre à flot quand ils s'échouent sur un banc de sable. Lorsqu'ils ont vendu leur provision de roseaux à ceux qui ont une maison à couvrir ou des nattes à tresser, ils reviennent chez eux en longeant la rive, avec quelques pièces de monnaie dans la bourse, ou un morceau d'étoffe acheté au bazar. Le roseau est précieux au Turkmène. C'est pour lui le combustible dont il se chauffe, la matière dont il construit sa hutte, et dans les années de sécheresse où l'herbe manque, quand bêtes et gens s'estiment heureux de ne point mourir de faim, les jeunes pousses sont encore pour le bétail affamé un aliment qui le soutient jusqu'au retour des jours meilleurs, et les chèvres et les vaches donnent assez de laitage à l'homme pour l'empêcher de mourir de faim.

Les Kara-Mogouls sont exposés aux incursions des Kara-Turkmènes, qui viennent les piller pendant l'hiver. Ceux-ci n'épargnent point leurs anciens confrères en pillage. Montés sur des barques, ils procèdent comme les Normands d'autrefois, avec cette différence qu'ils sont peu nombreux, les barques étant petites et rares faute de bois. Ils exécutent leurs coups toujours pendant la nuit. Les pillards descendent le fleuve avec précaution, et, lorsqu'ils sont arrivés près de l'endroit où ils doivent « travailler », ils cachent leurs barques, et eux-mêmes ne donnent pas signe de vie jusqu'au moment décisif ; puis à la faveur de l'obscurité, ils se glissent dans les villages ou près des tentes, et enlèvent moutons, vaches, chevaux, bref, tout ce qui leur tombe sous la main. Les chiens donnent l'éveil, tout le monde est sur pied, un beuglement de vache qu'on arrache à son veau indique la direction des pillards, les pillés les poursuivent, les atteignent, il y a bataille et parfois des morts et des blessés. Selon que les uns ou les autres ont le dessus, les propriétaires reprennent ce qu'on leur a volé, ou bien les voleurs entassent leur butin dans leurs barques et gagnent le large. Comme ils opèrent sur une frontière, le lendemain ils vendent sur la rive afghane ce qu'ils ont pris sur la rive bokhare, et réciproquement ; ils gardent pour leur propre usage les objets ou le bétail qui leur sont nécessaires.

Le lecteur conviendra sans peine que certaines gens de l'Asie centrale n'ont pas la vie agréable. Il comprendra tout de suite avec quelle facilité un intrigant ou un ambitieux, disposant de sommes d'argent considérables, peut recruter des partisans parmi tant de misérables. Une révolution, un coup de main ayant pour but de détrôner celui-ci et de prendre soi-même en main « les rênes de l'État », est la chose la plus simple. En donnant un à-compte de quelques tengas[1] à un Turkmène quelconque, en lui jetant un manteau sur le dos, en lui prêtant un cheval et un sabre, avec la promesse qu'il mangera du riz tous les jours, de temps à autre du mouton, et qu'il boira du thé, on le fera chevaucher et guerroyer tant qu'on voudra. Aussi, depuis des siècles, les chefs turbulents bouleversent le pays, et

---

[1] Monnaie d'argent valant à peu près quatre-vingts centimes.

cela pourrait durer longtemps encore, car ici le nombre des hommes auxquels les « douceurs de la paix » sont inconnues est très-considérable. Avec nos conditions économiques d'Occident, une guerre ruine plus de gens qu'elle n'en enrichit; et pour bien des Asiatiques c'est presque une partie de plaisir. Lorsqu'on annonce une prise d'armes sur un point du territoire, « tamacha », on s'amuse par là, disent les oisifs, et ils montent à cheval « pour aller voir ». Leur véritable intention est de profiter du désordre pour piller. Cela prendra fin, car les Russes avancent toujours vers le midi.

Le soir du 30 mars, nous arrivons à Tchouchka-Gouzar (le passage des sangliers), où il y a un bac. En cette saison il passe beaucoup de voyageurs et de caravanes, les six barques à la disposition du passeur suffisent à peine au transport des moutons que les marchands du Turkestan ont la coutume d'aller acheter en hiver dans les environs de Koundouz et de Koulm[1]. Ils reviennent, en ce moment, avec leur troupeau qu'ils dirigent sur Samarcande par les montagnes de Baïssounne, déjà tapissées d'herbe. Dans le temps que nous étions arrêtés près du bac, les pâtres étaient occupés précisément à débarquer des moutons stéatopyges à laine longue, de forte taille et bien en chair. On apercevait sur l'autre rive les troupeaux qui attendaient leur tour d'être chargés dans les barques, et les cris des bergers impatientés par la stupidité des bêtes à laine arrivaient jusqu'à nous.

Le surveillant du bac, heureux de voir des Faranguis pour la première fois, s'invite à prendre le thé avec nous. D'après lui, le gibier foisonne dans les environs; les lièvres,

---

[1] Chulum, sur les cartes allemandes.

les faisans, les perdrix pullulent dans les roseaux; les loups et les sangliers ne manquent pas non plus, et trois jours avant notre arrivée, il a vu un tigre. Ce fauve suit les troupeaux de moutons, et prélève sa dîme chemin faisant; d'ordinaire, il séjourne dans la jungle, où il chasse le sanglier, son gibier préféré. Notre interlocuteur, qu'Abdou-Zaïr nous donne pour un lettré, est très-bavard. Nous le questionnons au sujet des ruines qui nous préoccupent et que nous pensons trouver du côté du Sourkhâne. Il les connaît; il en fait l'histoire, et immédiatement le voilà qui improvise un récit où dates et faits sont embrouillés avec un certain sans gêne. En résumé, il prétend que Tchingiz-Khan a construit ces villes, qu'Iskandar (Alexandre) les a incendiées et anéanties. Il croyait peut-être nous être agréable en donnant à l'homme d'Occident le rôle de destructeur, qu'en qualité d'Asiastique, adorateur de la force, il tient pour le plus glorieux.

Plusieurs cavaliers descendent du bac et se dirigent du côté de Chirrabad. D'où viennent-ils?

— De Mazari-Chérif, me dit-il, où ils sont allés prier sur les tombes des saints.

Abdou m'explique que ce sont des espions envoyés par l'émir de Bokhara, pour voir de quelle façon les Russes sont traités par les Afghans, et si Abdourrhaman se montre généreux à l'égard de ses hôtes. Et au fur et à mesure que les espions reviennent à Chirrabad, le beg écrit un rapport à son maître pour le tenir au courant des événements. On sait déjà que la caravane où sont les Russes voyage très-lentement, qu'on va les recevoir fort bien à Mazari-Chérif, où l'on prépare des fêtes magnifiques.

La coutume du pays est de suivre pas à pas les étrangers, de les surveiller, d'informer l'émir de tous leurs faits et gestes. Nous étions nous-mêmes sous le coup de cette surveillance. Les choses se passent encore comme au temps d'Ibn-Batoutah, voyageur arabe, qui visita ces contrées au milieu du quatorzième siècle, et comme il le raconte à propos du roi de l'Inde, « qui a dans chaque ville de ses États un correspondant qui lui écrit tout ce qui se passe dans cette ville et lui annonce tous les étrangers qui y arrivent. Dès l'arrivée d'un de ceux-ci, on écrit de quel pays il vient; on prend note de son nom, de son signalement, de ses vêtements, de ses compagnons, du nombre de ses chevaux et de ses serviteurs, de quelle manière il s'assied et il mange; en un mot, de toute sa manière d'être, de ses occupations et des qualités ou des défauts qu'on remarque en lui. Le voyageur ne parvient à la cour que quand le roi connaît tout ce qui le regarde, et les largesses que ce prince lui fait sont proportionnées à son mérite. »

C'est le reportage élevé à la hauteur d'une institution, et les Orientaux y excellent.

Un événement aussi important que la rapide fortune d'Abdourrhaman défraye toutes les conversations. En Asie, plus que partout ailleurs, on admire le succès et l'on y adore sans vergogne aujourd'hui ce qu'on brûlait hier. L'essentiel, en effet, est qu'un homme soit riche ou puissant, peu importe de quelle façon il aura conquis sa haute situation. Or, Abdourrhaman-Khan, naguère exilé, est maintenant maître d'un puissant empire, et on lui ramène pompeusement ses femmes et ses enfants. Donc, qu'Allah donne une longue vie à Abdourrhaman-Khan!

Abdou-Zaïr partage l'enthousiasme général, et, regardant dans la direction de l'Afghanistan : « Vois quelle grande terre il possède », et en même temps il étend les bras grands écartés.

« Abdourrhaman a des trésors immenses, renchérit le surveillant du bac; il a envoyé cinq cent mille tengas aux Russes qui ont accompagné ses fils; à Mazari-Chérif, on tient tout prêts pour les fidèles mille khalats de soie brodés d'or, quarante pouds[1] de thé, cinq cents pouds de sucre, des milliers de moutons bien gras pour le cabab, je ne sais combien de batman de riz pour le palao; on régalera tout le monde pendant huit jours. Quel grand émir! »

Ces chiffres fantastiques font briller de convoitise les yeux des bateliers, qui écoutent debout derrière leur patron. S'ils le pouvaient, ils partiraient immédiatement pour Mazari-Chérif, que l'un d'eux a déjà visité du reste.

« C'est, dit-il, une grande ville, entourée de champs bien cultivés et d'une extrême fertilité, car l'eau abonde pour les irrigations. »

Notre société semble très-agréable à tous ces gens, mais nous devons camper plus loin; nous montons à cheval. Le receveur du bac nous promet sa visite à Chirrabad, où il compte aller bientôt verser le montant des péages entre les mains du beg.

Un homme nous guide au travers des sables qui forment ici comme la plage de l'Amou. Bien que leur surface, partout uniformément ridée par le vent, ait l'aspect inoffensif d'un tapis, on risque, si on les traverse au hasard, de s'enfoncer dans une bouillie sans consistance d'où il est difficile de se tirer. Nous en avons fait l'expérience en cherchant à surprendre des canards sauvages. Fort heureusement, je n'avais que mon fusil à la main, et je ne

---

[1] Un poud vaut 16 kilogr.; un batman, de 1 à 18 pouds, selon la région.

cherchai point à marcher; je pris immédiatement le seul parti à prendre : je me jetai à plat ventre, et, me traînant un peu comme un crabe, je pus me tirer d'un mauvais pas. A cheval, il faut absolument enlever sa bête, la faire pirouetter sur les jambes de derrière, et faire face en arrière, de façon à retrouver une base solide. L'animal, qui sent le danger, se prête toujours à cette manœuvre avec une énergie extrême. Quand on a un guide, il n'y a qu'une chose à faire, le suivre, car seul un habitant du pays connaît les places d'où l'eau s'est retirée depuis longtemps, et où la croûte de sable sec est assez épaisse pour supporter un cavalier. A l'œil, on ne distingue rien.

Pour arriver au point où nous bivouaquerons, nous nous engageons dans les sentiers qui se faufilent au milieu des roseaux, près du fleuve. Souvent, après avoir suivi un sentier un instant, nous sommes obligés d'appuyer à gauche où l'on en a frayé un nouveau. Le fleuve, qui ronge constamment sa rive droite d'une dent vorace, entame peu à peu les sentiers tracés par le pied des chevaux. Il creuse dans la berge une série de criques qu'il déplace et modifie sans cesse, mettant une saillie là où s'enfonçait un demi-cercle et faisant disparaître ce qui s'avançait en promontoire; on dirait qu'il veut aligner sa rive, sans y jamais parvenir, comme un enfant qui mord sa tartine en s'efforçant vainement de « manger droit ».

Durant la soirée, nous sommes plus que jamais incommodés par les moustiques; heureusement que dans la nuit le vent du sud-ouest redouble de violence, et qu'il emporte au loin, selon son habitude, ces visiteurs importuns. Leur petitesse est extrême; il est vrai que si on ne les voit guère, on les sent trop.

Nous sommes débarrassés des moustiques; voici les

chacals qui pleurent d'une voix fausse et perçante, avec une persistance à faire perdre patience à de moins fatigués. Ils finissent par se lasser de leur propre musique, et nous pouvons dormir. Est-ce parce que le receveur du bac a parlé de tigres? est-ce parce qu'ils n'éprouvent pas le besoin de dormir? Toujours est-il que nos hommes causent encore à voix basse autour des feux, lorsque je me réveille d'un premier sommeil; il est tard, la Grande Ourse a tourné la moitié de sa course, et ils ne laissent point éteindre les feux.

Notre djiguite Roustem, qui n'a pas le courage du héros perse, son homonyme, me fait observer que les chevaux tournent le dos aux feux, qu'ils regardent tous dans la même direction et qu'ils ne dorment point; il doit y avoir une grosse bête qui rôde; est-ce le tigre dont il a été question à Tchochka-Gouzar? Je lui dis qu'il doit se tromper, et l'invite à m'imiter. Je dors bientôt à poings fermés sous ma peau de mouton; ce qui prouve que vingt chacals qui crient, des moustiques qui piquent sont plus gênants qu'un tigre qui se promène silencieusement.

Dans la matinée du lendemain, nous avons la visite d'un homme envoyé par le beg de Chirrabad, qui a été prévenu de notre arrivée dans son district. Comme ce fonctionnaire ne se divertit pas beaucoup dans sa résidence, il dépêche un de ses subordonnés qui a mission de nous bien examiner, puis de retourner bien vite décrire à son maître les gens venus de l'Ouest. Nous causons un instant avec le représentant du beg, ayant soin de le charger de mille compliments pour celui qui nous l'adresse. Dans le même temps qu'il met le pied à l'étrier, on entend un bruit sur l'Amou, deux Turkmènes accroupis sur une meule flottante de roseaux se laissent aller à la dérive; ils nous saluent

SOIR SUR L'AMOU.
Dessin de GIRARDOT, d'après les croquis de M. CAPUS.

d'un sonore salamaleïkon; on leur répond de terre. Les questions d'usage sont échangées.

« Où allez-vous?

— A Chirrabad, avec des Faranguis.

— Et vous?

— A Kerki, vendre nos roseaux.

— Qu'Allah vous garde!

— Et qu'Allah vous garde! » Et tous, terriens et marins d'eau douce, portent en même temps les mains à la barbe.

Les Turkmènes disparaissent bientôt derrière une île.

Après les Turkmènes, un navigateur non moins primitif se présente; c'est un jeune homme d'une vingtaine d'années qui veut gagner une des îles situées au milieu du fleuve, à environ trois cents mètres du bord. Il a son véhicule sous le bras, une peau de chèvre retournée les poils en dedans, solidement liée à la place du cou, et où se pliaient les genoux. En Espagne, on emplit de vin ces outres qui tiennent lieu de tonneau; à Kara-Kamar, on les emplit surtout d'eau, et d'air quand on veut traverser une rivière profonde.

Le nouveau venu met un genou en terre, saisit la patte droite à pleine main comme lorsque nos paysans veulent lier un sac de blé, il applique sa bouche à l'ouverture et souffle fortement, serrant les doigts pour empêcher la sortie de l'air quand il reprend haleine; ayant répété plusieurs fois cette manœuvre, il a gonflé d'air la peau de chèvre qui s'arrondit. Il la ficèle avec soin, s'assure que l'air ne sort point par les pattes, en approchant sa joue, tandis qu'il presse son outre, et, sûr de son instrument, se met à l'eau. Il tient contre son corps le sac à air qu'il entoure de sa main gauche, il gouverne de la main droite, et avance en frappant l'eau fortement de ses pieds; ou

bien il saisit dans chaque main une des pattes de derrière
et pousse avec les pieds, qui sont alors rames et gouvernail.
Grâce à ce procédé, le nageur traverse le fleuve en biais,
et, comme il a tenu juste compte de ses forces et de la
vitesse du courant, qu'il s'est jeté à l'eau assez loin en
amont, il aborde à peu près où il désirait [1].

Le Turkmène qui « navigue » sous nos yeux est très-
habile. Le sang-froid ne lui fait point défaut, car je le vois
au milieu du courant relier tranquillement son outre en
aidant avec ses dents à la seule main dont il peut disposer.

En cherchant des faisans que j'avais suivis de l'œil, et
vus s'abattre dans les roseaux, je me heurte à une famille
de Turcomans installés en plein air. Couché à plat ventre
sur un morceau de natte, le père dort d'un profond sommeil ; son fils aîné l'imite jusque dans sa posture ; la mère,
demi-nue et décharnée, coupe des roseaux pour entretenir
le feu, et le plus jeune fils, d'environ quinze ans, vêtu
d'un simple caleçon de toile, nu-tête, tendant son échine
maigre et bronzée, est agenouillé devant la marmite et
surveille la cuisson du riz ; une vache efflanquée broute de
mauvaises herbes, et un cheval entravé se vautre les
quatre pieds en l'air ; le soleil enlumine toute cette misère.

Le sol, piétiné à la place où gîtent ces pauvres gens, témoigne qu'ils sont là depuis quelques jours. Il est probable
qu'ils vont s'y installer, car ils ont déjà construit l'espèce
de fourneau, consistant en un petit mur circulaire en terre
pétrie, assez haut pour qu'on puisse élever la marmite au-
dessus du sol, et percé d'un trou par où l'on introduit le
combustible. C'est le premier « meuble » des nomades qui

---

[1] Sur les monuments de Ninive, on voit des personnages nageant
de la même manière. On en verra au musée assyrien du Louvre.

se résignent à la vie sédentaire, le *focus* près duquel ils reposeront leur tête. C'est là que chaque jour ils causeront autour de la marmite, qu'ils dresseront leur abri, et ils seront « chez eux ».

La récolte de plantes et d'insectes est maigre dans le Kara-Kamar. Des Turcomans, qui aperçoivent Capus ramassant précieusement des herbes et des mouches, éclatent de rire. Ils ne s'expliquent pas dans quel but il enferme les petites bêtes dans un flacon; mais comme ils sont de grands enfants prêts à s'amuser de tout, heureux de trouver un motif de flânerie, ils le suivent et lui aident à collectionner. Lorsque Roustem, qui porte fièrement la boîte à herborisation, leur explique que l'homme se permettant ces bizarreries est un Farangui, ils reviennent de leur première impression, supposent qu'il poursuit un but mystérieux, et l'envie de rire leur passe.

De Tchochka-Gouzar pour aller à Chirrabad, on marche d'abord sur le nord à travers une steppe inculte; à deux heures et demie du fleuve, les champs cultivés apparaissent, et les murs ébréchés des Saklis, où les riverains se réfugient quand l'Amou les a fait reculer devant ses eaux qui dévalent des Pamirs. Des colonnes de terre, hautes de deux à trois mètres, parsèment la plaine; un grossier escalier, creusé dans leur épaisseur, mène au sommet terminé par une plate-forme. C'est là que les enfants, les vieillards, les inutiles s'installent à l'approche de la moisson, et ils lancent des pierres, crient, gesticulent ou frappent deux planchettes l'une contre l'autre, pour effrayer les oiseaux qui viennent en bandes becqueter les épis. Ces pillards ailés doivent pulluler dans cette région, car les tourelles érigées à leur intention sont très-nombreuses.

Trois heures de cheval mènent à Talachkhan, village

qui compte deux cents maisons ou saklis. Des Ousbegs l'habitent. Ils vivent dans une aisance relative, qui est du luxe en comparaison de la pauvreté extrême de leurs voisins les Turcomans. Nous nous arrêtons quelques instants dans la demeure de l'aksakal du village. Il donne la botte à nos chevaux, et nous régale de lait caillé et de pain frais. Notre collation est interrompue par la visite d'un de ses amis qui nous demande une consultation ; c'est la première fois que nous nous permettons l'exercice illégal de la médecine, ce ne sera pas la dernière. Au reste, en Asie centrale, nous n'avons empiété sur le domaine d'aucun diplômé, par la raison bien simple qu'il n'existe point de faculté de médecine. Ici, on est médecin comme on est chez nous comte ou baron; on hérite les secrets de guérison, la liste des remèdes, comme en France les parchemins attestant le nombre des quartiers.

Le scrofuleux qui vint nous demander conseil avait pleine confiance dans notre savoir, car pour lui notre titre de Faranguis, ramasseurs d'herbes et d'insectes, était le meilleur garant que nous pouvions le soulager à notre volonté. Nous lui conseillâmes de manger beaucoup de mouton rôti, de se vêtir chaudement, d'éviter les refroidissements, moyennant quoi il vivrait encore de longs jours. Le brave homme nous remercia cordialement et appela sur nos têtes les bénédictions du Très-Haut. Abdou-Zaïr lui mit dans la main deux morceaux de sucre, et il s'en fut rassuré.

Les habitants de ce village sont exposés aux attaques des Turkmènes ; aussi leurs maisons sont-elles construites au centre d'une enceinte de murs très-élevés, à l'intérieur de laquelle on ne pénètre que par une porte étroite et facile à barricader. On nous affirme que les pillards s'avancent même jusque sous les murs de Chirrabad.

Au sortir de Talachkhan, des hauteurs où grimpe la route, on aperçoit à l'ouest, le long des montagnes, des arbres verts, des hameaux placés sur le chemin des torrents qui les fertilisent, et au nord-est, les franges de l'oasis de Chirrabad, où la verdure marque la place des villages; dans le lointain s'étend la masse grise des montagnes voisines du Sourkhane.

A mesure que nous avançons, les cultures sont plus nombreuses, les indigènes sont occupés aux travaux des champs, les uns piochent, les autres réparent les aryks qui doivent amener dans leurs terres l'eau du Chirrabad-Darya.

Cette rivière prend naissance dans les montagnes de Baïssounne; elle n'atteint l'Amou qu'au mois d'avril et de mai, durant la saison des pluies qui coïncide avec la fonte des neiges dans cette partie de Bokhara. Son eau fortement imprégnée du sel de la montagne, qu'elle dissout en descendant, devient potable pendant les crues. C'est que la masse de liquide est alors beaucoup plus considérable, la quantité du sel qu'elle charrie restant la même. Le degré de salure augmente naturellement en proportion de la baisse du niveau de la rivière.

VIII

CHIRRABAD.

Le fils du beg de Chirrabad. — Une maison de petite ville. — La forteresse. — Un chef de police. — Mode d'administration. — Rôle du bâton dans la comptabilité. — Le beg de Chirrabad. — Chasse au faucon. — Conteurs et danseurs ambulants. — L'art d'affaiter les faucons et les aigles. — Un pèlerinage. — Les sauterelles. — Histoire de maquignons. — Comment se conclut un marché.

Assise sur un des contre-forts de la montagne, une forteresse de grand air — à distance — domine Chirrabad, qui ressemble à toutes les autres villes de l'Asie centrale. Comme à Gouzar, à Karchi, on y trouve la forteresse habitée par le beg que l'émir a choisi; le bazar où les marchands et les ouvriers viennent travailler et commercer pendant le jour; autour de cette cité, des maisons entourées de jardins clos de murs se groupent et forment ce que nous appellerions en Europe les faubourgs.

Le bazar se trouve toujours à proximité de la forteresse, sans doute pour que les marchands soient sous la protection des sarbasses, peut-être aussi pour que les représentants du beg aient moins de chemin à faire lorsqu'ils doivent prélever la dîme sur les marchandises et demander aux trafiquants les tengas que réclame l'émir.

Le premier monument qui frappe nos yeux à Chirrabad est situé à l'extrémité de l'allée des boutiques, sur une petite place; il est haut de trois mètres environ et consiste en deux troncs d'arbre à peine dégrossis, négligemment fichés en terre, surmontés d'un troisième qui les réunit horizontalement. C'est le gibet.

Dans le bazar, il y a peu d'animation : deux ou trois Turcomans qui marchandent de la cotonnade, quelques buveurs de thé; la plupart des boutiques sont fermées. Le logis qu'on nous offre est sur la rive gauche de la rivière, qui coule ici entre des berges escarpées. Le bazar est sur la rive droite, au pied de la forteresse.

Nous descendons le chemin pierreux menant au gué, près duquel nous sommes reçus par le fils du beg, entouré de cavaliers; il remplace son père absent. Après l'échange indispensable des salamalecs, nous gagnons notre petite maison, perchée sur le haut de la berge, en face du fier castel qui la regarde de haut.

Une heure après notre installation, le tok-saba — tel est le tchin du fils du beg — nous vient faire visite. C'est un bel homme d'une quarantaine d'années, aux traits réguliers, à la barbe brune et soignée, aux yeux noirs et brillants, qui me paraît envisager la vie sous ses plus riants aspects : il plaisante et rit à tout propos. Il est accompagné de ses scribes, de son courbachi ou chef de police, et d'un garçon turkmène à face ronde, spécialement chargé de lui porter son tchilim, de l'allumer et de le lui présenter sur un signe. Avec le tok-saba, la charge d'allumeur de pipe n'est pas une sinécure; nous n'avons pas encore vu faire par un seul homme, et en aussi peu de temps, une consommation aussi considérable de tabac à fumer.

Notre hôte n'est point fâché de bavarder avec des gens qui viennent de loin, et le premier entretien dure près de deux heures. Le Bokhare, qui voit pour la première fois des Faranguis, nous accable de questions. Il nous demande si notre pays est grand, si l'on y récolte du blé, si nos femmes vont dans la rue le visage découvert comme chez les Russes, si nous avons beaucoup d'eau, si nous fournissons des soldats au tzar blanc, etc. En revanche, il nous apprend que l'interprète Zaman-Beg a habité sept mois la maison où nous sommes, que la population de la ville et de l'oasis est exclusivement de race ousbèque, sauf deux tadjiks qui trafiquent et une dizaine de Juifs teinturiers et vendeurs de drogues, et que les Kara-Turkmènes viennent faire leurs achats à Chirrabad.

Notre habitation n'est pas très-luxueuse, les murs sont en terre, le sol battu est caché par des nattes de paille; elle figure dans son ensemble une longue boîte en forme de parallélogramme communiquant avec une autre moins longue qui s'y joint à angle droit. A l'intérieur, elle n'a pas d'autre ouverture dans le mur qu'un trou permettant de jeter un coup d'œil sur la rivière et la forteresse; du côté de la cour s'ouvrent des portes trop peu élevées pour qu'un homme ordinaire puisse entrer sans se baisser; mais on est au frais dans les chambrettes, tandis que le thermomètre marque dans la journée 35° à l'ombre; et puis les moustiques ne s'y hasardent point, et nous reposons en paix, grâce aux braves hirondelles qui construisent leur nid au-dessus de nos têtes. Elles travaillent tout le jour à leur maçonnerie, et le soir, mâle et femelle s'endorment bec à bec, perchés sur les bords du nid, encore trop peu avancé pour leur être autre chose qu'un bivouac. Joignez à cela que nous nous endormons bercés par le bruissement de la rivière; qu'aux premières lueurs du jour, les hirondelles nous réveillent de leurs chants, qui sont la plus poétique des dianes. Elles m'engagent à admirer la limpidité du ciel, elles réclament l'ouverture des portes, et les gracieuses bestioles s'envolent plus rapides que la flèche.

N'est-ce pas que notre logement oriental de Chirrabad en vaut bien d'autres qu'on construit à grands frais en Occident?

Mais — car il y a un mais — quand il tombe de la pluie, il peut arriver que la maison s'écroule, et ce fut le sort de celle-ci, huit jours après notre départ. Une semaine de bonnes pluies avaient suffit pour détremper les murs et le toit; une poussée de vent avait fait le reste.

Les orages nous retiennent quelques jours à Chirrabad. Chirrabad, abri du lion, repaire du lion, voilà un nom bien sonore. D'où vient-il? Allah seul le sait! Serait-ce de l'aspect de sa forteresse, bâtie au sommet d'une colline abrupte de conglomérat? De loin elle ressemble, en effet, à un lion accroupi regardant fièrement le soleil du Midi; mais de près, ce n'est plus qu'un vieux loup pelé, galeux, poussif, ne faisant plus trembler personne, car on voit bien qu'il est édenté et qu'il menace par habitude. Les murs de terre crénelés pour la forme sont fendillés; ils se sont affaissés par places; on ne les répare point. Les portes, sorties de leurs gonds, ne se ferment plus. La maison du beg est un nid de scorpions, et la fièvre y fait grelotter ceux qui l'habitent. Les constructions du côté nord penchent, attirées par le vide; les solives de la base qui supportent ces constructions ne sont plus couvertes de terre, elles plient sous le poids; les ans les ont courbées, tout branle dans le palais bégal. La colline qui lui sert de piédestal n'est guère plus solide; elle est crevassée de longue fentes que l'eau creusera encore, le vent secoue tout l'édifice; qu'un tremblement de terre survienne plus violent que d'ordinaire, et tout croulera dans la rivière. C'est une image de Bokhara tout entier.

Le lendemain, le fils du beg nous renouvelle sa visite; il se plaint de la fièvre et nous prie de lui donner des drogues pour le soulager. Nous lui promettons quelques doses de quinine. Il nous parle de la chaleur de Chirrabad, qui est déjà très-forte; elle devient extrême dans le mois de juin et de juillet; « le soleil est si ardent, dit-il, qu'on pourrait coller le pain au mur pour le faire cuire ». Pour le moment, son district est ravagé par un terrible fléau; des nuées des auterelles se sont abattues sur le pays, et elles dévorent tout sur leur passage.

« N'avez-vous pas cherché le moyen de les détruire? lui demandai-je.

— Que faire, sinon de demander à Allah qui nous les a envoyés de nous en débarrasser? »

Le tok-saba parti, un vieillard qu'on décore du titre de mirza se présente; il a l'œil rusé, un profil de sémite. Ce sont des douleurs rhumatismales qui nous l'amènent; « il sait que nous sommes de bons médecins, il implore de notre bonté le remède qui va lui rendre la santé ». Nous pensons à Raspail et ordonnons au malade les frictions à l'eau-de-vie camphrée. Nous lui expliquons la manière de la préparer, car il peut trouver de l'eau-de-vie de marc excellente à Chirrabad Elle est fabriqué en secret par un Juif qui la distille lui-même et la vend sous le manteau aux tièdes musulmans pour lesquels le Coran devient lettre morte. Abdou-Zaïr s'en est procuré; elle valait une bonne eau-de-vie de Bourgogne.

CHIRRABAD ET SA FORTERESSE.
Dessin de MUENIER, d'après les croquis de M. CAPUS.

Roustem va porter au tok-saba la quinine que nous pouvons lui offrir. Il constate qu'on peut aller à cheval jusqu'au sommet de la forteresse, par un chemin qui serpente sur le flanc du monticule. On passe sous trois portes placées de distance en distance. Entre la deuxième et la troisième porte est le méguil de Hazret-Ata, un saint dont la tête est enterrée à cette place; son corps repose près de la ville, dans un autre méguil qui est un but de pèlerinage. Les dévots ont soin de descendre de cheval et de traverser à pied l'espace compris entre la deuxième et la troisième porte. Roustem n'y a pas manqué. Les gens du peuple racontent qu'à une époque très-éloignée, les infidèles se sont emparés de la forteresse. Le saint faisait partie des défenseurs; il fut pris, et les vainqueurs lui tranchèrent la tête. D'aucuns prétendent que les infidèles auteurs de ce forfait étaient des Russes; il est probable que les vrais coupables furent les Arabes ou les Mogols.

Le kourbachi ou maître de police de la ville vient nous voir de la part de la femme du tok-saba qui voudrait bien avoir de la poudre blanche, comme son mari, car elle souffre de la fièvre, ainsi que sa fille.

— Mais pourquoi le tok-saba ne partage-t-il pas avec son épouse? lui demandai-je.

— Le tok-saba garde la poudre blanche pour lui-même et ses garçons; il n'en donne ni à sa femme ni à ses filles.

Pour son compte, le kourbachi professe à l'égard des femmes un profond mépris. Elles ne lui inspirent qu'un dégoût insurmontable. Il aime « ailleurs ». Le lecteur comprendra la nature des sympathies du kourbachi, quand je lui aurai dit qu'il habite à environ soixante-dix kilomètres de ruines que certains indigènes prétendent être celles de Sodome et de Gomorrhe.

Et le vieil homme à barbe blanche ajoute, en prenant une pose gracieuse : « Vous voyez que je ne m'en porte pas plus mal. » En effet, malgré les soixante-sept ans qu'il avoue, c'est encore un petit homme très-alerte, qui paraît décidé à vivre de longs jours. Comme un chacal, il a toujours rôdé autour des puissants. Lorsque Koudaia-Khan était maître du Ferghanah et Yakoub-Batcha son ministre, le kourbachi était palefrenier de ce dernier. Koudaia l'éleva ensuite à la position plus lucrative de maître de vénérie chargé de l'achat des chiens et des faucons, ainsi que de leur entretien. Puis les Russes s'emparèrent du Ferghanah, et il s'enfuit à Chirrabad, où il fut heureux de trouver chez le beg un emploi de soigneur de chevaux. Il s'était résigné à cette situation infime, quand Zaman-Beg vint à Chirrabad; il sut gagner les bonnes grâces de l'interprète en lui rendant différents services ; celui-ci le recommanda au beg, qui en fit son chef de police. Depuis qu'il a obtenu cet avancement, il est le plus heureux des hommes et mène joyeuse vie. Il s'est fait craindre des habitants de la ville, qui ne lui ménagent point les petits cadeaux, et il avoue avoir amassé quelques économies. Il grossit son budget en prélevant ses impôts sur les voleurs, qu'il traite paternellement, pourvu qu'ils lui donnent la part du lion. Il sait effrayer à propos les nouveaux venus au bazar, et ceux-ci cherchent à l'adoucir en lui glissant la pièce dans la main. Mais les joueurs sont surtout l'objet de tous ses soins. Il moralise le jeu ; avec lui, ce n'est plus une source de querelles qui se terminent par des coups de couteau. En sa présence, pas de rixes, tout se passe avec calme, avec ordre ; c'est à lui qu'on remet les enjeux ; il paye les gagnants, ayant soin de retenir préalablement la pièce de monnaie qu'il a bien méritée. Quand il en surprend à jouer sans sa permission, il crie, tempête, lève le bâton, invoque les défenses du Coran, et les menace d'une amende; on transige, et le kourbachi empoche. Le beg en bonne humeur lui fait présent d'un khalat, d'un tchalma. Quand il a des hôtes, le beg dit au kourbachi : « Tu leur fourniras le charbon et la chandelle, le foin et l'orge pour leurs chevaux, et tu te payeras avec des amendes que tu infligeras. » Il ne se le fait pas répéter deux fois, et, se couvrant du nom de son maître, il commet de nombreuses extorsions aux dépens des croyants.

Les chefs choisis par l'émir pour l'administration des provinces ou des districts ne payent pas très-régulièrement le djal[1] à ceux qu'ils emploient. Les appointements sont cependant assez peu élevés. Pour ne citer que deux exemples, le cuisinier mis à notre disposition par le tok-saba reçoit par an 8 batmanes de blé, d'une valeur de 15 à 30 francs, suivant les bonnes ou les mauvaises récoltes; plus un khalat et quelques chemises. C'est un fonctionnaire important.

L'allumeur de tchilim, qui fait en outre quelques commissions, est nourri des restes de la table de son maître, et habillé de ses vieux khalats.

Tous les gens attachés à la personne des chefs ont une certaine influence sur la population, qu'ils pressurent par tous les moyens possibles, soit en promettant leur entremise, soit en menaçant d'une dénonciation. Du reste, l'exemple part d'en haut. Le beg de Chirrabad lui-même, sans aller plus loin, n'est pas un modèle de délicatesse. S'il est absent en ce moment, c'est que l'émir l'a appelé pour lui demander compte de son admi-

---

[1] Les appointements.

nistration. Il paraît qu'il n'a pas perçu les impôts avec la régularité désirable. S'il s'était contenté de tondre les administrés plus court que son maître le lui avait ordonné, le mal n'eût pas été grand, à la condition toutefois que le maître en eût profité; mais le beg a oublié dans ses coffres ce qu'il a reçu en trop. L'émir l'a su, et sa colère a été grande.

Ces procédés des administrateurs du Bokhara ne surprennent personne. Les choses se passent presque toujours de la manière suivante : Un beg reçoit de Bokhara une lettre portant le cachet de l'émir, par laquelle il lui est enjoint d'avoir à expédier à la cour la somme de cent mille tengas, par exemple, dans un délai de huit ou quinze jours. Le beg, qui n'a pas la somme prête, fait établir rapidement des comptes par ses scribes; l'impôt est réparti entre les villages et les aouls des districts, puis des courriers partent immédiatement dans toutes les directions, avec des ordres pour les différents représentants de la hiérarchie bokharienne. Ceci se passe généralement après une récolte. Alors s'engagent entre les minbachis, les vieux aksakals, les aksakals et les administrés une lutte où ceux qui doivent payer se défendent très-énergiquement contre ceux qui tendent la main grande ouverte. Habitants des champs, habitants des villes, tous sont sur les dents. Celui à qui on réclame cent tengas jure par sa barbe qu'il n'en peut donner que cinquante; celui qui les réclame jure par Allah que rien n'est plus faux, que le récalcitrant peut payer; c'est de part et d'autre un feu croisé de serments. Puis le représentant de l'autorité prend le parti de se fâcher, et la victoire lui reste finalement, grâce à l'éloquence convaincante du bâton. De la manière que nous venons de dire, il est perçu cent cinquante mille tengas au lieu des cent mille demandés. Puis les receveurs d'impôts font leur tournée, et comme ils savent ce qui s'est passé, ils n'hésitent pas à réclamer à leurs sous-ordres plus qu'ils n'en ont le droit. Quelquefois les parties s'arrangent à l'amiable, d'autres fois les receveurs d'impôts emploient le bâton, et ils obtiennent ce qu'ils demandent. Ils reviennent alors auprès du beg, et lui jurent par la tombe de leur père que, malgré leurs efforts pour percevoir davantage, ils ont pu tout juste rassembler la somme prescrite. Le beg ne croit pas un mot de ce que ses agents lui jurent. Les habiles prennent les devants, et ils ajoutent à la somme convenue une certaine quantité de tengas, à titre de cadeau. Le beg les remercie gracieusement. Les obstinés qui prétendent en imposer par des serments sont roués de coups jusqu'au moment où la douleur leur arrache un aveu, et on leur fait rendre gorge.

Cependant l'émir reçoit les cent mille tengas qu'il a réclamés. Mais il advient qu'un ami ou un parent des bâtonnés fait savoir au kouch-begui [1] (le premier ministre) que le beg garde par devers lui des sommes considérables au détriment du trésor. Le kouch-begui expose l'affaire à son maître, qui veut savoir la vérité et interroger lui-même le sujet accusé de ne pas rendre à l'émir ce qui appartient à l'émir. Le coupable arrive à la cour. Il est jeté immédiatement dans la prison attenant au palais et spécialement destinée aux grands fonctionnaires. Le lendemain, le grand conseil est réuni, le prisonnier traîné devant son maître qu'il implore en lui baisant les pieds. Mais ses supplications sont vaines, car il faut que la justice ait son cours. On dépouille le coupable de ses vêtements, on lui attache

---

[1] Littéralement « le beg des oiseaux — le grand fauconnier ».

les mains sous ses jambes repliées, une perche passée entre l'avant-bras et l'articulation de la jambe paralyse ses mouvements, et un de ses supérieurs lui administre sur le dos et plus bas des coups de trique qui font hurler de douleur le malheureux beg et couler son sang. On le questionne, et il avoue à son tour qu'à tel endroit il a caché le montant de ses économies; on le réintègre dans la prison, où l'émir le laisse assez longtemps pour qu'il réfléchisse et que les marques des coups disparaissent; puis on lui rend la liberté, et il retourne à son poste.

A quoi bon le remplacer par un autre qui l'imiterait en tout point? Pourquoi enlever ses moyens d'existence à un homme de race et en outre chargé de famille? Tel est le cas du beg de Chirrabad qui a trois femmes et sept fils. Le père de notre hôte est, paraît-il, un vénérable vieillard à barbe blanche que les années n'ont pas amendé. C'est un récidiviste endurci, qui s'est exposé déjà trois ou quatre fois à la colère de l'émir. Un de ses fils marche sur ses traces; il est actuellement emprisonné.

En somme, dans le Bokhara, où la paperasserie est à l'ordre du jour, où les scribes tracent avec force arabesques des états très-complets indiquant les sommes à percevoir, évaluant la fortune de chacun des contribuables, relatant le nombre des caravanes, la valeur des marchandises qu'elles apportent et beaucoup d'autres choses, le mode de perception de l'impôt est beaucoup moins compliqué qu'en France, et la façon dont se vérifient les comptes est d'une simplicité patriarcale. Nul besoin de contrôleur des finances, d'inspecteur des finances, de directeurs, de cour des comptes. Le bâton tient lieu de toute cette machinerie compliquée. L'aksakal apporte des comptes embrouillés au minbachi? « Qu'on lui donne vingt coups de bâton », et les erreurs sont rectifiées comme par enchantement. Le minbachi apporte au mirakhor des comptes qui ne sont pas clairs du tout? « Qu'on lui donne trente coups de bâton », et la lumière se fait dans une question obscure; et ainsi de suite. Le bâton suffit à tout, encore le bâton, toujours le bâton, rien que le bâton. La méthode est simplement orientale.

On nous parle d'étangs situés dans les environs de Chirrabad. D'après le tok-saba lui-même, ils seraient couverts de roselières épaisses où les oiseaux aquatiques pullulent. Nous prions notre hôte de nous y faire conduire et de nous donner en même temps l'agrément d'une chasse au faucon. Un matin, de bonne heure, un homme vient nous prévenir que le scribe du beg se tient à notre disposition, qu'il va nous conduire aux étangs, qu'on a fait jeûner un faucon la veille, et que tout est prêt pour la chasse ; on nous attend. Nous sautons à cheval, et par le chemin taillé dans la berge, grimpant à notre aire de barons, nous joignons dans le lit caillouteux du Darya l'élégant cavalier qui se détache sur un nerveux cheval blanc, le faucon capuchonné perché sur le poing ganté de cuir, le petit tam-tam de chasse accroché à la selle. Le soleil resplendit. Par une brusque association d'idées, je retourne en arrière de cinq siècles; la lumière éclatante, en m'obligeant à cligner de l'œil, me fait entrevoir la forteresse comme un de nos vieux châteaux forts, et, le temps de passer le gué, je ne suis plus un pauvre voyageur, mais un seigneur du moyen âge que le retour du printemps arrache à la vie monotone du castel et fait descendre en plaine, où il va se dégourdir en courant les derniers canards et les premières outardes. Le fauconnier salue et se met immédiatement en marche dans la direction du sud-ouest.

Aux abords de la ville, à droite et à gauche du chemin, on voit des tépés[1] artificiels ayant la forme de quadrilataires; ils sont échelonnés vers le nord et le sud. D'après le guide, ils supportaient autrefois des forteresses dont les pans de murs en terre encore debout seraient les restes. Notre fauconnier est un savant qui a lu dans les livres, et il nous explique qu'au temps où Bactres était la première ville de Bokhara, on construisait sur les frontières de solides forteresses pour arrêter les incursions des infidèles du pays voisin. Les principales sont Chirrabad, à l'entrée des montagnes; Pendjekent sur le Zérafschane ; Khodjent, sur le Syr-Darya; les places fortes furent reliées ensuite par un cordon de forts de moindre importance, espacés entre chacune d'elles et placés sur ces monticules qui sont l'œuvre des hommes.

Voilà un petit village d'Ousbeks à l'aspect assez misérable, avec des saklis à l'intérieur desquels habitent des gens qui disent appartenir à la tribu des Kitai Kiptchaks. C'est tout ce qu'ils savent d'eux-mêmes. Ceux que je vois sont de taille moyenne, avec des yeux petits, la face presque carrée, le nez souvent crochu et comme collé à la figure.

Une heure et demie de cheval suffit pour atteindre les étangs qui s'étalent de l'est à l'ouest, dans une dépression du terrain. Ils sont les tronçons d'un ancien lac, séparés quelquefois par de minces bandes de terre qui s'élargissent avec les progrès de l'assèchement. Un cavalier peut les traverser en maints endroits; mais il faut des précautions; on risque de perdre pied. L'eau est limpide, elle repose sur un fonds de vase dégageant une odeur fétide dès qu'on le remue.

---

[1] Mottes.

On ne nous a point trompés, et c'est la première fois que la réalité répond aux espérances que les discours des indigènes ont éveillées en nous. Du fourré des roseaux s'élève une forte rumeur d'oiseaux qui s'agitent ; on entend des cancans, des battements d'ailes, des claquements de bec ; sur les bords, des passereaux multicolores chantent leur chanson ; dans les clairières vont des hérons graves, des spatules qui lèvent cérémonieusement les pattes en marchant. Les canards turbulents sont les plus nombreux. Mais le fauconnier n'est point touché de cette intensité de vie ; il fait un détour pour prendre contre le vent, et, se postant à l'extrémité de l'étang le plus éloigné, il frappe un coup sur son tam-tam, qui rend un son éclatant. A ce bruit inusité, les oiseaux qui sont près du cavalier fuient dans la direction opposée. Le bruit des ailes et les cris d'alarme des fuyards sont assourdissants. Ils se réfugient à l'extrémité de l'étang.

Le fauconnier continue sa manœuvre, qui a pour but de chasser devant lui les oiseaux et de les rassembler tous sur un point. Il avance sans leur laisser le temps de se remettre de leur effroi, fait retentir le tam-tam, et les oiseaux s'élèvent, tournoient sur place, car ils hésitent à quitter l'étang où ils ont l'habitude de vivre ; puis deux coups frappés avec force et de suite les mettent en déroute, et, ahuris, éperdus, ils se dispersent ; les uns retournent à la première retraite à l'autre bout de l'étang, les autres se débandent et se précipitent tumultueusement vers l'étang voisin. Mais le fauconnier est là, il a desserré le nœud coulant passé à son pouce qui retient l'oiseau par la patte, il le décapuchonne rapidement, et, lui facilitant l'essor, le jette sur les fuyards ; le faucon file, se mêle à la troupe en désordre, et, d'un coup de son terrible bec, arrête un canard, l'emprisonne de ses serres, tombe sur le sol. Son maître, qui a mis son cheval au galop, arrive au même moment, capuchonne le chasseur et le place sur son poing. La chasse est continuée de cette manière.

Comme nos braconniers suivent la bête que mènent les chiens d'autres chasseurs, de même les faucons sauvages planent au-dessus de nos têtes et attendent l'occasion favorable de se mêler à la partie. Tout à coup, l'un deux fond sur un canard, il le tient, un de ses confrères veut le lui prendre, et c'est entre les deux ravisseurs une lutte acharnée. Abdou-Zaïr accourt d'un côté, moi de l'autre; les faucons nous aperçoivent, ils lâchent prise et s'élèvent dans les airs, tandis que le canard rase modestement le sol à tire-d'aile et regagne les roseaux en poussant des cancans qui marquent sa joie d'en être quitte pour quelques plumes arrachées.

Cette chasse est pittoresque, mais moins fructueuse que la chasse au fusil. Elle présente aussi le grave inconvénient qu'un beau jour, le chasseur ailé, en humeur de vagabonder, ne daigne plus répondre à l'appel de son maître, qu'il s'envole et ne revient plus. Un Ousbeg, qui s'était joint à nous, eut cette malechance; il n'en parut point désolé et, tout de suite, suivit la chasse au moultik avec autant d'attention que nous-mêmes la chasse de sa façon. Il voyait à son tour du pittoresque dans ce qui nous semblait banal, et poussait des exclamations de joie chaque fois qu'une pièce tombait.

Au retour de notre chasse, nous trouvons dans le bazar un conteur entouré de peuple. Le premier mois de l'année est toujours un mois de réjouissance, et alors les conteurs, les danseurs, qui ont donné leurs premières représentations devant les gens des villes, s'en vont les continuer en province. Ils gagnent à petites journées un lieu de pèlerinage, où ils sont assurés de trouver des spectateurs et de faire de bonnes recettes. En chemin, ils s'arrêtent dans les petites villes où il leur est fait bon accueil, car on les voit rarement. Ils voyagent comme nos bateleurs du temps des mystères, et, s'ils le peuvent, commercent par la même occasion.

Les Sartes qui, chaque année, s'en vont prier sur la tombe d'un saint, sous la conduite de derviches, ne manquent jamais d'emporter une pacotille pour trafiquer. Ils mènent ainsi de front leurs intérêts d'ici-bas et ceux d'en haut. En ce moment, beaucoup de fidèles du Bokhara, de Samarcande, du Ferghanah, vont à Mazari-Chérif prier sur la tombe d'Ali. Un de ces pèlerins nous a offert des bottes; il s'était probablement aperçu que les miennes étaient éculées. Un autre emportait des pièces de cotonnade de fabrication russe. Des batchas[1] de Samarcande, qui connaissaient Abdou-Zaïr, allaient également de l'autre côté de l'Amou. Ces gens étaient surtout attirés par l'annonce des fêtes qui devaient se donner à Mazari-Chérif, au retour des jeunes princes afghans. Ils présument qu'elles dureront assez longtemps, le séjour des princes devant se prolonger dans cette ville jusqu'au jour où ils pourront se diriger vers l'Hindou-Kouch. Or, les passes de Bamiane ne sont libres de neige qu'au mois de mai.

Le soir, le fauconnier du beg nous explique tout au long l'art d'affaiter un faucon sauvage. On commence par le dompter en lui couvrant la tête et le plaçant sur un perchoir suspendu auquel on imprime un balancement continu. S'il est rebelle, on l'affaiblit en le nourrissant à

---

[1] Littéralement, garçon en persan. Nom donné aux danseurs.

peine. Pour le dresser à chasser tel ou tel oiseau, on ne lui en fait pas voir d'autres, et, après l'avoir fait jeûner, on lui présente celui qu'on veut l'accoutumer à prendre, et on le laisse se repaître. Une fois repu, on lui couvre la tête de nouveau. Après plusieurs expériences de ce genre, l'oiseau qu'on a d'abord présenté mort lui est présenté vivant dans une chambre fermée ; il s'en empare immédiatement, et on le lui laisse dévorer.

Souvent cette dernière épreuve est tentée en plein air, car le faucon a été bien entraîné par le régime auquel on l'a soumis. On l'accoutume à voler contre le vent, ce qui est un avantage, le faucon ayant les ailes très-puissantes et le chasseur pouvant surprendre le gibier plus facilement.

Aussi longtemps que dure la chasse, on permet au faucon d'arracher seulement quelques lambeaux de sa proie, de façon à aiguiser sa faim. La chasse terminée, on le laisse dévorer jusqu'à réplétion parfaite.

Quand un faucon privé s'oublie à chasser pour son compte et s'éloigne de son maître, celui-ci le rappelle d'un cri spécial, et il se pose sur le sol ou bien sur le poing qu'on lui tend.

Les Kirghis de Sibérie dressent les aigles à chasser la gazelle.

Voici la méthode qu'ils emploient : ils prennent une peau de gazelle, l'empaillent plus ou moins bien, et chaque fois qu'ils donnent à manger à l'aigle, qu'ils affament préalablement, ils lui découvrent les yeux en présence de cette peau, après avoir eu soin de placer de la viande dans les orbites des yeux de la gazelle. Au bout de quelques séances, l'aigle se pose, sans hésiter, sur la tête de la gazelle, et fouille les yeux, où il trouve sa nourriture ; puis on le fait chasser. Des cavaliers bien montés poursuivent la gazelle; l'aigle est lâché, il plane, aperçoit la chèvre qui fuit, la poursuit, se précipite sur sa tête; il se tient campé sur le cou de sa proie, l'étourdit de ses ailes qu'il agite avec force, lui déchirant les yeux à coups de bec. La malheureuse bête ralentit bientôt sa course, les cavaliers la rejoignent et la saignent.

Malgré de fréquentes pluies d'orage, la chaleur est chaque jour plus forte; le 6 avril, nous avons trente-cinq degrés à l'ombre. Dans la soirée du même jour, nous sortons du côté des montagnes, dont les contre-forts s'affaissent à l'est de Chirrabad. A environ deux kilomètres de la ville, les pentes nous semblent comme calcinées par un incendie.

— Pourquoi la terre paraît-elle noire?
— *Malakh,* répond Abdou-Zaïr.

Nous pressons le pas, et bientôt nous chevauchons sur un sol saupoudré de millions de sauterelles. Leurs ailes n'ont point encore atteint un complet développement, et cette armée de mangeuses insatiables sautille autour des jambes des chevaux, qui en écrasent une douzaine à chaque pas. Leur multitude fait le bruit d'un petillement, d'un crépitement incessant. L'herbe est rongée jusqu'aux racines, pas une feuille aux broussailles; la place est nette où elles ont passé.

Je remonte le lit d'un torrent desséché, les sauterelles le descendent, gagnent la vallée en suivant la même pente que les eaux. Les aryks ne les arrêtent point; une partie de l'avant-garde se noie, le courant en dépose quelques-unes sur l'autre bord; puis les cadavres finissent par s'accumuler et font un pont à celles qui suivent. Le gros de l'armée passe, et la dévastation continue.

Quand le vent les balaye devant lui, leur troupe avance en formant des angles aigus dont le gros côté fait face au vent qui les pousse par le flanc. Tant que les sauterelles n'ont pas les ailes grandes, la contrée qui les a vues naître en est affligée; quand elles peuvent voleter, il arrive que la violence du vent les entraîne et les jette comme une malédiction sur une oasis voisine. Sauf le riz, dont la culture demande de fréquentes irrigations qui les noient, et dont l'écorce est dure, aucune plante n'échappe à leurs tenailles. Des bandes énormes de passereaux de forte taille s'abattent sur elles et s'en régalent. Les indigènes se réjouissent quand ils voient le nuage de ces bienfaisants oiseaux avancer dans le ciel, et ils se disent qu'Allah ne les a pas abandonnés.

Non loin des sauterelles, nous trouvons le méguil où repose le corps du saint qui a sa tête dans la forteresse de Chirrabad. La tombe est à l'intérieur d'une petite maison carrée, construite en terre, qu'on aperçoit de loin, car on l'a placée au sommet d'un mamelon. Elle a grand besoin de réparations. Des perches avec des guenilles qui flottent se courbent sur le monument : ce sont les saules pleureurs d'un pays où le bois est rare. On arrive là-haut par un escalier assez roide.

La coutume est que les dévots de la ville viennent en nombre tous les mercredis prier près de leur saint. La terre qui recouvre les os guérirait de la fièvre et du richta, et les malades en emportent des poignées. Un industriel a tiré partie de la piété de ses concitoyens, et au pied de l'escalier, dans un gentil jardin bordé d'un arik, entouré de peupliers, avec un puits d'eau fraîche au milieu, il a installé en plein air un restaurant que nous intitulerions « café-restaurant du Pèlerinage ». Il a battu le sol, l'a couvert de nattes de paille, et, aidé de deux jeunes garçons, il vend du thé, du pain, des melons, aux fidèles qu'une montée et une descente pénible ont altérés et mis en appétit.

Le lendemain de notre pèlerinage, nous achetons des chevaux. Ils doivent remplacer ceux qui nous ont servi depuis Samarcande, et que nous allons ravaler à la condition inférieure de chevaux de bât.

Le kourbachi, alléché par la promesse d'un fort silao, s'est enquis des chevaux à vendre et nous en a présenté plusieurs, pour lesquels les propriétaires demandent une somme trop élevée. En France, le prix eût paru ridicule; nos paysans donneraient volontiers quatre cents francs pour un cheval robuste, jeune et bien performé. Ici, notre pauvreté nous obligeait à nous en tenir à des chevaux de cent trente à cent cinquante francs.

Il va sans dire que les indigènes avaient doublé leurs prix en notre honneur. Ils nous savaient étrangers, nous supposaient sans renseignements précis et croyaient l'occasion belle de « refaire » les infidèles. Malheureusement pour eux, heureusement pour nos bourses, nous étions sur nos gardes, et nos djiguites nous étaient dévoués. Ce fut donc entre les vendeurs et nous une lutte tragi-comique de plusieurs heures avant de finir par conclure le marché. Nous avions jeté notre dévolu sur deux solides petits chevaux de montagne, la jambe sèche, l'articulation solide, poitrail large, cou épais, chanfrein busqué. Comme il arrive chaque fois qu'on vient offrir un objet ou un animal à un étranger, il se présenta plusieurs individus qui nous jouèrent la comédie suivante.

Le propriétaire d'un cheval se détache du groupe, salue et attend poliment qu'on lui adresse la parole.

— C'est toi qui veux vendre ce cheval noir?
— Oui.
— Combien?
— Quatre cents francs.
— Tu te moques de moi; c'est trop cher. Je n'en veux pas, tu peux l'emmener.

— Trop cher? Regarde-le donc. Quelles jambes! quelle belle robe! Il est tout jeune. Tiens, vois ses dents.

Un des compères du vendeur :

— Il n'y en a pas de meilleur à Chirrabad. Il a six ans. Je l'ai vu naître.

— Je te dis que je le trouve trop cher, que je n'en veux pas. Va-t'en.

Les compères, en chœur :

— C'est pour rien.

L'un d'eux, qui tient la bête par la bride, l'enfourche subitement et la fait marcher au pas.

Un des compères :

— Vois quelle allure. Il fait plus d'un tach à l'heure en allant au pas. Quelle *hada*[1]!

Le cavalier met le cheval au trot.

Un des compères :

— Vois quel trot! Ah! quel trot agréable! quel trot! N'as-tu pas remarqué qu'il a le chanfrein busqué, ce qui porte bonheur au cavalier et l'empêche d'être tué?

— Tu as raison; mais il est trop cher.

— Tu ne veux pas donner quatre cents francs?

— Non.

Tous se lèvent et s'en vont. Ils s'éloignent de quelques

---

[1] Entre-pas.

pas, causent avec le kourbachi, avec nos djiguites, puis reviennent.

— Qu'est-ce que tu veux? Va-t'en.

— Combien en donnes-tu?

— Cent francs.

— Je suis pauvre; le cheval me coûte quatre cents francs, et tu m'en offres cent. Veux-tu me ruiner?

Et il feint la colère, l'indignation; la douleur la plus vive se peint sur son visage; ses yeux deviennent humides de larmes. L'un de ses compagnons le prend par le pan de son khalat, un autre par le bras, et ils veulent l'emmener; mon offre semble les avoir tous désolés.

Abdou-Zaïr, qui est à côté de nous, lâche son injure favorite à l'adresse de ses compatriotes :

— Tous canailles, tous canailles, tous coquins, maître, tous coquins, dit-il en russe.

C'est alors que le kourbachi intervient et qu'il les ramène, les fait s'asseoir en face de nous, qui jambes croisées, qui agenouillés. Il se croit obligé de débuter par une profession de foi :

— Vous me connaissez tous, vous savez que je suis un honnête homme qui ne trompe personne. Vous pouvez donc vous en remettre à moi de la défense de vos intérêts. Toi, croyant, tu as un bon cheval, mais tu veux le vendre trop cher. Songe que tu traites avec un hôte de l'émir et un ami des Ourouss; sois raisonnable, et contente-toi d'une moindre somme.

Personne ne souffle mot. Seul, le vendeur remue la tête et fait claquer sa langue en signe de dénégation.

Moi :

— Kourbachi, tu perds ton temps; tu n'arriveras à aucun résultat. Tu parles à une tête de fer. Laisse-le partir. Il ne voudra pas des cent trente francs que je puis donner pour le cheval. Qu'ils s'en aillent tous.

En m'entendant parler en termes aussi catégoriques, tous ces larrons se lèvent, et malgré les exhortations du kourbachi, qui les engage à moins d'exigence, ils emmènent le cheval et disparaissent par la porte en discutant avec beaucoup d'animation.

Le lendemain, ils reviennent dans la matinée, cette fois avec des prétentions moindres. Deux cents francs les eussent contentés. Nouvelle discussion, nouvelle intervention du kourbachi, et puis au moment où l'affaire semble terminée, où le vendeur dit avec un geste de désespoir :

— Prends-le pour cent trente francs,

un compère intervient, prend le cheval par la bride, affirme qu'il lui appartient et crible d'injures mon interlocuteur, qui reste silencieux.

— De quel droit t'empêche-t-il de vendre le cheval? En est-il le véritable propriétaire?

— Oui, répond-il, c'est mon frère. Donne dix francs de plus, et il te le laissera; c'est un bon cheval.

— Donne-leur-en cinq, me souffle le kourbachi, tu feras un bon marché, par Allah! Le cheval vaut cent trente-cinq francs.

Et il donne à son visage un air sérieux.

Je cède. On annonce la bonne nouvelle au prétendu frère du vendeur, qui feint de s'en aller avec le cheval en se lamentant, et il revient. Reste à conclure définitivement le marché selon la loi.

L'aksakal est appelé, et, devant lui, le kourbachi se place entre le vendeur et Abdou-Zaïr, qui me représente comme acheteur; le kourbachi étend la main droite, que l'un et l'autre lui saisissent, et il dit à l'un :

TOMBEAU DU FILS DE TAMERLAN, CHAHRI SEBZ.
D'après nos photographies de Kostenko.

— Tu as vendu le cheval noir cent trente-cinq francs?
— Oui, je l'ai vendu cent trente-cinq francs.
Puis se tournant vers l'autre :
— Tu as acheté le cheval noir cent trente-cinq francs?
— Oui, j'ai acheté le cheval noir cent trente-cinq francs.
Il secoue les dextres, et l'aksakal dit :
— Allez, le marché est conclu.
L'acheteur a le droit de rendre le cheval s'il constate qu'il est taré. Le vendeur lui rembourse l'à peu près totalité de la somme, ne gardant que quelques tengas à titre d'indemnité.

Le kourbachi, comme intermédiaire, l'aksakal, comme représentant de la loi, reçurent un pourboire, ainsi qu'Abdou-Zaïr; les assistants, comme acteurs dans la comédie de la vente, furent régalés de thé, puis d'un palao, conformément à la coutume du *chéri-koma*[1].

[1] Assistance légale.

IX

LES RUINES DE LA VALLÉE DU SOURKANE.

Où sont les ruines? — Nadar le photographe et ses bottes. — Ak-Kourgane. — La maison d'un Ak-Sakal. — Un huilier. — Un riche industriel, un ouvrier. — Chahri-Goulgoula. — Aspect de la ruine. — Légendes. — Pèlerins. — Salavat. — Notre hôte est un saint. — L'ammoniac. — La ruine de Chahri-Samâne. — Le mausolée de l'émir Houssein. — Le Kerkisse. — Légendes. — Le manque d'eau.

Avant de quitter Tachkent, nous prîmes le plus possible de renseignements sur la contrée fort peu connue que nous allions visiter. Parmi les personnes que nous importunâmes de nos questions, il se trouva un officier russe qui avait, très-rapidement il est vrai, parcouru le chemin de Caboul à Tachkent par Bamiane, Bactres et les montagnes de Baïssoune. Il avait fait partie de l'ambassade que les Russes envoyèrent à Chir-Ali durant la guerre russo-turque. On n'a pas oublié qu'à cette occasion la diplomatie anglaise fit retentir l'Europe de cris d'alarme et de protestations.

Cet officier nous conseilla de visiter avec soin les environs de Patta-Kissar, village situé sur l'Amou au point où on le traverse en bac. Pour son compte, il avait aperçu les ruines de Termès, à l'ouest de Patta-Kissar, et les indigènes lui avaient affirmé que sur la rive gauche du Sourkane, affluent de l'Amou, gisaient les débris d'une grande ville « soudainement détruite » qu'ils appelaient du nom de Chahri-Goulgoula.

Durant le chemin de Samarcande à Kilif, nous avions comme très-agréable et très-gai compagnon de route l'interprète Zaman-Beg. C'était un homme du Caucase, taillé pour les aventures, ayant servi successivement chez les Turcs, en Perse, et finalement chez Yacoub-Khan, le maître de Kachgar. Il avait parcouru presque tout le monde musulman; très-versé dans l'ancienne littérature persane, il nous était en outre une source inépuisable de renseignement pour tout ce qui touchait à l'histoire contemporaine de l'Asie centrale. Zaman-Beg confirma les dires de l'officier russe. Il nous expliqua que Chahri Goulgoula (ville de Goulgoula) était une façon de terme générique qui s'appliquait ici à toutes les « despobladas » de grande importance, qu'en conséquence il y a des Chahri-Goulgoula en maint endroit de l'Asie, et, à l'appui de ce qu'il avançait, il nous cita un Goulgoula situé près de la passe de Bamiane. Selon lui, le « maudit Tenkiz » aurait anéanti toutes les cités.

Il ne nous restait plus qu'à compléter ces indications en questionnant nous-mêmes les gens du pays, qui devaient connaître l'endroit précis de la vallée du Sourkane où il nous fallait chercher des ruines : ce fut notre occupation principale pendant notre séjour à Chirrabad.

Le premier individu que nous mettons à contribution est le surveillant du bac de Tchochka-Gouzar, qui nous rend visite, suivant la promesse qu'il nous a faite lors de notre rencontre. Il est venu verser dans la caisse du beg les sommes qu'il a perçues, et doit repartir le jour même pour Marzari-Chérif, où l'émir l'envoie espionner les Afghans et les Russes.

Plusieurs tasses de thé bien sucrées paraissent l'avoir mis en bonne humeur; nous en profitons pour lui demander s'il connaît une ville en ruine appelée Chahri-Goulgoula, située dans la vallée du Sourkane. Il répond affirmativement. Nous le prions de vouloir bien nous indiquer la direction à suivre, le nombre et la longueur des étapes qui nous en séparent.

« Permettez-moi, dit-il, de m'informer, et, par Allah ! je vous donnerai les renseignements exacts. » Il part et revient au bout d'une heure, avec un chiffon de papier qu'il affirme contenir des notes prises par lui. Et voilà notre homme qui nous trace un itinéraire fantastique avec un sérieux imperturbable, en montrant fréquemment du doigt ce qu'il a griffonné sur le papier, comme s'il voulait nous dire : « Je dis vrai, regardez, c'est écrit sur le papier. » Il est probable qu'avant de répondre à nos questions il a pris conseil du Tok-Saba, qui lui a enjoint de nous dérouter.

Nous voyageons en effet en petites gens, sans escorte, avec un bagage imperceptible, et pourquoi un fils de beg se gênerait-il avec nous? Pourquoi se priverait-il du plaisir de berner des étrangers? un vrai Bokhare ne doit pas y manquer. Je vois bien que je n'obtiendrai rien de mon visiteur et m'empresse de le remercier de son obligeance et de louer son éminent savoir en termes ironiques.

Il est confus et s'en va.

Abdou-Zaïr et Roustem ont dorénavant la consigne de nous amener tous ceux que les habitants de Chirrabad leur indiqueront comme des gens qui ont « beaucoup lu dans les livres » et sont ferrés sur l'histoire et la géographie de leur pays. Ils nous présentent quelques-uns de ces savants de mauvais aloi, qui semblent s'être donné le mot pour nous faire perdre la tramontane. La faute en est à nous-mêmes, qui avons commis une maladresse, dès l'abord. N'avons-nous pas eu la naïveté de manifester clairement le désir de visiter les ruines de la vallée du bas Sourkane? C'est plus qu'il n'en faut pour décider ces Bokhares à nous parler de toutes les ruines qu'ils connaissent, sauf de celles-là. L'un nous engage à nous diriger vers le nord, du côté de Hissar, un autre droit sur le sud, plusieurs nous envoient vers Kabadiane, sur la rive gauche du Sourkâb.

Auquel entendre?

Et pourtant, si tous ces gens faisaient preuve d'un mauvais vouloir évident, ils ne mentaient point. Nous avons en effet constaté l'existence de ruines au sud de Chirrabad, à Angara-Kourgane. Nous avons appris que près de Kabadiane, on voit l'emplacement d'une ville où récemment on a trouvé un trésor maintenant entre bonnes mains, et, pour la partie de la vallée du Sourkane qui confine au Hissar, elle est dans une situation trop favorable, le sol y est trop fertile, — son riz passe encore pour le meilleur du Bokhara, — l'eau trop abondante pour qu'on n'ait pas raison de croire que des villes populeuses se sont entassées dans cette vallée à l'époque où la Bactriane au sol prodigue était une nourricière d'hommes.

Nous avons pressé de nos questions l'élite intellectuelle de Chirrabad, mais sans succès aucun; il ne nous reste plus qu'à partir, malgré la fréquence des pluies, et à chercher nous-mêmes ce Chahri-Goulgoula, qui ne doit pas être bien éloigné. Notre plan est de marcher droit au Sourkane et de le longer en questionnant les indigènes que nous rencontrerons ; le hasard aidant, nous nous tirerons d'affaire tout seul.

Notre petite troupe s'est grossie de deux nouveaux personnages. C'est d'abord un prétendu guide que le Tok-Saba nous a donné en la personne d'un de ses scribes, un petit vieux à tête chafouine, à la parole mielleuse, qui sautille sur son cheval avec l'écritoire passée dans la ceinture comme un revolver. Son maître l'a chargé sans doute de nous rendre fastidieux un voyage dans son district, car durant notre excursion il n'a pas cessé un seul instant de nous mentir effrontément, exagérant tantôt la distance, tantôt les difficultés de la route, en un mot, — et d'après une image familière qui n'est pas orientale, — voulant nous faire prendre des vessies pour des lanternes. L'autre est l'ousbeg Kodja-Nazar, Nazar le Courageux. Il n'était rien la veille qu'un vagabond errant dans le bazar en quête d'une croûte de pain, et, par la grâce d'Abdou-Zaïr, auquel le kourbachi l'a présenté, il a été subitement élevé à la dignité de muletier. Il est chargé de mener nos deux chevaux de bât et de les soigner. Kodja-Nazar a vingt ans environ, il n'est pas beau, sa figure est une écumoire trouée par la petite vérole, son nez est épaté, sa bouche énorme ; mais il a bon caractère, rit volontiers et découvre alors sa formidable mâchoire ; il est alerte et vigoureux. Il inaugure son entrée en fonction en nous demandant un petit à-compte sur ses appointements. Il est engagé au prix de dix tengas par mois. Abdoul lui en met trois dans la main. Nazar remercie avec beaucoup de grâce, court au bazar et nous revient chaussé, car jusqu'au bienheureux jour où des Faranguis sont passés par son pays, il s'était toujours abstenu de porter des bottes. Maintenant il en a une paire, et quelles bottes! Il va sans dire qu'elles sont vieilles, qu'elles ont changé déjà dix fois de propriétaire; mais peu importe, Nazar n'aime pas à avoir le pied serré, et il a acheté des chaussures un peu grandes peut-être, les premières qu'on lui a offertes. En effet, l'important pour lui n'est pas de faire valoir la cambrure de son pied, l'important est d'avoir des bottes comme les gens de marque, et Nazar a pensé sans doute qu'une botte est d'autant plus belle qu'il a fallu plus de cuir pour la confectionner : il en a acheté d'immenses. Il est content de son emplète, on le voit à la façon cavalière dont il a posé sur le coin de l'oreille son chétif turban fait d'un bout de calicot rouge que lui a donné Roustem.

Dans l'espace de vingt-quatre heures, Nazar reçoit le nom de Nadar, en souvenir du photographe parisien, puis celui de photographe, et, comme Abdoul a de la répugnance pour le « ph » qu'il prononce difficilement, Nazar finit par s'appeler otographe. L'otographe nous a égayés plus d'une fois, qu'Allah lui donne longue vie!

De Chirrabad nous allons droit sur l'est, le long des contre-forts de la montagne, qui tombent au bord de la plaine comme des traînes de robes à l'étalage, avec des fissures, des sillons tracés par les pluies, élargis par le vent. A une heure de marche, voilà d'abord Kabata, village ou plutôt suite de maisons et de saklis espacés que des Ousbegs habitent. Dans le lointain, on aperçoit au nord des yourtes à l'entrée des gorges. Puis nous nous éloignons des montagnes : elles semblent s'écarter au nord pour livrer passage à la rivière qui sort en serpentant comme par la partie évasée d'un entonnoir.

La route traverse un terrain plat couvert d'efflorescences salines, puis se heurte à des monticules sablonneux s'étendant parallèlement au Sourkane du nord au sud. La montée est pénible jusqu'à la plate-forme de grès qui les domine. De cette table, nette comme les dalles d'un parvis, on découvre devant soi de petits villages entourés d'arbres. À l'est-nord, Kakaïti; à l'est-est-sud, Akkourgan, où nous coucherons le soir. Au sud d'Akkourgan scintille au soleil un des anneaux du Sourkane, le seul qu'il daigne nous montrer; on dirait que, honteux de sa maigreur, il a hâte de se cacher derrière des berges falaisées. Sur la rive gauche, sous une ondée de soleil que tamise la gaze vaporeuse des nuages, les collines prennent des teintes bizarres; c'est une fantaisie de couleurs à faire délirer les coloristes.

La descente, qui est rapide, finit dans les ondulations d'un sol de sable que nous foulerons jusqu'au village. L'air est à peine respirable : un orage se prépare, un regard en arrière suffit pour nous décider à presser le pas de nos chevaux. Le ciel est noir comme de l'encre. Il n'y a pas de temps à perdre, nos fouets sifflent aux oreilles des chevaux, qui prennent le petit trot; mais des cris me font tourner la tête. L'otographe vient d'exécuter un saut périlleux; il ne fait plus le grand écart au-dessus des coffres placés en palan sur le cheval qu'il conduit. Il a exécuté une culbute avec les bagages; je n'aperçois au milieu du fouillis que les bottes qui tricotent désespérément dans les airs. L'otographe est sur le dos. Le cheval, retenu par une corde, rue avec fureur contre les coffres qui retentissent de ses coups de pied. Qu'il atteigne Nazar, et c'en est fait, le pauvre garçon n'usera point ses bottes. L'animal finit par se dégager et prendre la fuite, traînant sa couverture de feutre qui lui bat les jambes. Nous relevons Nazar : « Tu n'as rien de cassé? » Non, dit-il, et il se met à rire. Nous courons après le fugitif. Il a rencontré un troupeau de chèvres gardé par un Gillot ousbeg; il bondit au milieu des bêtes, les effraye, les met en déroute; Gillot crie, siffle ses chiens; sur ces entrefaites nous arrivons, saisissons le récalcitrant malgré ses rebuffades et lui mettons son bât. Le tonnerre gronde, les nuages se crèvent, et la pluie tombe à flots. Notre troupe se sauve au galop vers Akkourgan. La pluie cessait juste à l'instant où nous allions franchir le pont étroit jeté sur un arik assez large pour contribuer à la défense du village entouré de murs de terre. Cette passerelle était naturellement percée de trous.

Notre guide nous mène chez l'aksakal, vieil ousbeg édenté au libre parler qui nous reçoit de son mieux. C'est dans la cour de sa maison que nous attendons à l'abri d'un rosier énorme qu'un de ses fils ait confectionné le palao. Il surveille sa marmite avec une gravité comique. Nous sommes installés près d'une mare d'eau entourée de saules, les chevaux sont au piquet; chacun se sèche au feu. L'orage tire à sa fin; tous sont accroupis, buvant le thé à la lueur du foyer; le vieil aksakal prend son dombourak, et d'une voix encore assurée malgré les ans, il entonne une chanson plaintive en l'accompagnant de son primitif instrument. Les assistants l'écoutent attentifs.

Puis on se couche. La nuit est si noire qu'on ne se croirait pas sous la voûte du ciel, mais sous la voûte d'une grotte. Vers minuit, le vent hurle, les éclairs illuminent l'horizon, le tonnerre nous abasourdit; c'est un déluge qui ne durera pas longtemps, je l'espère, car je suis couché sous deux gouttières, dont une assez humectante, formée par le trou ménagé à un coin du toit. Ce trou a la prétention d'être la cheminée par où sort la fumée quand on allume du feu au milieu de la chambre, — la plus belle chambre de la plus belle maison d'Akkourgane. L'aksakal nous l'a offerte pour y passer la nuit : le brave homme voulait nous éviter la douche qui fait gémir nos djiguites couchés dehors sous le feutre. Le mollah Abdoul crie du nez à son compagnon : « Eh! mollah Roustem! eh! mollah Roustem! » d'un ton qui peint tout ce qu'a de lamentable et « de frais » sa situation. Je les entends qui déménagent ; ils se refugient sans doute dans un terrier du genre de celui que nous occupons. Un Occidental brusquement transporté sur les bords du bas Sourkane ne donnerait pas un autre nom à ce réduit. Il a environ deux mètres de côté, un mètre quatre-vingts de haut; il est construit en terre; la porte d'entrée a au plus un mètre de haut et soixante-dix centimètres de large, car Capus, qui a un mètre quatre-vingt-treize de haut, quoique plié en deux, s'est accroché au linteau par sa boîte à herborisation qu'il avait sur les reins; il a dû s'agenouiller pour entrer. A l'intérieur, les murs sont noirs de la fumée du foyer; dans leur épaisseur on a creusé des niches qui servent de placards. Dans une de ces niches on place la lampe, petit vase en terre rempli d'huile qui alimente une mèche de coton fabriquée en roulant entre les mains de la ouate qu'on a tordue. Quand la porte est fermée, il tombe une première lueur par le trou qui sert de cheminée, une deuxième par le soupirail ménagé à dessein au-dessus de la porte pour établir le courant d'air qui chasse la fumée. Avec du feu dans le foyer, qui n'est qu'un carré creusé dans le sol en face de la porte, un homme du pays peut rester dans la chambre en se tenant accroupi, un de nos paysans se tiendrait à plat ventre, et un délicat des grandes villes serait asphyxié ou rôti, quelque posture qu'il prenne. Près de ma tête, au bord des crevasses qui est leur refuge, les lézards passent leur jolie tête curieuse. Les murs de notre chambre à coucher sont nus, le propriétaire s'est abstenu de toute ornementation de mauvais goût; il n'y a que ses bottes, d'une forme indécise, qui nous contemplent, accrochées négligemment à une cheville de bois dans le coin. N'oubliez pas que nous ne sommes plus dans les villes, qu'il ne saurait y avoir ici le luxe qu'on trouve à Chirrabad, par exemple, où le sol de notre chambre était couvert de nattes de paille.

Dans la matinée du lendemain, nous visitons une petite fabrique d'huile; une bonne partie du village nous suit et nous regarde curieusement.

On y fabrique l'huile à brûler avec toutes sortes de graines : graine de coton, de melon, de pastèque, de lin, de koundjouk[1], mélangées dans les proportions suivantes : moitié de graine de lin et de koundjouk, moitié des autres graines. Le tout broyé dans un réservoir par une petite meule que tourne un cheval ou un chameau, fournit une huile relativement limpide qui donne une clarté douteuse. Les petites gens l'emploient aussi pour leur cuisine, qui répand alors à une bonne portée de nez une odeur des moins parfumées. Les pauvres se contentent de cette huile au lieu d'employer la graisse de mouton, qu'ils préfèrent vendre quand ils en ont. Cette graisse est le « beurre de Normandie » du pays : les riches seuls l'emploient pour la cuisson du riz et la fabrication des confiseries.

L'huilier achète sa matière première à Akkourgane, à Chirrabad, à Kakaïti et dans les villages voisins; il paye un centime le kilogr. de graines de coton, de melon et de pastèque; cinq centimes le kilogr. de graines de lin; sept centimes et demi le kilogr. de graines de koundjouk. Le

[1] Sésame.

koundjouk fournit cinquante pour cent de son poids d'huile.

La livre d'huile se vend à peu près de vingt-cinq à trente centimes.

Le cheval étique tournant la meule a comme collaborateur un garçon non moins étique qui tourne avec lui pour pousser de la main vers le centre du pilon les graines que la meule chasse vers les bords. Ces deux esclaves fabriquent onze ou douze livres d'huile dans une journée de travail. Ce qui reste des graines, une fois l'huile exprimée, donne un pâté qui a la forme ronde du pilon où on les a écrasées. Ces « pains de chènevis », comme on les appelle chez nous, sont vendus aux nomades, qui en nourrissent leur bétail quand le fourrage manque, surtout en hiver; et, dans cette saison, les pains d'une quinzaine de livres, en vertu des lois de l'offre et de la demande, augmentent de valeur et sont alors payés dix ou douze centimes pièce au lieu de cinq à sept centimes en temps ordinaire. Ils sont précieux aux caravaniers, qui en font provision pour leurs chameaux quand la route est longue et pénible; on donne à chaque bête deux à cinq livres de cette pâte, suivant sa taille et la charge qu'elle porte.

L'ouvrier huilier que j'interroge est le neveu du propriétaire, qui dort consciencieusement à côté de nous à plat ventre sur une natte. L'oncle n'est pas généreux à mon avis. Il paye fort peu son parent, qui, du reste, travaille aux pièces; il lui donne un tenga pour chaque dizaine de pains fabriqués. Or, comme ce pauvre hère nous avoue n'en broyer pas plus de trois ou quatre par jour, il se trouve, tout calcul fait, qu'il gagne en moyenne 8 francs par mois. Telle est la paye d'un bon ouvrier au fond de la Bactriane, et, comme tout est relatif, l'être qui la reçoit est content de son sort.

Son maître possède deux tanaps[1] de terre où il sème du blé, de l'orge et principalement du riz. Comme il possède encore un cheval outre celui qui tourne la meule, il est un des gros propriétaires d'Akkourgane, et sa position est enviée de tous.

La veille, en descendant de cheval, nous avons questionné notre hôte avant que le mirza ait pu lui souffler un mensonge. Le brave ousbeg nous a immédiatement répondu qu'il connaissait le Chahri-Goulgoula que nous cherchions ; et, le mirza ajoutant : « Oui, mais nous en sommes à quinze tach.—Pourquoi mentir, quand on a la barbe blanche? a-t-il riposté ; moi, qui suis ousbeg, je dis la vérité, et Chahri-Goulgoula est à deux heures de cheval en allant de ce côté. » Il montrait la direction de Mazari-Chérif. D'autres habitants du village, interrogés par nos djiguites, donnent les mêmes indications. Nous savons maintenant à quoi nous en tenir. Nous faisons seller les chevaux, et en avant pour les ruines !

Le mauvais pont que nous avons franchi la veille ayant été emporté dans la nuit par les eaux de l'Arik, que l'orage a subitement transformé en rivière, nous faisons un détour et passons à gué. Nous laissons derrière nous Akkourgane, sur notre gauche les bords cultivés du Sourkane, et nous chevauchons vers le sud dans une steppe sablonneuse s'allongeant entre la rivière et les monticules de sable à l'ouest. Au bout d'un quart d'heure, nous entrons dans la région des ruines.

Partout sous nos pieds des fragments de briques cuites, de poteries, et, par-ci par-là, de rares éclats de briques émaillées, touches brillantes sur un fond gris. De tous

---

[1] Un tanap vaut environ 19 ares.

côtés le sol est boursouflé de tumulus aux contours arrondis qui indiquent la place où se dressaient autrefois les maisons; elles sont effondrées depuis longtemps; le vent a eu le loisir d'effacer les plis du linceul de terre qui les couvre, et des touffes d'herbes y poussent comme sur les tombes des champs de bataille.

En travers du chemin coulait un large arik; son lit assoiffé est crevassé par la sécheresse.

A six kilomètres d'Akkourgane, du haut de nos chevaux, nous apercevons à l'ouest les arcades assez bien conservées du portail d'entrée d'un vaste édifice. Il reste aussi quelques piliers encore debout qu'on voit plus loin; ils ne supportent plus rien, et, à distance, semblent des menhirs alignés.

Était-ce un couvent de calendars avec une mosquée dont ces piliers seraient les restes? Les débris sont trop informes pour qu'on puisse rien affirmer.

Cet endroit a dû être témoin de grandes choses qui l'ont sanctifié en laissant une impression profonde dans l'esprit des populations. Car c'est une coutume antique qu'à l'époque des grandes fêtes, sous la conduite de mollahs vénérés, le peuple vienne se prosterner sur les décombres et prier Allah le seul vrai qui dans sa colère jette une solitude de mort à la place d'une ville s'épanouissant à la vie.

Voici, à notre gauche, un petit village avec des vignes, au bas de l'ancienne berge du Sourkane, qui coule maintenant plus à l'est. Puis j'entends soudain crier : « Chahri-Goulgoula! Chahri-Goulgoula! »

C'est Abdou-Zaïr qui marche en avant; il me fait signe de le rejoindre en haut d'un petit tertre. J'arrive au galop, et, en face de moi, droit au midi, s'élance un minaret svelte comme une lance. Il semble percer le ciel et atteindre le soleil qui le couronne précisément de son disque éblouissant. Pendant une heure et demie, il nous faut franchir de nombreux ariks desséchés et chercher notre route au travers des pans de murs et des amas de décombres.

Nous voilà près du minaret, qu'entouraient de vastes constructions. C'étaient les monuments publics, les maisons des puissants et des riches. Leurs murs, bâtis avec soin de briques cuites, sont assez bien conservés. Solides, ils ont pu lasser la rage des destructeurs, résister à l'injure du temps et aux secousses des tremblements de terre. Nous reconnaissons facilement les arcades d'un caravansérail construit en carré dont le toit a sombré. Au pied du minaret subsistent cinq ou six chambres d'une médressé : il y a longtemps qu'elles ont retenti du criaillement des jeunes ulémas psalmodiant du nez les versets du Coran. A environ cent mètres de là se trouvait le bain, probablement à portée d'un arik dont il faudrait chercher plus loin les traces. La rotonde centrale d'où les baigneurs passaient aux piscines et aux salles de massage est seule reconnaissable. Les gravats l'encombrent; ils sont tombés de la coupole qui coiffait cette partie de l'édifice et dont il ne reste miette. A sa place il y a la voûte inusable du ciel.

Deux ou trois tombes sont adossées aux murs de cette salle. Les fidèles qui passent les couvrent de morceaux de briques, de loques d'habits. Ce sont autant de marques de respect et d'hommages rendus aux vertus du mort dont les os reposent là. Des peuples de l'Occident avaient aussi la coutume de jeter des pierres sur les tombeaux qu'ils rencontraient chemin faisant.

Autour du minaret s'étend une surface vide qui fut sans doute la place principale de la ville, où le peuple venait en foule écouter les crieurs publics, les conteurs, assister aux exécutions. Aujourd'hui l'herbe y pousse chétive, et les chameaux la broutent nonchalemment, à petites bouchées, sans crainte d'être dérangés.

Le minaret, construit de briques cuites, a une hauteur d'environ vingt mètres; le diamètre du bas est peut-être de trois mètres; le diamètre du sommet, d'un mètre et demi. La base n'est plus intacte. Qui l'a entamée? Le temps ou le pic des démolisseurs commençant une œuvre de destruction, puis renonçant à jeter bas un colosse. L'édifice tient bon, car ses racines sont profondes, et des siècles passeront qu'on le verra encore dominer la ruine, restant là en mémoire des temps glorieux comme une javeline fichée en terre de la main d'un héros.

Obstruée par les briques qui ont coulé d'en haut, la porte n'est plus qu'un trou sombre par lequel nous nous glissons pour pénétrer à l'intérieur. Un escalier étroit, roide, se tord brusquement en spirale; ses marches sont en mauvais état. Le pied des mollhas montant crier la prière, des veilleurs, et aussi des condamnés qu'on précipitait, ont limé profondément les arêtes, et les gelées fait éclater les briques placées sur champ.

C'est surtout avec les mains que nous nous hissons jusqu'à l'étroite plate-forme d'où l'on découvre l'ensemble de la ville. Les ruines s'éparpillent à l'est jusqu'à la rivière Sourkane, à l'ouest jusqu'aux collines qui sont la continuation du soulèvement de terrain placé au travers du chemin de Chirrabad à Akkourgane. Au sud, elles se perdent au milieu des monticules de sable qui glissent sous le vent.

En regardant la rivière, on voit à droite et à gauche du minaret quatre kourganes ou monticules de terre élevés de mains d'homme, espacés de quinze cents à deux mille mètres, formant entre eux un parallélogramme et un pentagone avec le minaret, qui est placé au sommet du plus grand angle. Ont-ils été construits avant ou après la destruction de la ville? Leur table ne porte pas de vestiges apparents de constructions, et c'est à coups de pioche qu'il faudrait chercher une réponse. Nous avons déjà trouvé de ces monticules près de Chirrabad, nous en avons aperçu entre cette ville et Akkourgane, nous en rencontrerons plus tard en retournant à Chirrabad, puis à la sortie des montagnes de Baïssoune entre Gouzar et Karchi. D'après les indigènes que nous avons questionné, ces monticules supportaient autrefois des forteresses ou des tours à signaux : au sommet on allumait des feux pour communiquer avec Bactres, au sud de l'Amou, et avec Chirrabad, au nord. Comme date très-vague de l'époque où l'on faisait usage de ces tours, tous parlent du temps « où Bactres était une grande et belle ville du Bokhârâ ».

Excepté le minaret, le bain, la médressé, le caravansérail, dont certaines parties sont assez bien conservées pour avoir encore un peu de leur aspect caractéristique, il ne se présente à l'œil que pans de murs et débris entassés.

Une trentaine d'Ousbegs, abrités sous des huttes rondes faites de roseaux et d'un gâchis de terre, sont les seuls habitants de Chahri-Goul-Goula. Ils accourent à notre rencontre et questionnent avidement nos hommes. Pourquoi venons-nous ici? A quelle nation appartenons-nous? Ils s'étonnent que des Faranguis viennent d'aussi loin pour voir si peu de chose. Ces gens, dont la misère est grande, sont très-affables; ils nous offrent gracieusement le pain, le sel et du lait caillé dans une écuelle en bois. Nous festinons à l'ombre de la médressé.

La charrue a gratté le sol en quelques endroits, peu profondément, et c'est assez, car la terre ici, pour peu qu'on s'occupe d'elle, se montre généreuse. Ils sont si nombreux, ceux qui la dédaignent, qu'elle est sensible à la moindre attention. L'Ousbeg sème et récolte le long des murs ébréchés, et quand il pioche, le torse nu, les lézards le regardent par les fentes. Les terribles scorpions noirs — leur piqûre serait mortelle — sommeillent, innombrables, sous les briques tombées. La ruine est calme. En haut du minaret, un pigeon, fatigué de sa course, qui se repose, roucoule tristement; de l'intérieur d'une yourte s'échappent les notes stridentes d'un dombourak et le fredonnement d'un chant monotone; dans la plaine, un filet de fumée s'élève, et, soudainement, un chien aboie. C'est tout ce qui reste d'une cité tumultueuse.

Ces solitudes, où l'on trouve les traces bien visibles d'une agglomération considérable d'êtres humains, frappent vivement l'esprit des indigènes. Ils sont bouleversés par le contraste entre l'anéantissement qu'ils voient, et l'agitation, la vie que leur imagination évoque à cette même place, et — l'Asiatique ayant de l'imagination, beaucoup plus que de bon sens — ils inventent des explications souvent enfantines de la dépopulation de cette contrée.

Pour les uns, c'est l'emplacement de Sodome et de Gomorrhe détruites par le feu du ciel; selon d'autres, qui embrouillent singulièrement l'histoire, la ville aurait été construite par Tengiz (Gengiskhan) et rasée par Iskandar (Alexandre le Grand).

Une barbe blanche nous conte que : « Du temps où Bactres, la mère des villes, était dans sa splendeur, il y avait autour du minaret une grande cité pleine d'habitants industrieux et commerçants qui trafiquaient jour et nuit dans un bazar immense. Ils parlaient avec leurs voisins de Bactres au moyen de feux allumés sur des tépés élevés de mains d'hommes, et échelonnés entre les deux cités. Attirés par l'appât du gain, les marchands accouraient de l'Inde, de l'Iran, de l'empire de Tsin, et Chahri-Goul-Goula regorgeait de richesses. Un matin, au lever du soleil, les caravaniers qui avaient campé aux portes de la ville, ceux qui avaient attendu sur la rive gauche leur tour de passer avec le bac, les maraîchers qui venaient des villages voisins avec les voitures chargées de melons, de raisins frais et autres provisions de bouche, tous furent saisis d'épouvante en approchant. Ils n'entendaient pas le plus léger bruit s'élever de la ville. Et pourtant, la veille, ils s'étaient agenouillés aux cris des muezzins, les invitant à la prière, ils avaient vu les dômes des médressés et des mosquées s'arrondir, et l'émail de leurs briques scintiller sous le soleil; ils s'étaient endormis avec le fracas de la ville dans les oreilles, et maintenant plus rien ne se voyait, et s'était le silence d'un cimetière. Les plus hardis avancèrent, franchirent le mur d'enceinte et furent terrifiés : toutes les constructions étaient à terre, les habitants ensevelis sous les décombres, le bazar affaissé sur lui-même ; il semblait que des géants eussent piétiné rageusement la ville ; les cigognes elles-mêmes avaient fui. Seul, le minaret était resté debout. Au pied, une femme âgée de plus de cent ans était accroupie; ils l'interrogèrent. A toutes leurs questions elle ne sut que répondre : « *Allah okbar!* « *char ouldi! Allah okbar! char ouldi!* — Allah est grand! « la ville n'est plus! » Longtemps on vit cette vieille se traîner sur la ruine, mais aujourd'hui on ne la rencontre plus. »

Une inscription en caractères coufiques ceint la tête du minaret : les lettres sont figurées au moyen de briques en relief. Malgré le soleil qui m'aveugle, grâce à de bons yeux, et en y mettant le temps, je parvins à la copier. Cette inscription — la seule que nous ayons vue — est la déclaration de foi de l'Islam.

Tandis que nos chevaux vident une musette d'orge, que nos hommes dorment à l'ombre, Capus prend des croquis, je lève un plan approximatif de Chahri-Goul-Goula, puis nous poursuivons notre route en nous rapprochant du Sourkane.

Dans le désert de sable que nous suivrons jusqu'au village de Salavat, à un endroit où il faut descendre puis monter, en coupant un vallon, deux cavaliers et deux piétons débusquent en face de nous. Nous les croisons dans le bas. Ce sont des gens de Baïssoune qui viennent de Mazari-Chérif, où ils ont fait leurs dévotions sur les tombeaux des saints et passé plusieurs jours à se divertir dans le bazar. Ils ont acheté quelques objets qui sont dans leurs besaces, sur la croupe des chevaux. L'un d'eux a ceint ses reins d'une large ceinture en cuir de fabrication anglaise. Ils ont quitté Mazari-Chérif depuis trois jours, et viennent en ce moment de Patta-Kissar. Ils ont hâte, disent-ils, de rentrer dans leurs montagnes. Leurs chevaux vont d'une bonne allure, les piétons les suivent d'un pas alerte, les jambes nues, vigoureuses ; une main à chaque extrémité de leur long bâton, posé en travers des épaules, ils ont l'air de porter une croix, mais gaillardement.

Assurément, le mirza a juré de nous être désagréable. Il nous a annoncé que nous coucherons le soir au village de Salavat, « qui n'est qu'à une ou deux tach » du minaret, et, au milieu de la nuit, nous sommes encore à cheval dans le désert, par un beau clair de lune, il est vrai, mais avec l'odeur infecte du Sourkane. Quand les eaux sont basses, les végétaux qui pourrissent mélangés au limon et à la vase dont les rives sont couvertes dégagent les émanations les moins agréables, et, sous forme d'impalpables champignons que l'air dépose sans doute dans nos sinus frontaux, nous prenons en passant une provision de puanteur. qui ne s'épuise que deux ou trois jours après que nous avons quitté le bord de la rivière. Des tentes n'en sont pas moins dressées sur les îlots semés dans son lit, large quelquefois de cinq à six cents mètres; des vaches et des chevaux y paissent une herbe drue et verte. L'excellence des pâturages a pu seul décider les nomades à s'installer dans un semblable foyer de fièvre. Après tout, ils se préoccupent si peu de l'hygiène.

La lune est couchée quand nous arrivons à Salavat que notre guide nous promet depuis une heure au moins. En traversant ce village, les chiens nous saluent de leurs aboiements, qui s'additionnent à mesure que nous avançons, de sorte qu'arrivés à l'autre extrémité, c'est un vacarme inouï. Puis, sortis des maisons, nous apercevons une masse grise qui a tout l'air d'une forteresse. C'est là que nous logerons.

Notre guide s'approche d'une passerelle jetée sur un arik, et des aboiements partent de la masse grise, une porte grince, l'homme qui a ouvert la porte s'entretient avec le guide, puis la lumière d'un falot tremblote sous un portail sombre, on enlève la poutre barrant l'entrée du pont aux chevaux, et nous entrons.

Un homme à longue barbe nous accueille et nous installe dans une chambre vaste comme une grange, avec des estrades en terre battue contre les murs en guise de lits. Une dizaine d'hommes y dorment déjà sous leurs manteaux.

Le lendemain, nous apprenons par Abdou-Zaïr que notre hôte est un saint renommé, qu'il est propriétaire du village de Salavat, vakouf dont le père de l'émir actuel lui a fait cadeau. Affaibli par l'âge, — il a près de quatre-vingt-cinq-ans, — il s'en remet du soin de gérer ses terres à son fils, qui est lui-même un saint. Celui-ci dirige et surveille les semailles, et, au jour de la moisson, il prélève d'abord la part du lion et distribue ensuite à chaque habitant du village la portion à laquelle il a droit. Elle est plus ou moins considérable, selon le chiffre de tanaps que le travailleur a ensemencés. Par ordre de l'émir, le saint retient en outre sur les récoltes une certaine quantité de batmans de blé et d'orge, destinés à héberger les pèlerins qui ont coutume, à leur retour de Mazari-Chérif, de venir baiser le coude de son père.

Le plus jeune saint a nom Malakodja, il ne dédaigne point de venir boire le thé en notre compagnie. Il a mal aux dents, souffre de la fièvre, qui lui revient tous les quatre jours, et nous demande un remède. Nous lui remettons quelques petits paquets de quinine. Il se plaint du grand nombre de vipères et de serpents venimeux qui infestent le pays et font chaque année des victimes, et, bien qu'au dire de Roustem il sache lire dans les livres une prière qui guérit de la morsure des serpents, par surcroît de précaution, le saint nous demande si nous n'avons pas un antidote de notre invention. Nous pensons à notre fiole d'ammoniaque, nous la lui montrons. Et lui ayant expliqué la manière d'en user, pour le convaincre de la puissance de notre eau blanche, nous l'engageons à respirer par le trou de la bouteille qu'Abdou-Zaïr lui tient sous le nez. Sans défiance, il aspire fortement et à plusieurs reprises. Il est aussitôt pris d'éternuments formidables qui l'obligent à se relever et à s'appuyer contre le mur. Roustem, qui assiste à cette scène, dit en son patois mi-russe, mi-turc : « *Botilka chaïtan* — c'est la bouteille du diable. » Et je demande à Mala-Kodja : « N'est-ce pas un excellent remède?

— Par Allah, dit-il, c'est un remède excellent.

— Donne-nous une bouteille, que nous t'en laissions quelques gouttes.

— Une bouteille? mais je n'en ai point. »

C'est chose rare dans ce pays. Puis il se ravise. Il appelle son fils, beau et fort garçon d'une quinzaine d'années, et l'envoie demander à sa femme la seule et unique bouteille qu'il possède. Le jeune garçon revient avec une bouteille russe qui paraît avoir autrefois contenu du votka. Comment est-elle venue jusqu'à Salavat? Nous avons oublié de le demander. Il est probable que c'est le seul ustensile de ce genre qui se trouve dans un village d'au moins trois cents habitants.

Nous demandons s'il n'y a pas de ruines dans les environs. Le saint, prévenu par le mirza, ne répond pas avec toute la franchise désirable.

Heureusement notre djiguite Roustem est un musulman dévot. Il ne perd pas une occasion d'augmenter sa collection d'amulettes et de reliques, qu'il porte dans de petits sacs suspendus à son cou afin d'éloigner de sa personne les accidents graves. Roustem s'est donc empressé de présenter ses hommages au vieux saint et de lui acheter des loques de vêtements sanctifiés par ceux qui les portèrent. N'oubliant point la consigne que nous lui avions donné, il a questionné le vieillard. Celui-ci lui a dit qu'à une petite lieue de Salavat se trouve un mausolée immense où un grand nombre d'émirs sont ensevelis, et qu'on y voit encore les ruines d'une ville appelée Chahri-Samane. Roustem nous revient avec cette bonne nouvelle et un morceau de chemise qu'il coud, en attendant mieux, dans la doublure de son khalat.

Nous invitons le mirza à nous mener voir cette belle nécropole. Il ne fait point d'objections, nous lui avons dit de qui nous tenions le renseignement, et il ne veut pas contredire son hôte. Le lendemain, 11 avril, c'est lui qui nous guide vers Chahri-Samane.

Nous avions chevauché environ cinq kilomètres dans la direction du sud-ouest, par une steppe déserte, quand nous distinguons de nombreuses et imposantes substructions éparses en travers de l'horizon. A distance, l'ensemble de ces ruines est d'un aspect grandiose, et, par ce ciel gris, elles éveillent en nous un sentiment de tristesse. Des mosquées surgissent, encore solides, entourées de murs que l'éloignement grandit, et elles paraissent d'autant plus grandes. La masse du mausolée, qu'un rayon de soleil éclaire subitement, s'allonge du sud au nord comme un géant au milieu de l'effondrement général. De même qu'à Chahri-Goul-Goula, les ariks desséchés et les amas de décombres ralentissent notre marche ; des tombes innombrables sont semées autour de ce monument : les habitants de la contrée aiment en effet à déposer les cadavres de leurs proches près des tombeaux des émirs, dont quelques-uns furent des saints. Un bâton planté sur le tumulus avec une guenille liée au bout, ou bien une pierre apportée de la montagne, qu'on a choisie plate pour y tracer une inscription d'une grossière écriture avec la pointe d'un

FILS DE L'ÉMIR ACTUEL DE L'AFGHANISTAN.

CHODJA SAÏB
Ambassadeur.

LE MIRZA
Leur précepteur.

D'après une photographie de Tsivononski.

couteau, avant de l'enfoncer en terre, tels sont les monuments élevés à la mémoire des morts. Bien involontairement nous dérangeons quelques cavaliers qui viennent d'apporter en travers de la selle le corps d'un des leurs, cousu dans une toile. Ils se hâtent de le déposer à la place qu'ils lui destinent, le couvrent de quelques pelletées de terre, sautent en selle et disparaissent au petit trot. Le miroitement de nos fusils les a sans doute effrayés. A quelque cent pas de l'édifice, que le mirza désigne sous le nom de mausolée de sa sainteté l'émir Houssein, on reconnaît l'emplacement de fours pour la cuisson des briques dont le sol environnant fournissait en abondance la matière première.

Arrivés à l'extrémité sud de l'édifice, nous voyons poindre entre les coupoles fêlées le sommet d'un portail, orné par places, sur les colonnes et le fronton, de briques émaillées aux couleurs éclatantes.

L'édifice est du style persan ; il a pu avoir autrefois une longueur totale de deux cents mètres. Tel qu'il est, il mesure encore près de cent-quatre-vingt-dix mètres ; sa plus grande largeur était de quarante-deux mètres.

Il se compose de deux ailes de constructions qui partent de chaque côté du portail sud et forment une allée, maintenant obstruée par les tombes, aboutissant au nord à une mosquée enfoncée dans le sol, où descendait un escalier qui a conservé quelques marches.

Le mausolée n'a pas été conçu sur un plan unique, il n'est, à proprement parler, qu'une réunion de mausolées de grandeurs différentes, construits selon les besoins et au fur et à mesure. Il est probable qu'à l'origine, cet endroit ayant été choisi pour être le cimetière des émirs et réservé à cet usage, les maîtres du pays ont fait élever pour leur famille et pour eux-mêmes des monuments dont les dimensions et l'éclat de l'ornementation dépendaient de leurs richesses, de leur orgueil, sinon de leur caprice.

L'accumulation considérable des décombres aux places où l'on constate aujourd'hui des solutions de continuité nous porte à croire qu'elles n'existaient pas autrefois, et que le grand portail à une extrémité et la mosquée en face, à l'autre, étaient reliés par une suite ininterrompue de constructions.

Partout où le toit n'a pas complétement disparu, on trouve à l'intérieur des bâtiments de nombreuses tombes alignées. Elles sont de tailles inégales, suivant qu'elles renferment des adultes ou des enfants; les grandes ont uniformément trois pas de long sur un de large. Elles sont toutes placées dans le sens de l'est à l'ouest, sans aucune inscription qui dise ce qu'elles contiennent. Nous en avons compté cent quarante-trois.

Chaque tombe consiste en une maçonnerie en forme de parallélogramme s'élevant au-dessus du sol assez haut pour qu'on puisse étendre le cadavre entre les quatre petits murs de briques et le couvrir ensuite d'une voûte à peine cintrée. L'extérieur est crépi d'un mortier de terre et de paille hachée. Il est possible qu'on ait plaqué des briques émaillées sur ce crépi, quand il s'agissait d'un héros ou d'un saint. En effet, nous avons arraché à la bordure d'une tombe une des rares briques avec inscription en relief et d'un bel émail, qui eussent échappé à la dévastation.

On pénètre dans le mausolée par des portes étroites et peu élevées, puisque toujours j'ai pu atteindre leur linteau avec la main. Le jour arrive dans les salles par de rares fenêtres pratiquées dans la muraille, et par l'ouverture ménagée au sommet de chaque coupole. Quelques dômes ont disparu, ne laissant qu'un trou béant; les autres, aperçus du dehors par un beau soleil, payent de mine; examinés d'en bas et à l'intérieur, ils laissent souvent voir des crevasses qui annoncent une chute prochaine. On grimpait sur les toits en plate-forme par des escaliers généralement placés à l'un des angles d'un mausolée. Après avoir été utilisés pour le transport des matériaux lors de la construction des coupoles, ces escaliers servirent sans doute plus tard aux mollahs, gardiens de la nécropole. Au moment de crier la prière, ils montaient sur le toit, et, placés plus haut, ils faisaient porter plus loin leur voix.

De la mosquée de l'extrémité nord il ne reste plus que les murs et une coupole qui ne tiendra pas longtemps.

Le portail, haut de quinze à seize mètres, est la partie la plus élevée de l'édifice et dépasse de tout son fronton la nécropole, dont les murs ont de six à huit mètres de haut. Il était revêtu de briques émaillées; celles qui étaient de grande dimension et plaquées sont tombées ou ont été détachées pour la plupart. Il reste surtout en place les briques de moindre taille; elles ornent le fût des colonnes et sont enfoncées dans un mortier excessivement tenace, d'où l'on ne peut les arracher que par fragments. Beaucoup d'entre elles étaient dorées et ont été grattées. Les morceaux qui jonchaient le sol furent d'abord ramassés par les indigènes, qui les déposaient sur les tombes couchées à l'ombre du portail; mais quand ils durent enterrer plus loin leurs morts, ils ne se dérangèrent pas, et les briques restent là sans que personne les utilise. Pour l'éclat des couleurs et le fini du travail, elles valent celles de Samarcande.

Le mirza visite avec nous le modeste mausolée que l'on

a ajouté à l'extrémité sud de la nécropole; de tous les mausolées il est le plus récemment construit et le moins vaste. On y pénètre par une porte basse à deux battants; près du seuil se trouvait un tas de sorgo qu'un fidèle avait déposé comme pieuse offrande sur les dalles. A l'intérieur nous trouvons quatre grandes tombes d'égale grandeur, placées parallèlement et séparées par une distance égale. A droite de la première, un toug est enfoncé : la hampe est courbée, rongée des vers, et la queue de cheval, insigne du pouvoir, dégarnie de ses poils. Ce toug indiquerait la place exacte où Sa Sainteté l'émir Houssein dort à côté de sa femme et de ses deux fils : « Il est mort depuis cent cinquante ans, dit le mirza; pendant onze ans on a mêlé son nom à la prière, c'est dire qu'il fut onze ans maître du pays. Les croyants qui font un pèlerinage à Mazari-Chérif où ils ont prié sur la tombe d'Ali, ont soin de passer par Chahri-Samane, et de faire leurs dévotions sur le tombeau de l'émir Houssein, qui fut un puissant prince et un saint. »

D'après le mirza, le sultan Sandjeri-Mazi aurait fait construire le portail et les bâtiments qui le flanquent; l'émir Timour, le bâtiment qui forme, plus loin, l'aile droite; et Abdoullah-Kan, l'aile gauche. Certain Kouchto-Sib aurait également contribué à l'agrandissement de la nécropole. Kouchto-Sib était un sultan infidèle.

Si l'on tient compte de ces racontars que nous donnons pour ce qu'ils valent, il arrive que les parties les mieux conservées sont précisément de l'époque la plus reculée.

Tous ces bâtiments sont d'une brique cuite au four, ayant vingt-cinq à vingt-six centimètres de côté, et quatre à cinq centimètres d'épaisseur. C'est encore le format de la brique employée pour la construction des édifices publics.

Nul n'entretient ces tombeaux que le vent qui s'engouffre par les crevasses sans cesse grandissantes des murs; il les balaye parfois furieusement. Et quand le crépi a fini par s'émietter, qu'un beau jour une poussée de l'ouragan éventre la maçonnerie, les chacals affamés, seuls hôtes de la ruine, peuvent ronger les os décharnés des anciens maîtres du pays.

A deux kilomètres à l'ouest du mausolée de Sa Sainteté l'émir Houssein, on voit le kerkisse. C'est une forteresse quadrangulaire de soixante-quinze pas de côté; chaque face, percée d'une porte au milieu, regarde exactement un des points cardinaux; à chaque coin une tourelle s'arrondit en saillie. En passant par la porte la moins encombrée qui donne sur l'est, on arrive dans une cour où les gravats se sont accumulés presque jusqu'à hauteur du toit, qui, du reste, n'existe plus. Tout autour du kerkisse, à l'intérieur, étaient adossées aux murs des habitations à un étage, divisées en une foule de chambres dont les plus grandes se trouvaient dans les tourelles. Des couloirs ou casemates, avec des voûtes solides en briques cuites au four, étaient sous les habitations. Aujourd'hui encore, comme le prouvent les cendres d'un feu et l'empreinte du pied des moutons, les pâtres se réfugient par le mauvais temps sous une voûte, la seule qu'on ait eu l'énergie de déblayer un peu.

Le kerkisse est dans un état si pitoyable que pas une de ses chambres n'est habitable; la plupart des murs sont écroulés, le toit a totalement disparu. Les façades extérieures ont été relativement épargnées par les destructeurs ou bien ont mieux résisté à l'action délétère des années; elles sont en briques séchées au soleil, de trente-neuf centimètres de côté, épaisses de treize centimètres environ. Nous constaterons qu'on employait de préférence cette brique séchée pour les murs de défense. Le soin apporté à la construction de cet édifice, l'emploi très-coûteux de briques cuites, la grandeur de certaines chambres, qui ne pouvaient qu'être destinées à des personnes de marque, nous portent à croire que le kerkisse fut une sorte de palais-forteresse à l'usage des émirs. Sans doute, ils l'avaient fait élever dans des conditions telles que, pouvant y loger avec un confort relatif, ils fussent en même temps, eux et leurs trésors, à l'abri d'une surprise de l'ennemi ou de leurs propres sujets.

Le mirza prétend avec le plus jeune des saints de Salavat, qui le tient du vieillard son père, que le kerkisse est l'œuvre de l'émir Abdoul-Akim, dont le tombeau est à Termez sur l'Amou.

Cet émir avait une fille qu'il aimait à la folie. Et comme, en ce temps-là, Samane était le plus charmant des séjours grâce à des jardins innombrables, des bocages peuplés de tourterelles et des ariks où coulait en abondance une eau délicieuse à boire, l'émir Abdoul-Akim y avait construit le kerkisse. Pendant l'été, sa fille l'habitait avec ses quarante suivantes. Chaque soir, l'émir partait de Termez, accompagné de ses fidèles, et accourait auprès de sa fille, et chaque soir c'étaient des réjouissances, des fêtes, et les alentours du kerkisse retentissaient du bruit des tambourins marquant aux danseurs la cadence; dans la nuit, Abdoul-Akim retournait à Termez. Le peuple appelait le palais kerkisse; il faisait allusion aux quarante suivantes de la princesse. Car, en langage turc, ker-kisse[1] veut dire « quarante filles ».

---

[1] Le même jeu de mots a provoqué la légende qui fait descendre les Kirghiz d'un chien et de quarante filles.

Les mosquées qui subsistent encore sont vastes; l'une d'elles pourrait être restaurée facilement. Pour le style et les matériaux, elles diffèrent peu des mosquées modernes de Karchi ou de Bokhara.

Mala-Kodja, saint de Salavat, nous explique de la manière suivante la destruction de Chahri-Samane : « Du temps où le sultan Baber était maître de ce pays, Chahri-Samane était une ville populeuse avec de beaux jardins. Baber qui l'habitait avait un favori du nom de Samane qui sans cesse lui demandait des présents et des faveurs nouvelles. Longtemps l'émir accéda à ses demandes, satisfit à ses fantaisies, puis il se lassa de tant accorder à un même homme, et il malmena son favori. Celui-ci quitta la ville, disparut, et plus jamais ne donna signe de vie. A dater de son départ, Baber entendit une voix lui crier régulièrement chaque nuit : « *Samane kildi; Baber, kosch!* « Samane vient; Baber, va-t'en ! » Le pauvre émir, harcelé par cette voix, perdit la tête, et, ne pouvant plus trouver le repos dans la ville où Samane avait vécu, il passa sur la rive gauche de l'Amou, et se réfugia à Bactres. Tous les habitants de Chahri-Samane le suivirent, car c'était un bon prince chéri de ses sujets. Depuis cette exode, la ville ne s'est pas repeuplée ; avec le temps, maisons et édifices sont tombés en ruine, les ariks se sont comblés, et Chahri-Samane est devenu un cimetière immense, où les fidèles des environs viennent ensevelir leurs proches, près du mausolée de Sa Sainteté l'émir Houssein ».

Et Mala-Kodja ajoute : « Je tiens ce récit de mon père, qui l'avait lu dans un livre perdu malheureusement pendant une guerre, il y a cinquante ans déjà. »

Tels sont les renseignements que nous avons pu recueillir de la bouche des indigènes.

Nous avons passé plusieurs jours à Salavat ; pendant la journée nous étions dans la ruine, le soir nous rentrions au village. Capus a pris des croquis des substructions les plus intéressantes, mais leurs dimensions au pas ou à la corde, de façon à pouvoir tracer un plan relativement exact [1].

Personne n'est venu nous interrompre dans notre travail, la ruine est restée toujours déserte. Nous avons vu seulement une bande de chacals qu'Abdou-Zaïr, homme de la ville, qui n'a pas l'œil d'un chasseur, prenait pour des fauves de forte taille, criant : « Maître, des ours ! des ours ! »

Il est regrettable que nous n'ayons pu questionner le vieux saint, mais il ne sortait guère de la partie de l'habitation réservée aux femmes où l'étiquette nous interdisait de l'aller voir. Nous l'avons aperçu dans l'entre-bâillement d'une porte, appuyé sur sa béquille ; il s'en allait péniblement avec une petite fille sur le dos. Sa longue barbe blanche étalée sur sa poitrine lui donnait un air vénérable. Ce vieillard nous eût conté des choses certainement intéressantes et peut-être donné au sujet de Chahri-Samane une explication plus raisonnable que celle de son fils. Il est non moins regrettable de n'avoir pu pratiquer des fouilles qui eussent sans doute mis à jour des documents de grande importance pour l'histoire de la Bactriane ; car, comme à Bactres, la ruine de l'époque musulmane recouvre probablement la ruine de l'époque gréco-bactriane, et c'est en outre le pays de Zoroastre.

Pour notre compte, nous croyons que le manque d'eau

---

[1] Il faisait une chaleur étouffante ; dans l'après-midi du 12 avril, le thermomètre marquait 38° à l'ombre.

a surtout contribué à la désolation graduelle de cette contrée. Dans ce coin de la terre, ainsi qu'en maint autre endroit, la pluie ne suffit pas à fructifier le sol, et l'homme doit emprunter aux rivières, presque invisibles pendant l'hiver et débordantes pendant l'été, l'eau indispensable à ses rizières, à ses champs de blé ou de sorgho; d'où la nécessité de travaux d'irrigation d'autant plus pénibles que le niveau de l'eau est plus bas. S'il est advenu, et c'est sans doute le cas pour cette région, que ce niveau baissât de plus en plus par suite du déboisement des montagnes, d'une modification dans la direction des courants atmosphériques ou de quelque autre phénomène météorologique, les cultivateurs du sol ont dû augmenter la profondeur et la longueur de leurs ariks à mesure que l'eau réclamait plus de pente pour s'écouler vers les champs cultivés. Qu'on ajoute à cette difficulté toujours croissante qui condamne l'homme à un surcroît de labeur, un abaissement subit du chiffre de la population résultant, par exemple, d'une de ces guerres exterminatrices dont l'Asie semble avoir gardé la triste spécialité, et l'on comprendra qu'il a bien pu advenir que les gens du Sourkane ne se soient plus trouvés en nombre pour fournir le travail qu'exigeaient l'entretien et l'extension des canaux, et que, dans ces conditions nouvelles, ils aient trouvé trop rude le combat pour l'existence. Ils auraient alors renoncé à réédifier ce que, entre temps, les conquérants avaient jeté bas; ils auraient abandonné leurs champs et leurs tombeaux pour gagner un milieu plus favorable, où l'on se procure à moins de frais l'eau, sans laquelle la terre est une marâtre impitoyable.

Au reste, de tels déplacements se produisent maintenant dans le Bokhara et ailleurs en Asie centrale, pour les raisons que nous venons de dire. Nous-mêmes l'avons constaté durant notre voyage. Nous avons rencontré une troupe de Turkmènes qui longeaient l'Amou à la recherche d'une « bonne place » pour la culture, et entre Gouzar et Karchi nous avons vu un village abandonné récemment par ses habitants qui s'étaient rapprochés des montagnes, l'eau étant devenue trop rare dans la vallée, et l'entretien des canaux leur coûtant trop de peine.

La dépopulation de la vallée du Sourkane ne serait donc qu'un de ces épisodes assez fréquents dans la lutte pour la vie où l'homme manque d'industrie, se sent trop faible, et recule devant les obstacles qui lui sont opposés par la nature.

Peut-être qu'à défaut d'autre hypothèse, l' « usure » d'une race trop vieille, ayant perdu le ressort et l'énergie, suffit pour expliquer comment nous avons trouvé une solitude là où s'était agitée une population très-dense.

X

DE TERMEZ A CHIRRABAD.

Patta-Kissar. — Une colonie qui commence. — Femmes turkmènes. — Cuisine. — Gengis-Khan à Termez. — Ibn-Batoutah. — Termez en 1345. — Ce qu'il en reste. — Un *mazar*. — Ichânes. — Dîmes. — Encore des pèlerins. — Un Varan. — Le mirza *Jarim Tach*. — Nous retrouvons les Russes qui viennent de Mazari-Chérif.

Le jour de notre départ pour Termez, qui se trouve plus loin sur l'Amou, nous allons visiter le village de Salavat dans la matinée. Bâti non loin du Sourkane, entouré d'arbres à fruits, avec un îlot de platanes et de mûriers monstrueux qui lui font derrière ses maisons un beau parc ombreux et tapissé d'herbe jusqu'à la rivière, il paraît au premier abord un séjour charmant. Malheureusement, les émanations du Sourkane y entretiennent une fièvre qui devient terrible à la saison des grandes chaleurs; en outre, au dire des habitants, pendant l'été Salavat est une fournaise. Nous le croyons volontiers, car nous venons de constater trente-huit degrés de chaud à l'ombre, et nous sommes dans le commencement d'avril. Que sera-ce dans les mois de juillet et d'août?

Ces arbres gigantesques sont respectés des habitants comme s'ils étaient des dieux protecteurs. Ils le sont en effet, quand un soleil qui brûle l'herbe à ras du sol et craquèle la terre comme le feu l'argile du potier, a transformé la vallée en une étuve où l'air surchauffé fait haleter bêtes et gens.

Nous avons mesuré quelques-uns de ces géants, derniers survivants des forêts qui ont dû garnir autrefois cette partie du bassin du vieil Oxus. Les soldats d'Alexandre y taillèrent les hampes de leurs piques et le bois de leurs javelots.

Un mûrier a plus de cinq mètres de circonférence, le tronc étant mesuré à hauteur d'homme ; un platane qui broche au-dessus de terre en quatre branches colossales, a dix mètres de tour à sa base.

En rentrant chez notre hôte, nous trouvons nos hommes occupés à emballer les effets dans les coffres et dans les sacs. Le fils de Mala-Kodja, qui assiste à cette opération, est tout surpris en voyant une brosse à habits ; il la prend, l'examine, et, se tournant vers Abdou-Zaïr :

— A quoi sert cela ? dit-il.

— A nettoyer le drap des vêtements, lui répond l'autre, en faisant le geste de brosser.

Le jeune homme pousse un « Ah ! » qui peint l'étonnement, il continue à regarder la brosse, la tourne, la retourne, puis la dépose à terre et s'en va pensif. Cette brosse à habits a peut-être autant surpris et fait rêver aussi confusément ce jeune Ousbeg de quinze à seize ans que les Pyramides d'Égypte un Européen du même âge.

Abdoul fait un heureux : il donne à un indigène qui le regarde, accroupi à distance, le dos au mur, une boîte en carton ayant contenu du tabac. L'individu sur qui maître Abdoul répand ses bienfaits se confond en remercîments, et regarde le cadeau avec une visible satisfaction. La feuille de mica bouchant le trou pratiqué dans le couvercle de la boîte le surprend par sa transparence et sa souplesse ; il voit bien que ce n'est point du verre. Il interroge Abdoul, qui lui répond très-digne : « Allah seul le sait, les Faranguis inventent de si drôles de choses ! »

Tout est prêt. Une poignée de main au saint, à son fils, quelques morceaux de sucre qui le comblent d'aise, et nous partons accompagnés de leurs meilleurs souhaits. Les morceaux de sucre de l'étrier ont contribué pour une bonne part à provoquer cette avalanche de compliments. C'est un des cadeaux les plus agréables qu'on puisse faire aux gens de ce pays. Ils ignorent la manière de fabriquer le sucre ; il leur arrive des Indes et de la Russie. Pour eux, il est un objet de luxe.

Sur le chemin de Termez on rencontre le village de Patta-Kissar, en face de l'endroit où les voyageurs, venant de Mazari-Chérif, traversent l'Amou au moyen d'un bac. Le service est fait par deux barques, l'une appartenant aux Afghans, l'autre aux Bokhares. Le village s'est récemment constitué ; il est habité exclusivement par des Turcomans. Le chef de ce village qui nous a offert l'hospitalité pendant deux jours, nous conte lui-même la courte histoire de Patta-Kissar, dont il est un des fondateurs :

Il y a vingt ans, six hommes d'une tribu de Kara-Turkmènes qui vivait sur la rive gauche de l'Amou, partirent des environs de Kerki à la recherche d'une bonne place sur la rive droite. Ils résolurent de se fixer près du bac de Patta-Kissar, sur un terrain qui faisait alors partie d'un vakouf aboli dix ans plus tard par l'émir. Ils se mirent à l'œuvre et défrichèrent quelques tanaps de terre avec beaucoup de peine, car le sol était couvert de patta et de

13.

tougai (de roseaux et de tamarix). Puis ceux de leur sang vinrent les rejoindre; ils furent bientôt deux cents, et maintenant ils sont trois cent vingt. Durant toute l'année, le travail ne leur manque pas. Pendant l'hiver, ces hommes sont courbés sur la terre, ils la labourent à la houe, la préparent à recevoir les semences, car s'ils négligent leurs champs, ils en sont immédiatement punis : le tougai reparaît. C'est également dans la saison froide que leurs femmes font des kachmak et des tapis, et qu'ils reçoivent la visite des Turkmènes pillards. Mais étant nombreux et courageux, ils n'en ont point peur : ils se défendent et les tuent. Ils mènent à Chirrabad ceux qu'ils font prisonniers, et on leur tranche la tête. A partir du mois d'avril, ils sont très-occupés, ils travaillent tous les jours de la semaine, même le vendredi qui est leur dimanche. Ils ne prennent de repos que par le mauvais temps. Ils ont la plus forte crue d'eau dans les mois de saouzan et saratan.

Le bac est peu fréquenté. Il ne vient pas de caravanes de l'est, peu du nord, et celles qui arrivent de l'Afghanistan passent à Kilifou ou à Tchochka Gouzar, et vont à Karchi et à Bokhara, Mais en avril et mai, il arrive du Ferganah et du Hissar des bandes nombreuses de pèlerins se dirigeant sur Mazari-Chérif avec quelques ballots de marchandises. Ils ont à redouter les tigres qui nagent d'une rive de l'Amou à l'autre et dévorent le bétail.

Ils payent l'impôt, environ un tenga par tanap et par an. Le chef perçoit l'argent en deux fois, d'abord après la moisson du blé, ensuite après la moisson du djougara[1], et il va le porter au beg de Chirrabad. Ils consomment les

---

[1] Sorgho.

produits du sol sur place. Ils ne vendent que les feutres et les tapis fabriqués par leurs femmes. Ils élèvent des vers à soie; chaque maison recueille cinq ou six livres de soie en moyenne; les cinq livres se vendent six, huit et même dix tengas.

Tous n'ont pas leur femme : les riches en ont une ou deux, les pauvres point. Ceux-ci sont les serviteurs des privilégiés, qui les payent un quart ou une moitié de tenga par jour, suivant la quantité de travail qu'ils ont fourni; en outre, ils sont nourris.

La meilleure terre coûte de trente à quarante tengas le tanap; celle de moindre qualité, deux à trois tengas.

Quand ils vendent la terre, si le marché est de peu d'importance, ils réunissent leurs meilleurs amis, ils discutent le prix, et, une fois d'accord, la somme est payée immédiatement en présence de témoins; acheteurs et vendeurs se déclarent satisfaits, et invitent les assistants à manger un palao préparé à l'avance qui est expédié séance tenante.

Quand il s'agit d'une vente considérable de dix, quinze tanaps au moins, les deux parties s'en vont à Chirrabad, et concluent leur marché en présence du kazi, qui écrit un papier par lequel l'acheteur est investi de sa nouvelle propriété. Le kazi reçoit ordinairement comme honoraires de trois à six tengas, selon le chiffre de tanaps vendus. L'acheteur garde l'acte de vente.

Accompagné d'un Turkmène qui s'était armé d'un énorme gourdin pour écarter les chiens qui rôdent autour des maisons et se jettent sur les étrangers, je fus me promener dans le village, dont les maisons de terre sont installées au bord d'une ancienne berge de l'Amou, au pied de laquelle s'étendent des jardins semés d'arbres fruitiers sillonnés de petits canaux. Il est l'heure de la sieste ; je n'en vois pas moins plusieurs hommes piocher courageusement la terre, vêtus d'un simple caleçon de toile, tête nue par un soleil ardent. Ces gens sont généralement robustes, alertes. Quelques-uns se rapprochent du type turkmène dépeint par Khanikoff ; ils sont les yeux petits, la face ronde, le nez court et retroussé, les pommettes très-fortes et saillantes, le cou fort, musculeux ; l'ossature de tout l'individu est solide, le torse puissant sur des jambes arquées.

Les femmes, qui circulaient librement, le visage découvert, avaient grand air avec leur robe flottante et la coiffure de cotonnade rouge leur ceignant la tête comme un diadème. Elles parlaient aux hommes sans la moindre gêne et sur un ton qui n'était pas souvent celui de la déférence. Il y a loin de l'œil tranquille de la Turkmène qui regarde avec aplomb, à l'œil effaré de la femme sarte, aperçu sous un coin de voile avant la fuite de commande devant un infidèle. L'une se sauve le corps penché sur des jambes grêles, traînant gauchement ses pieds ; l'autre va la tête droite et avec calme. Les femmes que nous avons vues à Patta-Kissar nous ont paru bien charpentées, fortes et capables en tout point de produire une race d'hommes sains et vigoureux.

La colonie de Patta-Kissar est composée actuellement d'éléments excellents : les adultes y dominent, ce qui est un avantage dans la dure période du défrichement, où il ne faut pas de bouches inutiles. Nul doute qu'elle ne prospère dans la suite, et ne fournisse la preuve que le Turcoman devenu sédentaire est capable de cultiver le sol avec autant de soin et de ténacité qu'il en mettait autrefois à piller ses voisins.

Espérons aussi qu'ils feront des progrès dans l'art de cuisiner, car certaine platée de riz cuit à l'eau, arrosé d'huile de sésame, nous a laissé longtemps un désagréable souvenir. Il est vrai que huit mois plus tard, lors de notre retour par les plaines glaciales de l'Oust-Ourt, nous eussions savouré certainement ce qui d'abord nous semblait impossible à digérer.

A huit ou neuf kilomètres à l'ouest de Patta-Kissar sont les restes de la forteresse de Termez.

L'histoire rapporte qu'après avoir pris Samarcande et passé l'été dans le Chahri-Sebz, Gengis-Khan se dirigea vers l'Oxus à la tête de ses Mogols. Ce fut pendant l'automne de l'année 1220 qu'il vint dresser ses tentes près de Termez.

Il fit les sommations d'usage aux habitants, les invita à ouvrir leurs portes, à démolir leurs remparts et leur citadelle. Sur le refus qu'on lui opposa, il commença immédiatement le siége de la ville, qui fut prise au bout de neuf jours; les habitants furent massacrés. On conte que, sur le point d'être tuée, une vieille femme demanda la vie, promettant, si elle était épargnée, de donner une perle magnifique. Lorsqu'on la lui demanda, elle affirma l'avoir avalée. On l'éventra du coup, et Gengis aurait ensuite commandé de fouiller les entrailles des cadavres pour y chercher semblable trésor.

Puis il donna l'ordre à ses guerriers d'organiser une grande chasse. Elle dura quatre mois, ce qui fait supposer que le pays était couvert de bois où vivait un gibier nombreux. Aujourd'hui, on compte les arbres, et le gibier de poil ne se rencontre guère que dans les roseaux qui bordent l'Amou. Il est vrai que maintenant encore on pourrait faire un joli massacre du gibier de plume près de Termez, pourvu qu'on s'y trouvât dans la même saison qu'au trefois Gengis-Khan, pendant l'automne, qui est l'époque du passage des oiseaux.

Après cette chasse, le conquérant ravagea les districts de Kounkourt et de Samane.

Un voyageur arabe, Ibn-Batoulah, a visité Termez en 1345, c'est-à-dire cent vingt-cinq ans après que le conquérant mogol avait anéanti la ville. Laissons la parole à Ibn-Batoulah :

« Nous partîmes de Samarcande et nous traversâmes la ville de Nécef (Karchi), à laquelle doit son surnom Abou-Hafs-Omar, *Annecefy,* auteur du livre intitulé : *Alman Zoumah,* « le Poëme », et traitant les questions controversées entre les quatre fakihs (les fondateurs des sectes orthodoxes). Ensuite nous arrivâmes à Termedh (Termez), qui a donné naissance à l'iman Abou-Ica-Mohammed, fils d'Ica, fils de Soûrah *Attermedhly,* auteur du *Aldjâmï Alkebir,* « la Grande Collection », qui traite des traditions. C'est une grande ville, bien construite, pourvue de beaux marchés, traversée par des rivières, et où l'on voit de nombreux jardins. Des raisins et surtout des coings d'une qualité supérieure y sont fort abondants, ainsi que la viande et le lait. Les habitants lavent leur tête dans les bains chauds avec du lait, en place de terre glaise. Il y a chez le propriétaire de chaque bain de grands vases remplis de lait. Lorsque quelqu'un entre dans le bain, il en prend dans un petit vase et se lave la tête avec ce lait, qui rafraîchit les cheveux et les rend lisses. Les habitants de l'Inde emploient pour leurs cheveux l'huile de sésame, qu'ils appellent assiradj (chiradj), après quoi ils lavent leur tête avec de la terre glaise. Cela fait du bien au corps, rend les cheveux lisses et les fait pousser. C'est par ce moyen que la barbe des habitants de l'Inde et des gens qui demeurent parmi eux devient longue.

« L'ancienne ville de Termedh était bâtie sur le bord du Djeihoun. Lorsque Tengis l'eut ruinée, la ville actuelle fut construite à deux milles du fleuve. Nous y logeâmes dans l'ermitage du vertueux cheikh Azizân, un des principaux cheikhs et des plus généreux, qui possède beaucoup d'argent, ainsi que des maisons et des jardins, dont il dépense le produit à recevoir les voyageurs. Je joignis, avant mon arrivée dans cette ville, son prince Ala-Elmuc, Khodhâwend-Zadeh. Il y envoya l'ordre de me fournir les provisions dues à un hôte. On nous les apportait chaque jour, pendant le temps de notre résidence à Termedh. Je rencontrai aussi le kadhi de cette ville, Kiwam-Eddin, qui qui était en route, afin de voir le sultan Thermachîrîn et lui demander la permission de faire un voyage dans l'Inde. »

Que reste-t-il de l'ancienne Termez? Une steppe déserte; à l'est, environ un kilomètre du mur d'enceinte, ébréché, branlant, gardant encore les traces de l'emplacement d'une porte couverte où se tenaient les gardes, les gens du fisc et les marchands; une forteresse qui n'est qu'un amas de décombres, et dont les deux tourelles de la façade de l'ouest sont seules reconnaissables.

Cette forteresse était placée sur une éminence adossée au fleuve qui la baignait au sud; elle formait un parallélogramme, le plus grand côté d'environ huit cents pas faisant face au nord, le plus petit côté mesurant deux cent cinquante pas. Vis-à-vis l'Afghanistan, au milieu de la forteresse, sont scellés à la rive deux énormes blocs de maçonnerie en briques cuites qui ont les mêmes dimensions que la brique de Chahri-Saman. On dirait les fragments d'une pile de pont qui s'est séparée en deux; l'eau ayant rongé la base et sapé les fondements, l'avant de la pile aurait perdu son assiette et se serait détaché de la masse. Un pont a-t-il jamais existé en entier à cette place? Nous ne le pensons point, et nous présumons qu'ici comme auprès de Samarcande, sur le Zérafchane, nous sommes en présence d'un pont à peine commencé.

Au bas de la forteresse, un monument à peu près intact contient des tombeaux de saints; il a pris le nom du plus illustre, un certain khodja Abdoul-Akim-Termesi. Il se compose de trois vastes chambres, l'une d'elles surmontée d'une grande coupole précédée d'un portail élevé, auquel on arrive par une des quatre arcades de la galerie couverte de la façade. Sur la galerie s'alignent quatre coupoles de moindre dimension.

Au dire de l'ichâne qui habite à côté, dans une maison en terre destinée aux gardiens du mausolée, Tengis aurait laissé debout cet édifice par respect pour la mémoire d'Abdoul-Akim.

Nous n'avons pu obtenir de l'ichâne qu'il nous ouvrît la porte de la chambre où se trouvent les tombeaux les plus vénérés; il prétexta n'avoir point la clef que son fils aurait emportée avec lui dans la steppe, où il surveillait en ce moment le bétail. Nous avons dû nous contenter de rendre visite aux saints de second ordre qui gisent à gauche de la grande coupole, dans une grande chambre obscure comme une cave, où sont rangées leurs tombes, semblables à celles de Chahri-Samane. Elles sont couvertes de boules d'argile et de kisiak déposées par les femmes. Des cornes de chèvres sauvages et de daims sont fixées dans le mur. Proviendraient-elles des bêtes tuées lors de la grande chasse de Gengis-Khan?

Le mazar [1] est commis à la garde de quatre ichânes qui le surveillent chacun trois mois à tour de rôle. Ils vivent du produit des aumônes que leur font les nombreux pèlerins qui viennent visiter Termez au printemps et perçoivent en outre sur les gens du district une dîme régulière. A leur intention, le district de Chirrabad a été divisé en quatre parties égales, et de la sorte, chaque ichâne a sa région fixée à l'avance, où il fait sa tournée après la récolte du blé. Chaque cultivateur du sol leur donne, selon son degré de richesse, dix, vingt livres de blé, ou plus s'il est dévot et généreux. Il paraît que chaque ichâne se fait de cette manière un revenu d'environ cinquante batmans de blé par an. Vu le prix du batman, c'est une assez jolie rente, qui leur rend moins sombre la perspective de passer trois mois près de la forteresse de Termez, où les distractions, à notre avis, brillent par leur absence.

Le lendemain, nous partons pour Chirrabad. A six verstes environ de Patta-Kissar, à droite de la route qui traverse une steppe, on aperçoit une construction que nous avons déjà remarquée la veille, et qui nous a paru être une tour. C'est comme le fût énorme d'une colonne brisée par le milieu, massive, construite avec de grosses briques de terre séchée, de trente-quatre à trente-cinq centimètres de côté, et épaisses de douze centimètres. A la base, les pâtres ont creusé un terrier où ils se réfugient par le mauvais temps; nous croyions d'abord que c'était l'entrée de l'édifice. Plus haut, à cinq ou six mètres au-dessus du sol, on voit une autre ouverture; je parviens à me hisser jusque-là en m'accrochant aux briques qui font saillie. C'est un trou, profond d'à peine deux mètres, où je vois quelques mor-

---

[1] Tombeau, mausolée.

ceaux de cotonnade laissés par un homme qui y gîtait, et des brindilles apportées sans doute par l'aigle noir qui tournoie au-dessus de ma tête. Il pousse des cris furieux en me surprenant à violer l'asile où il se proposait d'installer son nid.

Que représente cette masse de briques mesurant quatre-vingt-cinq pas de tour et plus de dix mètres de hauteur? A quoi servait-elle? A la défense de la ville, à surveiller la plaine? Nous n'avons pas vu dans le cours de notre voyage d'autre construction de ce genre.

Plus loin, au pied d'un petit minaret délabré flanquant une mosquée en ruine, nous trouvons une trentaine de pèlerins qui viennent de prier sur le méguil d'un saint. Ils ont le grand bâton à la main, les pans du khalat relevés et passés dans la ceinture; leurs provisions et leurs bagages sont chargés sur des ânes. Abdoul engage la conversation : ils vont à Mazari-Chérif. Nous leur souhaitons bon voyage, et l'individu qui paraît être leur cornac nous répond, pour toute la bande, d'une profonde inclinaison du corps, la main droite sur le cœur.

Ayant perdu de vue les ruines de Termez, nous ne tardons pas à rejoindre dans un désert de sable le courageux Mirza, son aide et le conducteur de chevaux, arrêtés à regarder un magnifique varan long de plus d'un mètre.

Étendu paresseusement sur le sable, à la porte de son trou, l'animal profite d'un beau soleil pour prendre — c'est le cas de le dire — un bain de lézard; il n'est pas le moins du monde effrayé par la présence des cavaliers, et les regarde sans bouger en papillotant de l'œil. J'invite le courageux Abdoul à s'en emparer. Abdoul ne descendrait pas de cheval pour une turquoise de la taille du Schah Sindeh; quant aux autres guerriers ses compagnons, ils se tiennent à distance prudemment. Je prends la baguette en fer d'un fusil Berdan, pour assommer le saurien le cas échéant, et m'avance en sifflant ; l'animal écoute. Abdoul me crie, effrayé : « Arrête ! arrête ! il va te mordre ! » Je vais lui poser le pied sur le corps, mais il se sauve bon train, et alors tous les braves qui en avaient peur se mettent à sa poursuite en criant comme dans une chasse au lièvre. Un petit chien, qui nous suivait depuis Chirrabad, se précipite sur le varan, qui s'arrête, ouvre une gueule bien armée et fait ferme. Je lui mets le pieds sur le dos et lui tranche le cou ; il n'en mord pas moins assez fort pour traverser la botte de Capus avec ses dents aiguës.

Ce varan, victime des collectionneurs, ne mourut qu'à Chirrabad, empoisonné par la nicotine amassée dans le tuyau d'un tchilim, qui lui fut introduite dans l'estomac avec un bâtonnet. Son cadavre, conservé dans des linges imbibés d'acide phénique, a été transporté à Paris dans une courge creusée, et sa momie ratatinée nage maintenant dans un bocal empli d'alcool, dans un recoin du Muséum.

A deux heures de l'après-midi, nous étions au village ousbeg d'Angara-Kourgane. Trois verstes avant d'y arriver, à gauche de la route, se dresse une antique forteresse perchée sur un monticule bordé au sud par des flaques d'eau, dernières traces de lacs salés qui se dessèchent. Il n'en reste que des murs.

A Angara-Kourgane, qui est à trente-six verstes de Patta-Kissar, nous descendons chez l'aksakal, remplacé pour le moment par son frère, qui nous fait les honneurs de la maison. Ce jeune homme est bossu, infirmité peu commune dans le pays, car c'est le seul estropié de ce genre que nous ayons vu dans tout le voyage. Après une pause que nous faisons courte sur les instances du mirza, nous nous mettons en marche. Celui-ci a prétexté que Chirrabad est tout près, qu'il vaut mieux arriver de bonne heure ; on aura le temps de faire cuire un bon palao avant la nuit; et puis sa femme, qu'il aime beaucoup, doit l'attendre avec impatience, et il lui tarde de la revoir. Nous excitons nos chevaux.

Déjà le soleil est bas, et l'on n'aperçoit pas encore Chirrabad, en dépit des promesses du mirza. Puis on pénètre dans la région cultivée, on traverse souvent des ariks charriant l'eau trouble du Chirrabad-Darya, que la fonte des neiges et les pluies de ces derniers jours ont gonflé rapidement. Voilà des peupliers, des roseaux de haute futaie au bord d'étangs, des maisons de terre çà et là, une mosquée perdue, habitée par un mollah ami de notre guide : nous sommes bien dans l'oasis. Les montagnes sont devant nous, grises, mais nous ne voyons pas la forteresse de Chirrabad, nous en sommes loin évidemment. J'interroge le mirza.

— Combien avons-nous encore de chemin jusqu'à Chirrabad ?

Le mirza qui marche en tête se tourne sur son cheval, et sortant son petit doigt de la longue manche de son khalat, il le lève en l'air, et dit : « Bir tach! un tach! » Si nous n'avons plus qu'un tach à courir, nous arriverons avant le coucher du soleil. Nous marchons encore le temps de faire un bon tach, et pas de Chirrabad.

— Mirza, serons-nous bientôt à Chirrabad ?

Le mirza fait la sourde oreille. Je hausse le ton de la voix :

— Mirza, serons-nous bientôt à Chirrabad ?

— Par Allah! nous y voilà!

— Combien de tach nous en séparent?

Le mirza lève son index, fait le geste de le couper par le milieu avec le manche de son fouet, et répond :

— Jarim tach ! Un demi-tach !

Le mirza se moque de nous, ou bien il ne connaît pas son chemin. La conversation continue :

— Mirza, connais-tu ton chemin ?

— Ha, ha, fait-il avec aplomb.

— Eh bien, tu mens comme tu as toujours menti depuis que tu es avec nous. Si tu arrachais un poil de ta barbe chaque fois que tu ne dis pas la vérité, tu aurais le menton d'un batcha.

Il rit.

— Hé, croyant, qui connais si bien la distance qui nous sépare de Chirrabad, combien y a-t-il de mirza disant aussi bien la vérité à Chirrabad ? Deux ?

Il lève de nouveau le doigt d'un air tragique, et répond :

— Yok, bir, non, un seul, et en même temps il se met l'index sur la poitrine.

— Bien, alors, il n'y a qu'un mirza aussi franc à Chirrabad et qu'un tach avant d'arriver.

— Ha, ha, par Allah ! Et il fouette son cheval en riant. ment se fâcher contre cette espèce de Sancho Pança qui rebondit comiquement sur son cheval dont le trot est dur ? Nous faisons contre fortune bon cœur, et bien nous en prend, car la nuit est noire que nous cherchons toujours Chirrabad, que le mirza répond invariablement à toutes nos questions : « Encore un quart de tach. »

Il est près de dix heures quand nous franchissons la porte des jardins où sont dressées les tentes de l'ambassade russe, qui est revenue de Mazari-Chérif dans l'après-midi. Il est temps, car un orage s'annonce par des éclairs qui font dans le ciel de longues déchirures lumineuses;

dans la montagne le tonnerre gronde formidablement.

Dans le temps que nous mettons à descendre de cheval, le mirza disparaît sans rien dire. Il se dérobe probablement aux chaleureux remercîments que nous lui devons bien pour l'agréable étape de plus de quatre-vingts kilomètres dont il vient de nous régaler... involontairement du reste, car nous apprenons le lendemain qu'il avait perdu la bonne voie, sans vouloir rien avouer. Nous ne l'avons jamais revu.

Nous apprenons que les Afghans ont bien traité les Russes, mais sans se départir d'une certaine défiance, car quelles que soient les circonstances dans lesquelles ils reçoivent des étrangers, au fond de leur pensée ils les tiennent pour des ennemis.

Pour se rendre à Mazari-Chérif, où devait finir leur voyage, les Russes passèrent par Bactres, dont les ruines couvrent une très-grande étendue de terrain. On y voit encore un tronçon de la forteresse. L'antique cité n'est plus qu'une bourgade d'un millier de maisons. En venant de Mazari-Chérif droit au nord sur Tchochka-Gouzar, on rencontre également les restes d'une ville considérable, située à dix verstes de l'Amou. Les indigènes appellent cette ville Barbar.

Les Russes partent le lendemain matin. L'orage a sévi toute la nuit. Nous leur faisons nos adieux, après nous être donné rendez-vous à Tachkent.

Dans la journée, nous avons la visite du kourbachi, qui est toujours frétillant. Le tok-saba vient moins souvent nous voir ; il tient toujours la place de son père, dont l'absence se prolonge. Je vais encore chasser aux étangs, tandis que nos chevaux de bât se reposent des fatigues de la veille. La chaleur est extrême, 35° à l'ombre.

A mon retour, j'apprends que l'« otographe » va nous quitter ; Chodja-Mazar ne juge pas à propos de continuer le voyage ; il a vu « du pays », ce qui lui a donné de l'expérience ; il a sa paire de bottes et un capital considérable, un tenga qu'on lui a donné pour deux pièces de monnaie trouvées dans la ruine ; depuis quinze jours il mange régulièrement deux fois par jour ; il se retire des affaires. Peut-être lui répugne-t-il de quitter sa ville natale ; il sait que nous allons regagner le Turkestan russe. Il est remplacé par un Ousbeg d'une vingtaine d'années, brave garçon, moins bruyant que son prédécesseur ; il nous a bien servi pendant le voyage ; nous lui adjoignons un garçon de treize à quatorze ans, chargé de la conduite d'un des chevaux de bât. Le retour devant s'effectuer par des montagnes où les sentiers laissent à désirer, il est prudent de donner à chaque bête de somme son conducteur.

XI

LES MONTAGNES DE BAÏSSOUNNE.

Dans la montagne. — Ak-Koupriou. — Saïrâb. — Arbres géants. — Poissons sacrés. — Des Tadjiks. — Rencontre de nomades gagnant un *alp*. — Le défilé de la *Porte de fer*. — Timour et son beau-frère. — Un caravansérail à Tchachma-Ofizan. — Tarif de l'hôtelier. — La division du travail à propos de la construction d'une yourte. — La ville de Gouzar. — Un jour de marché.

Notre intention est de quitter Chirrabad dans la matinée du 19 avril. Le Tok-Saba nous a fourni un guide, les chevaux sont ferrés à neuf, tout est prêt, et nous serions certainement partis sans un obstacle imprévu la veille, qui nous barre maintenant la route. Les pluies d'orage de la nuit ont grossi la rivière, elle n'est plus guéable, et il ne nous reste qu'à attendre le défilé des eaux qui descendent bruyamment de la montagne. Elles vont d'une course rapide, et dans l'après-midi, elles auront gagné les basses terres et gorgé les ariks qu'on a élargis à leur intention.

Quand le soleil commence à descendre, nous sortons de la ville en contournant la forteresse qui nous montre en passant sa misère; la grande porte d'entrée n'a plus qu'un battant, les murs percés de trous en guise de meurtrières penchent ou sont déjà tombés.

Les bêtes de somme vont devant, puis le guide immédiatement après qui indique le chemin. et nous venons derrière. Nous suivons la rive droite du Chirrabad-Darya. A une demi-heure environ de la forteresse, quand la rivière s'échappe avec peine et à toute hâte d'une écluse étroite, le sentier est étranglé entre la rivière qui bouillonne et les roches qui surplombent. Les chevaux glissent sur un sol de pierre, et à un endroit où un bloc tombé des sommets sur la rive réduit le chemin à sa plus simple expression, l'un d'eux perd l'équilibre et entraîné par les caisses liées sur son dos, s'abat sur le flanc. Il est arrêté très à propos dans sa dégringolade par des pèlerins qui vont à Mazari-Chérif. Dans le nombre se trouvait un mulâtre. Ces braves gens nous aident à remettre sur pied l'animal, et nous donnent en outre le bon conseil de passer sur la rive ganche le plus tôt possible, attendu que le sentier que nous suivons a été raviné par les eaux des pentes et sapé par les infiltrations de la rivière, et qu'à telle place il ne supporterait pas des chevaux montés. L'avis arrive à propos, car notre guide a disparu comme par enchantement.

Ma première idée est de courir après le fuyard, car nous allons voyager de nuit, et un guide est indispensable à qui ne cherche pas l'occasion de rouler de trois ou quatre cents pieds dans le fond d'un ravin. Mais le successeur de l'otographe nous affirme avoir déjà suivi cette route, et la connaître assez bien pour remplacer avantageusement le sournois qui nous a quittés. Avant de traverser à gué et de prendre la rive gauche, nous allons une centaine de pas presque au niveau de la rivière qui charrie d'innombrables sauterelles, et, dans les criques où l'eau tournoie, c'est une croûte épaisse de cadavres sur lesquels sautillent les survivantes.

Nous sommes dans la montagne, à grimper, à descendre les sentiers collés aux flancs des pentes. Cette route capricieuse nous plaît après la monotone ligne droite de la steppe et du désert; si dénudées qu'elles soient, ces hauteurs, ces roches, nous semblent belles; et puis c'est la fraîcheur du soir, le fracas des torrents, le susurrement d'un filet d'eau, tout autour de nous, la nature qui bavarde agréablement et nous tient compagnie.

Le Chirrabad-Darya a disparu, la nuit descend; sur un mamelon isolé, des ruines se profilent, restes, paraît-il, d'une forteresse habitée par un saint « ourousse[1]. » Les difficultés de la route augmentent, des éboulements se sont produits récemment; le sol est crevassé; on ne voit guère, et chaque homme de la file répète à celui qui suit les indications du guide, criant d'appuyer à gauche ou à droite. On se tait, on se tient prêt à soutenir le cheval qui penche la tête, sent le danger et ne pose le pied que sûr du point d'appui. La nuit est avancée, pas de lune, on voit à peine le cavalier qui précède, on crie « halte ». Qu'y a-t-il? « Le chemin est tombé », répond Abdoul.

A nous d'en trouver un autre, le guide cherche, tâtonne, et nous mène à un torrent que nous remontons pour le quitter ensuite, en reprendre un autre, louvoyer, errer jusqu'au moment où des aboiements de chiens retentissent, nous indiquent quelle est la direction à suivre jusqu'à une habitation quelconque. Bientôt nous sommes dans une vallée avec des champs cultivés, de hauts murs de terre, des tentes qu'on devine. Les pourparlers commencent avec l'habitant d'une de ces tentes; en

---

[1] Un anachorète chrétien probablement. Avant la conquête arabe, on comptait de nombreux chrétiens nestoriens dans le pays de Bactres.

RUINES DU CARAVANSÉRAIL D'ABDOULLAH KHAN.
Dessin de MUENIER, d'après les croquis de M. CAPUS.

entendant des voix, les chiens hurlent de plus belle. On nous conduit chez le plus riche propriétaire d'Ak-Koupriou. Car nous sommes à Ak-Koupriou; on nous installe au milieu d'une cour longue, entourée de murs, dans une masure carrée et basse, dans l'intérieur de laquelle on tombe par une porte minuscule, qui est en même temps une fenêtre. Pendant la nuit, des sauterelles exécutent sur nos têtes des danses frénétiques. Le flot des envahisseurs a débordé sur Ak-Koupriou.

Notre hôte est borgne, et il est sur le point de perdre l'œil qui lui reste. Il nous demande conseil et remède. Nous ne pouvons que lui donner l'espoir d'une guérison sur laquelle nous-mêmes ne comptons point.

Il est né à Ak-Koupriou, il a deux femmes, quatre fils et deux filles. Il possède quinze vaches et quatre chevaux. Le laitage sert à nourrir sa famille. Beaucoup de terres sont libres, elles appartiennent à qui les cultive. Des produits du sol il ne vend presque rien, sauf dans les années de très-bonne récolte. Avec l'aide des siens, en quatre ans, il a construit la masure qu'il habite et les murs formant la vaste cour où le bétail passe la nuit. Il serait un homme heureux sans la maladie d'yeux qui l'inquiète, mais il se résigne.

Il nous donne pour guide son fils aîné. Et le matin, par une forte chaleur, qui sera l'après-midi de 45 degrés, nous traversons derechef le Chirrabad-Darya, qui trace des méandres nombreux. Il borde à droite la vallée étroite que nous suivons; sur ses bords on voit quelques arbres, des yourtes; des torrents traversent la route, leur eau limpide et qu'au premier coup d'œil on s'imagine fort agréable à boire est salée, faiblement il est vrai, mais assez pour qu'on s'en tienne aux premières gorgées.

Voilà encore des pèlerins, mêlés de derviches et de marchands revenant de Mazari-Chérif. Plus loin, nous en rencontrons d'autres, assis à terre, qui boivent le thé, dorment à l'ombre, tandis que leurs chevaux broutent l'herbe. Nous sommes dépassés par les plus pressés d'entre eux. A leur tête marche un divana qui a la physionomie et le regard d'un fou ; il va avec une vitesse surprenante, en s'aidant de son bâton ; il y a dans son allure la souplesse d'un fauve. Abdoul reconnaît un habitant de Samarcande, un de ses voisins, qui chasse devant lui un âne chargé, en poussant ce cri d'excitation qui n'a d'équivalent que le râlement guttural d'un homme s'efforçant d'expulser de son gosier une arête de poisson. Les Samarcandais se piquent de bonnes manières, et comme ceux-ci paraissent très-contents de se voir, sur un ton traînant, qui me rappelle la Bourgogne, ils se débitent force compliments, et Abdoul charge ses compatriotes de porter de ses nouvelles à ceux qu'il a laissés là-bas. L'étape finit à Saïrab. Ce village est couché dans une dépression du sol, entouré d'arbres, avec des parois de rochers à pic au nord-ouest, et, à l'est, au loin, une crête de montagnes encore couvertes de neiges, tandis qu'au sud-est des chaînons parallèles s'étagent. Au milieu de Saïrab, deux platanes se dressent, énormes, étendant de tous côtés leurs branches chargées de feuilles au-dessus d'une yourte où nous dormirons.

Le site est charmant ; tout autour de nous la terre pleure des sources d'une eau fraîche et délicieuse à boire ; à la tête de l'une d'elles on a planté un peuplier le premier jour de cette année. La plus considérable de ces fontaines donne naissance à un ruisseau alimentant un bassin qu'on a eu soin de murer. Il renferme quelques centaines de poissons, appelés chirmoï, qui sont protégés par la superstition des fidèles; personne ne les touche, ils sont sacrés. On leur attribue le don de divination : ils savent distinguer l'homme bon du méchant. Ils acceptent le pain que leur jette une main honnête et ne mangent point les miettes qu'une main criminelle a touchées. Abdou-Zaïr nous raconte ces particularités d'un air sérieux. Je tâche de lui faire comprendre que les poissons ne mangent pas ce qu'on leur jette quand ils n'ont plus faim ou quand ils ne peuvent le manger. Cette explication paraît le satisfaire; néanmoins, il ne se soucie pas de tenter l'épreuve sous les yeux des badauds. Nous ne partageons pas ses craintes, et comme on nous dit que les poissons sont aveugles et que nous constatons qu'ils se tiennent au fond de l'eau, nous agissons en conséquence.

Nous pétrissons des boulettes de pain assez grosses et assez lourdes pour que, lancées avec force, elles pénètrent dans la profondeur de l'eau, touchent les chirmoï ou affectent leur ouïe. Et chaque fois, notre pain est avalé immédiatement. L'empressement visible des hôtes de la fontaine a contribué certainement à donner aux gens de Saïrab une bonne opinion des Faranguis. Voilà comment avec un peu d'habileté on peut, dans ce pays, se faire passer pour un honnête homme.

Le platane qui abrite notre yourte a vingt-cinq pas de tour à sa base; à hauteur d'homme il a huit mètres cinquante de circonférence. Un platane plus colossal encore lui fait face. Une maison a été creusée entre les racines, à l'usage d'un mollah qui crie la prière et enseigne à lire aux enfants dans son réduit transformé en école. Le chemin passe près de la fontaine, et les voyageurs ne manquent pas de faire une courte halte à l'ombre des arbres,

14.

où les oisifs du village se réunissent d'habitude pour deviser.

La majeure partie de ces montagnards est de race tadjique, quelques-uns ont un mélange de sang ousbeg. Ils sont de taille moyenne, quelquefois petits, avec des figures européennes, sans gêne avec nous, robustes, agiles, bons marcheurs, chaussés d'*abarcas*. Ils ne souffrent point de la fièvre, car ils vivent à une altitude où l'air est sain. Ils sont très-pauvres, possèdent quelques vaches, mais surtout des chèvres dont le lait les nourrit; ils ont aussi quelques cultures. Parmi eux, il y a de très-bons chasseurs qui tuent nombre de perdrix de montagne et de chèvres sauvages, avec le fusil à mèche naturellement.

Vers le milieu de la nuit le vent souffle violemment du sud-ouest, et la pluie commence à tomber.

L'orage dure une partie de la journée du lendemain. Dans l'après-midi, les nuages disparaissent; nous irons ramasser des plantes dans les rochers qui tombent à pic du côté du nord. Deux hommes de bonne volonté offrent de nous guider, mais ils ne veulent point se risquer jusqu'en haut; car la croyance est que tous les grimpeurs qui ont atteint le sommet ne sont jamais revenus. Tandis que ces braves gens nous content ces balivernes, des cris et des éclats de voix nous font sortir de notre tente. Deux des nombreux flâneurs qui se tiennent journellement au bord de la fontaine se querellent. L'un d'eux a trouvé drôle, en luttant, de culbuter son voisin dans le ruisseau. Celui qui est tombé est furieux, il est trempé, et les assistants l'ont criblé de leurs moqueries. Il profère des menaces, et, fou de colère, tire son couteau, se précipite sur l'individu qui l'a jeté à l'eau. On l'arrête, on lui tient les bras et l'on finit par le désarmer. Ce bruit attire la vieille mère de l'homme qu'il voulait frapper, et elle lui fait des reproches. L'autre risposte, il y a encore des mots échangés, une « barbe blanche » arrive, intervient à son tour, le calme se fait, et l'incident est clos.

Nous escaladons les roches, où nous trouvons des perdrix et quelques plantes. Nous n'allons point au sommet, faute de temps, car le soleil descend rapidement derrière nous et n'éclaire déjà plus que la cime des monts d'en face.

La nuit se passe sans pluie.

De Saïrab on se dirige droit sur le nord, à travers un val herbeux, où paissent les troupeaux de vaches et de chèvres. On rencontre fréquemment des piétons, des cavaliers, des bêtes chargées, car ce chemin est suivi par tous les gens des montagnes qui vont à Chirrabad ou dans le Turkestan afghan, et par les commerçants du Turkestan russe allant de l'autre côté de l'Amou, quand leurs affaires ne les obligent point à toucher Karchi. C'est la route qu'ont prise les conquérants Alexandre, Gengis-Khan, Timour et d'autres. Dans cette région, il n'en est pas de plus commode pour les armées; elle n'est pas trop pénible aux piétons, on trouve du fourrage et de l'eau sur presque toute sa longueur, et les pentes ne sont jamais abruptes et pierreuses au point qu'une caravane doive attendre pour les chameaux la chute d'une couche épaisse de neige, qui convient au pied large et spongieux de ces animaux.

Le vallon finit à un sentier étroit et pierreux qui descend en zigzag au travers des roches, montrant parfois les veines d'un marbre de blancheur parfaite, ou de blanc rayé de rouge. Au bas coule, du sud-ouest au nord-est, un torrent d'eau salée. Il sort d'entre deux murs de pierre d'une faille gigantesque et tourne autour de la vasque formée par les hauteurs environnantes, où un caravansérail carré se tient comme une boîte plus petite dans une plus grande. Les briques émaillées de sa porte principale s'ouvrant au sud brillent gaiement au soleil. Cet édifice aurait été construit, très à propos, par Abdoullah-Kkan, à l'endroit où se croisent les routes de Denaou, de Chirrabad et de Karchi. Il faut remonter la rive droite pour chercher un point où la berge du torrent soit assez basse pour qu'on puisse parvenir sans encombre dans son lit large, mais peu profond.

Un Ousbeg venant de la direction opposée le traverse en même temps que nous; il est à cheval, ses deux femmes le suivent, la première tirant par le licol les deux chevaux chargés, la seconde conduisant le chameau porteur de la kibitka roulée. Le représentant du sexe fort passe à sec sans se préoccuper le moins du monde de ses deux épouses; elles entrent courageusement dans l'eau, mais par précaution troussent leur chemise très-haut.

Le caravansérail en ruine est construit avec les mêmes briques que celui d'Ispan Touda, avant Kilif, attribué également à Abdoullah-Khan. Autour d'une cour carrée sont des chambres qu'on n'utilise plus maintenant; seule une vaste salle ornée d'une coupole sert encore de refuge aux passants. Le sol est couvert de cendres et de la fiente du bétail.

Le sentier monte, descend vers le nord-ouest dans un torrent à sec aux bords escarpés, puis grimpe péniblement jusqu'au caravansérail qui constitue avec quelques saklis le hameau de Chour-Ab (eau salée). Il doit son nom aux ruisseaux d'eau salée qui coulent dans cette région.

De Chour-Ab nous voyons plusieurs Aouls Ousbegs de la tribu des Koungrad déboucher par la route de Denaou, et nous assistons au curieux spectacle d'une tribu de nomades qui se déplacent avec tout leur avoir. Ils ont séjourné pendant l'hiver à l'entrée des montagnes, et maintenant que les beaux jours sont venus, ils se hâtent de gagner les vallées hautes, où eux-mêmes trouveront le frais, et leur bétail, une herbe succulente.

Pour les nomades, ce voyage est une fête. Ceux-ci sont riches, et, dans leur vanité naïve, ils étalent tout ce qu'ils possèdent. En tête, les hommes chevauchent sur leurs plus belles montures : les brides et les selles sont en cuir brodé ; le métal des étriers, argenté ; les cavaliers ont vêtu les amples tchalvars (pantalons) jaunes, les khalats de soie bariolée. Leurs plus beaux sabres battent les flancs des chevaux.

Les chameaux suivent, attachés l'un à l'autre : ils portent les ballots qui contiennent sous des tapis éclatants des hardes souvent peu ragoûtantes ; ils s'arc-boutent sur leurs longues jambes maigres pour résister à la poussée de la charge, qui les fait descendre trop vite une pente trop roide ; à chaque pas on dirait qu'ils vont tomber, tout leur corps a une secousse comique qui les disloque de la queue à la tête, et, en même temps, leur long cou courbé comme un bec de koungane bokhare a une flexion piteuse en avant des épaules sous la tête qui se tient élevée. Un cri de douleur leur échappe quand le compagnon de chaîne trébuche et tenaille leur nez en tendant la corde qui les unit. Les premiers chameaux à qui on a mis un licou neuf sont montés par les femmes, elles aussi vêtues de leurs plus riches atours ; quelques-unes sont à cheval.

Tout cela défile en décrivant des méandres, se détache sur le fond blanc des roches, dessine des ombres compactes sous le soleil qui tombe d'aplomb.

Un cheval s'abat avec sa cavalière, qui le relève prestement d'un poignet solide, puis conte d'une voix aiguë l'incident à ses compagnes. Un chameau s'arrête soudain, ne veut pas avancer; on lui fait passer son caprice en le tirant par la cheville qui lui traverse le nez; il hurle en bavant de fureur, et la troupe, arrêtée un instant, reprend sa marche. En haut de la berge, nous les laissons passer devant nous. Les saluts sont échangés, la main à la barbe; on se souhaite bon voyage. Tels chevaux sont splendides de forme et d'allure. Des enfants emmaillotés et ficelés sur la planche de bois qui leur sert de berceau sont juchés sur les paquets, à droite et à gauche d'un chameau, et tantôt la tête en bas, tantôt la tête en haut, ils se laissent bercer sans rien dire par un tangage à donner le mal de mer. Seule leur tête remue, et ils ouvrent leurs petits yeux bien vifs, vrillés dans leur grosse face ronde. D'autres enfants de cinq à six ans sont posés sur les bosses des dromadaires, au milieu des ballots, d'où leur tête brune émerge comme celle d'un diablotin d'une boîte. Les femmes dérobent leurs visages à nos regards; quelques-unes ont un enfant sur les bras, enveloppé dans un pan de leur manteau; elles ne laissent voir de leur personne qu'une courte main, jeune ou ridée, qui tient la guide du cheval ou la corde du chameau. Des hommes ferment la marche. Ils saluent : « Que Dieu te garde! » et « Que Dieu te garde! » leur répondons-nous.

L'aoul entier continue sa marche lentement, et nous voyons longtemps encore la file interminable grimper plus loin. Les chameaux qui tanguent à la file semblent ne faire qu'un; on dirait l'ondulation d'un reptile fantastique développant ses anneaux plus minces près de la tête.

Un tadjik d'Ourgoute, ville du Turkestan russe, se repose au caravansérail où nous buvons le thé pendant une ondée. Il revient en compagnie de six ou sept autres marchands qui sont allés acheter des moutons dans la Bactriane. D'après l'habitant d'Ourgoute, avec lequel nous lions conversation, ils auraient acheté six mille bêtes, au prix moyen de treize francs par tête; ces animaux sont de forte taille, leur toison est longue et soyeuse. Tous les ans, au moment du pèlerinage, les marchands vont faire leurs achats sur la rive gauche de l'Oxus, à Bactres, à Koundouz, à Koulm, à Talikhan, où habitent des éleveurs avec lesquels ils sont continuellement en relation d'affaires. Ils ne payent pas comptant leurs achats. Ils donnent un reçu des moutons, versent un fort à-compte, et lorsqu'ils ont écoulé leur marchandise dans le Bokhara et le Turkestan, où ils ont des débouchés, ils envoient le reste de la somme due.

De Chourâb, on trottine sur un plateau, puis on traverse le fameux défilé du Tchak-Tchak qu'un pèlerin bouddhiste du septième siècle trouva fermé « d'une porte à deux battants, consolidée par des ferrures, ornée de clochettes qui tintaient dans l'air ».

Le défilé a plus de deux kilomètres de longueur; son minimum de largeur est de cinq à six mètres, son maximum de quinze à vingt mètres. Les parois qui l'enserrent sont élevées de cinquante mètres à l'endroit le plus haut. On chemine dans un couloir obstrué par des blocs de pierre parfois énormes; l'un d'eux, de forme carrée, mesure plus de dix mètres cubes; en tombant, il a enfoncé profondément dans le sol un de ses angles; cette position fait valoir sa masse écrasante. On l'admire, puis on lève involontairement la tête et l'on constate que de nombreux blocs, prêts à se détacher, menacent le passant. Plusieurs ont déjà roulé à moitié chemin et se sont arrêtés dans un creux ou étayés derrière une pointe de rocher assez forte pour les empêcher de bondir plus bas. Une mauvaise renommée s'est attachée au Tchak-Tchak, et les indigènes se gardent de le traverser la nuit.

C'est à cette place que l'émir Houssein, qui avait épousé la sœur du grand Timour, voulut s'emparer par ruse de l'illustre conquérant. Timour conte lui-même, dans ses mémoires, comment il échappa au piége tendu par son aimable beau-frère.

Ces deux princes étaient en lutte pour la suprématie dans les provinces de l'est du Bokhara et dans la Bactriane. L'émir Houssein avait pris la forteresse de Karchi par surprise. Timour l'avait reprise par ruse, et comme il le rapporte froidement :

« Quand cette nouvelle parvint aux oreilles de l'émir Houssein, il entra dans le chemin de la ruse et de la dissimulation, et, sous le manteau d'une amitié intime, il ne songea plus qu'à me faire tomber en son pouvoir.

« Voici ce que je fis pour échapper à la fraude et à la perfidie de l'émir Houssein, qui voulait me faire prisonnier.

« Quand l'émir Houssein m'envoya un Coran sur lequel il avait prêté le serment de n'avoir pour moi, dans son cœur, que l'amitié et l'affection d'un frère, et qu'il me fit remettre un message en me disant : — Si mes paroles ne sont point l'image des sentiments de mon cœur, et si je brise mon serment et si je te fais du mal, que le livre de Dieu m'en punisse.

« Pensant que c'était un croyant fidèle, j'eus confiance dans ses paroles jusqu'au jour où il m'envoya un de ses djiguites avec un message qui disait : — Tâchons de nous rencontrer l'un et l'autre dans le défilé du Tchak-Tchak et de renouveler notre vieille amitié ; vraiment cela vaudra mieux que de rester comme nous sommes.

« Et son intention était d'user de perfidie et de mensonge pour me prendre.

« Et alors je vis qu'il ne fallait pas avoir grande confiance dans ses serments, maintenant qu'il manquait du respect que nous devons au saint Coran. Je résolus d'aller au rendez-vous qu'il me donnait ; mais je décidai d'envoyer un certain nombre de mes guerriers les plus courageux et de les embusquer aux environs du défilé de Tchak-Tchak, tandis que moi-même j'irais voir l'émir Houssein entouré d'une autre troupe de mes gens.

« Et j'avertis les amis que j'avais dans la suite de l'émir Houssein de m'informer de ses desseins. Et Chir-Behram, qui était de mes amis, m'informa des projets de l'émir Houssein. Et l'émir Houssein le quitta et se mit en route avec un millier de cavaliers pour venir sur moi.

« Cependant, j'avais planté mes tentes à l'entrée de la passe, et cette nouvelle me parvint.

« Je disposai mes forces, et bientôt nous vîmes l'avant-garde de l'émir Houssein. Et mon karaoul vint me dire : — Voilà l'armée de l'émir Houssein ; et, voyez ! l'émir Houssein ne l'accompagne point. Il a entendu dire que tu venais seul, ô émir, et il a envoyé une armée pour te prendre.

« Et je fus sur mes gardes, et je n'avais avec moi que deux cents cavaliers. Et j'attendis jusqu'à ce que les forces de l'émir Houssein se fussent engagées dans le défilé, et je dépêchai un djiguite à la troupe que j'avais envoyée en avant, et je lui donnai l'ordre de couper la retraite à l'armée de l'émir Houssein que j'attendais moi-même en face. Et j'enfermai mes ennemis dans le défilé, et je fis beaucoup de prisonniers.

« Et je rassemblai mes troupes en un seul corps, je les disposai et m'en fus vers Karchi.

« Et j'appris par expérience qu'il est bon d'avoir des amis partout.

« Et j'écrivis en langue turque à l'émir Houssein le sens de ces vers :

« — Dis-le, ô Zéphire, à cet ami qui m'a tendu les filets de la trahison.

« Est-ce que la trahison ne retombe pas sur le traître?

« Et quand l'émir Houssein reçut mon message, il fut accablé de honte et de confusion, et il s'humilia. Et je n'eus plus confiance en lui, et je ne fus plus dupe de ses paroles. »

Faisons remarquer qu'à peu près à la même époque où les deux beaux-frères pensaient s'entre-tuer dans le défilé sauvage de Tchak-Tchak, à Paris, Jean Sans peur faisait assassiner Louis d'Orléans dans la rue Vieille-du-Temple. Pour la duplicité et la sauvagerie des mœurs, nos ancêtres valaient alors les demi-civilisés de l'Asie centrale.

Au sortir de la passe, la route ondule par des pentes douces. Je rejoins nos bêtes de somme qui allaient devant. Mais il n'y a plus de guides. Où sont-ils? Car nous en possédions deux, un jeune et un vieux, le vieux allant avec les bagages, le jeune avec nous-mêmes, qui suivions. J'ai rencontré le vieux à genoux sur son manteau, faisant sa prière, tourné vers le soleil couchant. L'otographe m'affirme qu'il l'a quitté depuis longtemps.

Reste l'autre. Sans doute il viendra avec Capus. Capus arrive, mais de deuxième guide point : il l'a rencontré une demi-heure auparavant dans une posture peu intéressante; il a craint de le déranger, et, croyant que je fermais la marche selon mon habitude, il a pensé qu'il se joindrait

CARAVANSÉRAIL.

Dessin de MUENIER, d'après les croquis de M. CAPUS.

à moi. Malgré notre situation embarrassée, nous rions de bon cœur du stratagème employé par nos guides pour s'esquiver sans attirer notre attention. Qui va nous indiquer le chemin? Personne d'entre nous ne le connaît. Nous suivons le sentier qui porte les traces les plus nombreuses, et, après maints détours, nous apercevons un caravansérail au milieu d'une vallée étroite, et une dizaine de masures éparses le long d'un ruisseau : c'est Tchachma-Ofizane.

Par un passage assez large pour un cheval ou un chameau chargé qui tourne à angle droit devant le restaurant (!) du caravansérail, nous pénétrons dans la cour. Sous l'abri que je viens d'appeler restaurant, une trentaine d'indigènes accroupis boivent le thé, fument le tchilim, chantent et paraissent prendre gaiement la vie. Ce sont des gens de Tachkent qui s'en vont en pèlerinage à Mazari-Chérif. En vrais Sartes qui ne manquent jamais une occasion de joindre l'utile à l'agréable, ils emportent sur leurs chevaux des ballots de marchandises; l'un d'eux a une cargaison de chaussures : il offrira ses bottes aux Afghans et les leur vendra le plus cher possible, après avoir offert ses prières à la divinité et s'être prosterné sur le tombeau d'Ali.

Nous mourons littéralement de faim. L'hôtelier ne peut nous offrir que du pain, du sel et des oignons. Heureusement qu'Abdoul a observé que les Tachkentais préparent un palao qui a très-bonne mine. Il va rôder autour de la marmite, et, comme la nécessité aiguise les facultés, il se conduit en fin diplomate. Il trouve moyen de se faire offrir une large écuellée de riz cuit dans la graisse de mouton, émaillé de raisins secs, de carottes et de morceaux de mouton rôti. Quand notre palao sera cuit, nous rendrons ce qu'on vient de nous prêter. En attendant, nous

nous régalons, car les gens de Tachkent sont maîtres ès palao, ce sont les plus grands artistes en la matière que nous ayons rencontrés en Asie centrale.

Le propriétaire du caravansérail, qui se dit Ousbeg, a la tête d'un tadjik : figure allongée, nez aquilin, yeux bleus et rusés, barbe fournie et brune, en somme un bel homme à mine de coquin. Il nous tient pour des hôtes de qualité, et nous installe dans sa « chambre verte », longue de près de cinq ou six mètres, large de trois, avec des murs en terre hauts de trois mètres. Elle a trois portes, deux sur la cour, une à gauche menant à un abri qui sert d'antichambre et de cuisine où nos hommes dormiront. Il y a au-dessus de chaque porte une ouverture carrée par où sort la fumée du feu qui s'allume au milieu de la chambre dans un trou ; comme plancher, le sol pur et simple ; quant aux murs, ils sont tapissés de noir de fumée. Nos hommes nous donnent cette hôtellerie comme un modèle de confort.

C'est comme le Gasthof zum Goldenen-Lœwen de Tchachma-Ofizan. Toutes proportions gardées, ce pays rappelle en effet certains coins de la Suisse, les environs de Zurich par exemple, mais avec les arbres en moins; car ici, sauf de rares genévriers, d'ailleurs gigantesques, pentes et sommets sont dénudés.

En ce moment, les toits du caravansérail sont couverts de blé et d'orge en herbe. Pour les réparer, selon l'habitude de tous les indigènes, l'hôtelier prend avec sa pelle la terre détrempée de la cour et la jette sur la toiture, où il l'étale du pied ou de la main. Dans cette boue, il se trouve des grains tombés de la musette des chevaux ou des sacs des caravanes qu'on a déposés dans la cour, et, quand ils ont été arrosés par la pluie, ils germent, et bientôt le toit ressemble à un champ cultivé.

L'hôtel du Lion d'or de Tchachma-Ofizan est long de soixante pas, large de quarante. Il n'a qu'une seule entrée; à droite de la cour sont des abris pour les hommes; ils se composent d'un toit supporté par un mur de terre et des perches, et du sol battu. On compte en outre deux chambres fermées — pas hermétiquement; — nous occupons la plus vaste et la plus luxueuse. Contre les autres murs du carré s'allonge une suite d'abris pour les chevaux et les marchandises en cas de mauvais temps; les abris sont les mêmes que pour les hommes, excepté que le sol n'en est point battu et qu'il est sans trou pour faire le feu. Dans la belle saison, on attache tout bonnement les chevaux ou les bêtes de somme aux piquets fichés dans la cour. Cet établissement peut loger cinquante chevaux et encore plus d'hommes.

Le propriétaire est riche, et il fait des affaires d'or. Pendant le printemps il lui vient beaucoup de voyageurs du Turkestan et du Bokhara qui se rendent à Mazari-Chérif. Il fait alors des provisions de pain, de blé, de tabac, de foin, d'orge, qu'il vend un bon prix à ses hôtes. Il n'a point de concurrent à dix lieues à la ronde; dans cette région, les habitants sont rares, et il faut subir ses conditions. N'allez pas croire cependant « qu'il écorche son monde » comme certains de ses confrères de l'Occident. Étant donné qu'un tenga [1] vaut soixante-quatre tchakas, vous saurez qu'un voyageur qui s'arrête dans le caravansérail « sans consommer » paye trois tchakas par cheval et rien pour lui-même. Si le voyageur achète des vivres dans l'établissement, on le loge, lui et sa bête, pour rien. Une botte de foin coûte trente-deux tchakas; une aiguière de thé de

---

[1] Environ 0,80 centimes.

trois quarts de litre et un pain d'un quart de livre coûtent également trente-deux tchakas. Le propriétaire se charge de loger et nourrir un jour entier un homme et son cheval pour un tenga et demi; pour un âne et un homme il se contente d'un tenga. Tout étant relatif, ces prix n'en sont pas moins élevés.

De Tchachma-Ofizan, on descend assez facilement à Tenga-Kharam, vallée encaissée, de forme elliptique, où l'on trouve un caravansérail et quelques tentes d'Ousbegs au bord d'une rivière. Tout indique que bientôt nous sortirons des montagnes; les ondulations du terrain sont plus longues, les pentes moins rapides, le lit des cours d'eau et les vallons plus larges, la neige a disparu, et nous sommes à distance des hautes cimes, car nulle part nous ne les voyons pointer. A Tenga-Kharam, il y a des champs cultivés, et, près du caravansérail, un moulin imperceptible creusé en terre sous une faible chute d'eau qu'il happe au passage. Nous faisons séjour en cet endroit pour mettre de l'ordre dans nos collections. Nous voyons passer des pèlerins, des calendars, des marchands allant vers le sud.

Afin de travailler plus à l'aise, nous voudrions avoir une yourte dressée dans la cour du caravansérail. Après quelques pourparlers, des Ousbegs nous louent, au prix d'un tenga, cette maison vite construite, vite démolie. Ils nous apportent immédiatement les pièces de feutre et la carcasse en bois qui les soutient. Mais quant à dresser tout cela, ils ne veulent pas s'en charger, ce n'est pas leur besogne, ils n'y connaissent rien. C'est l'affaire des femmes. Comme nous sommes des infidèles, ces dames n'osent se montrer devant nous le visage découvert, et elles ne veulent point venir. Voilà une difficulté que nous ne prévoyions point d'abord : nous avons beau crier, tempêter, les mâles n'en veulent point démordre, ils ne feront point l'ouvrage d'une femme, ils ne dresseront pas la tente, ainsi le veut la dignité de l'homme à Tenga-Kharam et la division du travail. Notre insistance à leur demander un ouvrage qui ne leur est pas imposé par la coutume semble à ces Asiatiques aussi étrange que saugrenue. Imaginez un locataire inconnu invitant le propriétaire d'un hôtel à prendre immédiatement une aiguille et à réparer l'accroc qu'il vient de faire dans l'étoffe d'un canapé, et vous vous ferez une idée de l'ébahissement de nos Ousbegs.

Abdoul crie de plus belle, et, après des prodiges d'une éloquence très-bruyante, il obtient qu'on aille querir une vieille femme de soixante-seize ans qui ne craint point d'exposer sa figure aux regards des hommes. Le fait est qu'elle n'est guère séduisante.

La bonne vieille dirige le travail. D'abord elle dresse en rond les *keregas* (treillis de bois), qu'elle pose simplement sur la terre, en ménageant une ouverture pour la porte. Sur les keregas, on fixe les perches courbées comme les méridiens d'une sphère et enfoncées dans le *tchanarak*, cerceau placé au sommet par où sort la fumée. Cette ouverture du haut s'appelle *toundouk* : on la ferme avec une pièce de feutre par la pluie ou le froid. Telle est la charpente de la maison qu'on couvre de pièces de *kachma* (feutre) ayant une corde à chaque coin. On lance la corde par-dessus la carcasse, on la tire pour hisser le kachma, qu'on attache aux keregas, et, une pièce de feutre chevauchant sur l'autre comme des tuiles, si les cordes sont solides, cette toiture défiera le vent. En hiver, on entoure les keregas de *tchiy* (nattes), et l'air ne peut s'introduire dans la yourte. Le feu se fait droit au-dessous du tounduk, au centre de l'aire où se place la marmite, sur des pierres. Grâce à la vieille, nous fûmes très-bien logés, nous lui payâmes son dérangement d'un peu de sucre, et elle s'en fut très-contente.

De Tenga-Kharam, nous voulons gagner la ville de Gouzar située dans une oasis au seuil des montagnes. Aucun de nos hommes ne connaît la route. Un Ousbeg que le patron du caravansérail connaît nous sert de guide. Il va chercher à Gouzar un de ses fils qui l'a quitté depuis quelques jours et n'est point revenu à la date fixée. Il a besoin de son enfant pour l'aider à remuer le sol et à creuser les ariks, car le moment des crues est venu, et vite il faut se mettre en mesure de recevoir et de retenir l'eau nécessaire aux irrigations ultérieures.

Après avoir traversé le Tenga-Kharam-Darya, la route fait de fréquents coudes sur l'ouest, repart vers le nord-ouest, et nous conduit avec plus de descentes que de montées sur les rives du Gouzar-Darya. Cette rivière, qui roule en ce moment un volume d'eau assez considérable, suit le bas du dernier contre-fort sud de la montagne.

Sous la surveillance des agents de l'émir, des milliers d'ouvriers, la pioche à la main, travaillent au curage des grands ariks qui amènent les eaux de la rivière dans la plaine et la fertilisent. D'habitude, on ne réunit les cultivateurs qu'une fois par an pour cette corvée ; mais cette année, l'eau a été abondante, et c'est la troisième fois que les habitants du district du Gouzar reçoivent l'ordre de réparer leurs ariks, car il est naturel qu'ils s'encrassent davantage et s'obstruent plus rapidement quand ils charrient une plus grande quantité d'eau.

Arrivés sur une hauteur, nous découvrons la barre verte de l'oasis d'où la rivière sort en se tortillant comme une mince banderole blanche, puis se confond bientôt avec la steppe grisâtre qui s'étend indéfiniment.

On se croirait au bord de la mer. Une illusion d'optique provoquée par le soleil couchant transforme l'oasis entière en une seule ville couverte de monuments ; les peupliers semblent des minarets élancés, les bouquets d'arbustes des coupoles de mosquées, et la moindre masure devient un palais. C'est Samarcande telle que l'ont rêvé les poètes. C'est une image de l'Orient où, sous les plus brillantes apparences, se cache souvent la réalité la plus terne.

En entrant dans la ville, on passe devant une briqueterie qui n'est pas abandonnée, preuve que la population est dans l'aisance, puisqu'elle construit. Les briques sont fabriquées et cuites de la même manière que chez nous. Plus loin, dans un vaste jardin, sous de grands arbres touffus, des marchands de thé sont installés. C'est le coin de Gouzar affectionné des oisifs et des amateurs de divertissements. On entend des chanteurs, des tambourins ; on aperçoit des danseurs vêtus superbement. Mais des enfants nous voient, ils crient : « Voilà les Ourousses », et la foule se lève, les boutiques se vident, et tous se bousculent pour nous regarder passer.

Nous logeons près du bazar, à quelques pas de la rivière, chez le kazi, dans une chambre aux murs crépis de plâtre, luxe dans la construction que depuis Karchi nous n'avons constaté nulle part. Nous sommes logés étroitement, mais nous avons une fenêtre sur un jardin et puis un escalier de terre pour monter chez nous, au premier étage, au-dessus des écuries. Et chacun sait qu'une maison à un étage est chose rare.

Notre hôte nous rend visite en compagnie de ses enfants, un garçon et une petite fille en bas âge répondant au nom de Malika. Elle a les traits réguliers, la face large et souriante, des cheveux blonds. Elle est petite pour ses six ans; ses manières sont celles d'une jeune femme. Du sucre, une pièce de monnaie nous gagnent facilement ses bonnes grâces; et ses visites ne nous feront point défaut pendant notre séjour chez son père. Sa figure n'a point l'air enfantin de nos petites filles européennes, mais un air vieillot. Les enfants indigènes du sexe féminin présentent souvent ce caractère. Serait-ce une particularité chez ces vieilles races où les femmes perdent vite leur beauté, qu'elles aient toujours une tête d'apparence beaucoup plus vieille que leur corps?

Gouzar, située aux trois quarts sur la rive gauche du Gouzar-Darya, est une ville d'agriculteurs, sans monuments remarquables. Modestement, le kazi lui donne cinquante mille maisons; en réalité, il y en a quatre mille à peu près dans le vaste village mal délimité qui entoure la forteresse, et peut-être six mille dans toute l'oasis qui nourrit trente à quarante mille habitants. Elle en pourrait facilement nourrir le double, car l'eau ne manque pas, les pluies étant de plus en plus abondantes depuis une dizaine d'années. Autrefois, on devait creuser des canaux de huit kilomètres pour conduire l'eau de la rivière à Gouzar; maintenant, il suffit de leur donner une longueur de quatre kilomètres avec moins de profondeur. Quinze à vingt ans auparavant, faute d'eau, on ne cultivait pas de riz, tandis qu'actuellement les rizières ne manquent point. Il arrive même qu'au mois de Saratan, sur un ordre de l'émir, on rompt les digues de la rivière, et le trop plein des eaux est déversé dans l'oasis de Karchi pendant huit jours. On nous affirme que la population augmente, ce qui est naturel avec des conditions aussi favorables à la culture du sol.

Nous visitons une fabrique de chandelles et d'huile. La

VUES DE L'OASIS DE GOUZAR.
Dessin de GIRARDOT, d'après les croquis de M. CAPUS.

fabrication de la bougie est inconnue dans le Bokhara ; quant au gaz, à la lumière électrique, point n'est besoin de ces inventions diaboliques pour éclairer des gens chez qui l'industrie est à l'état rudimentaire. Et puis on ne travaille pas dans l'obscurité : on se couche, c'est bien plus simple. Si par hasard on sort dans la rue la nuit, on emporte sa lanterne pour y voir. Je ne vous ennuierai pas de la description d'une usine à chandelles ; je me contenterai de vous dire que l'outillage est primitif, que tout s'y fait à la main, même les moules en fer-blanc. La chandelle vaut quarante à cinquante centimes la livre.

De chez l'huilier, nous nous rendons chez un teinturier qui est tisseur en même temps, puis chez les marchands de grains et de riz. Sur la rive droite se trouve le grand bazar, au pied de la forteresse ; sur la rive gauche, le petit, non loin du jardin que nous avons vu en pénétrant dans la ville.

A la sortie du bazar, au détour d'une rue, des fumeurs de nascha ou haschich sont agenouillés devant leur pipe ; les uns rient, les autres crient, l'un d'eux nous adresse, en menaçant du bras, des paroles incohérentes ; ils ont des figures terreuses, des physionomies de brutes. Ils sont incapables du moindre travail, et vivent misérablement des quelques pouls que les passants leur jettent par pitié. On les considère comme irresponsables.

Dans la soirée qui précède notre départ pour Karchi, notre oreille est frappée par des cris plaintifs qui partent d'une cour voisine ; le cri est répété plusieurs fois ; je descends de notre chambre, et, me dressant le long d'un mur, j'aperçois dans un jardin des femmes assises en cercle sur le sol ; l'une d'elles dit à haute voix une phrase sur le ton d'un récitatif, et chaque fois qu'elle se tait, ses compagnes poussent un cri lamentable comme un gémissement. Elles pleurent un mort selon le rite

Notre dernière nuit à Gouzar fut une nuit d'insomnie. Les innombrables puces gîtées dans le feutre qui couvrait le sol de notre chambre, après nous avoir laissé d'abord en repos, s'enhardirent, puis firent fête à nos dépens. J'en parle, car ce sont les plus grosses que j'aie vues dans le courant de mon existence. L'Asie fait tout grand.

Pour sortir de Gouzar, nous passons devant une école où des enfants crient sur tous les tons en apprenant à lire. La petite fille de notre hôte se trouve sur notre chemin ; nous lui disons adieu, et elle répond sans trop s'effaroucher aux salamalecs d'Abdoul.

Dans les faubourgs de la ville, des groupes de travailleurs se dirigent du côté des ariks qu'ils sont occupés à mettre en bon état. L'heure de reprendre la pioche n'étant pas encore arrivée, ils vont lentement, en flânant, les mains derrière le dos.

La steppe commence presque immédiatement après que nous avons quitté les maisons. L'oasis est derrière nous au nord et au sud. Notre direction est nord-ouest.

Les passants sont nombreux sur la route ; cela nous surprend : notre guide nous donne la raison de cette animation inusitée ; c'est la veille d'un jour de bazar à Gouzar, et beaucoup de marchands de Karchi ont coutume d'y venir, sans compter les oisifs. Ils sont partis à la pointe du jour et seront bientôt au terme de leur voyage ; aussi les croisons-nous presque tous à une ou deux heures de Gouzar. Les uns montent des ânes qu'ils excitent à coups d'un bâton gros et court terminé par une chaînette de fer ; la plupart vont à cheval, tantôt deux sur la même bête, tantôt juchés en haut de sacs de marchandises qui les élèvent d'un mètre au-dessus de la selle, ils se tiennent à plat ventre, accoudés, ouvrant des jambes comme des écartelés. Voilà des chameaux chargés, d'autres avec leur bât seulement, que leurs propriétaires vont offrir aux commerçants pour le transport des marchandises; peut-être sont-ils déjà retenus; ce sont les camionneurs de ces pays. Des pauvres, des mendiants, le bâton à la main, se hâtent sur le chemin; leur besace est vide, mais ils savent que demain elle sera gonflée par les aumônes, et l'espoir d'une bonne récolte leur fait allonger leurs jambes sèches.

Des Indous bien vêtus sous un manteau d'étoffe grossière chevauchent sur des haridelles étiques, presque toujours deux ensemble; ils ne portent pas le turban, mais le bonnet rond et quelquefois une simple calotte de toile; ils sont chaussés de babouches à bec retroussé. On les dit riches, avares, prêteurs d'argent à des taux très-élevés; on ne les aime point. Ils ont les cheveux longs et le front marqué du signe de leur caste. Ils nous saluent d'une courbette profonde, et leur nez touche presque la tête du cheval; ils portent la main à leur coiffure, l'ôtent même, contre la coutume des indigènes, qui ne se découvrent jamais par politesse; car on enlève son turban dans les cas où, en Europe, on se met en bras de chemise ou en pantoufles.

Trois Afghans, pieds nus, nous regardent d'un œil atone; ils ont la mine abjecte qui caractérise les fumeurs de nascha (haschich); ils vont à pas lents. Des divanas reconnaissables à leur kla (bonnet pointu) brandillent des jambes sur leurs ânes; ils n'ont pas oublié la gourde ventrue où les marchands leur verseront pêle-mêle une petite mesure d'huile ou une poignée de riz, de pois, de n'importe quoi qui se trouve dans les sacs pleins posés ouverts devant les boutiques.

Des cavaliers faisant une pause devisent étendus sur l'herbe, la bride du cheval passée dans le bras. En voici trois couchés tête à tête, en étoile, qui mangent d'un bon appétit leur pitance — des abricots, des raisins secs, des amandes — sur le pan du manteau de l'un d'eux étalé en guise de table.

Notre guide rencontre des gens de connaissance; de part et d'autre on échange de chaleureux salamalecs, et comme il est attaché à la personne du beg de Gouzar, en passant il prélève sur ceux qui le savent « employé du gouvernement » une pincée de ce tabac en poudre que les indigènes mettent dans leur bouche, et qu'ils portent sur eux dans une gourde minuscule fermée d'une chevillette de bois. Nos hommes profitent de l'occasion pour se régaler aux dépens d'autrui, et les « administrés » s'aperçoivent que cinq ou six ont profité de ce qu'ils offraient à un seul.

Jusqu'à Yangi-Kent, village de trente à quarante maisons, la steppe est couverte d'herbe et sans accidents de terrain. Sur notre gauche se suivent des monticules artificiels semblables à ceux que nous avons vus près de Chirrabad et dans les ruines du Sourkhane. Ils sont espacés de quinze cents à dix-huit cents pas, et ne supportent rien.

Après Yangi-Kent, quelques collines coupent la route ou la longent. Des cadavres de chameaux ont attiré des bandes d'aigles noirs et de vautours blancs de dimensions colossales; ils mangent de compagnie sans désaccord apparent. Ils ont de la charogne pour plusieurs repas, et gens qui dînent bien s'entendent facilement. La lutte commencera probablement quand les vivres diminueront.

Avant Karchi, on voit quelques marais, des étangs, et, tout près de la ville, des ariks qu'on passe à gué.

XII

LA VILLE DE KARCHI.

Visites des hauts personnages de la ville. — Un bohémien montreur d'ours. — Un centenaire. — Un hammam; massage. — Un pont. — Les danseurs. — Description. — Un jardin public. — Un saint peu fanatique.

Le 29 avril, nous sommes derechef très-bien installés dans la maison que nous avons habitée au mois de mars. Nous resterons ici plusieurs jours à attendre des nouvelles du Turkestan russe et d'Europe qu'un djiguite va chercher à Samarcande. Notre désir est d'aller à Bokhara, qu'on nous a beaucoup prôné; mais nous ne pouvons le faire convenablement que munis de lettres de recommandation de l'excellent général Kauffmann. Nous envoyons un télégramme de Samarcande à Tachkent, et la triste réponse nous parvient que le gouverneur général est frappé d'une paralysie qui le prive même de l'usage de la parole. Il faut attendre son rétablissement, et, dans le cas où le malade ne reviendrait pas à la santé, l'arrivée de son successeur qui nous donnera les lettres de recommandation nécessaires. Nous remettons donc à plus tard notre visite à Bokhara.

Lors de notre premier séjour à Karchi, la place de beg

était vacante; maintenant, de par la toute-puissante volonté de l'émir, un jeune homme d'une vingtaine d'années occupe ce poste fort important. Le jeune beg semble vouloir faire très-bien les choses, et nous traiter comme des gens de haut rang; il envoie coup sur coup plusieurs de ses fonctionnaires demander des nouvelles de notre santé. Comment nous portons-nous? Comment ne nous portons-nous pas? etc., etc. Nous ripostons par des compliments du même genre. Abdoul est, du reste, dressé à la manœuvre; il suffit de lui commander : Réponds ce qu'il faut; et comme une machine au ressort déjà monté qu'on met en mouvement en pressant un bouton, maître Abdoul déroule sans s'arrêter et en termes choisis une série de phrases toutes faites qu'il remanie plus ou moins suivant les circonstances. Abdoul est Samarcandais, et dame! à Samarcande, on a du savoir-vivre; il sait saluer avec grâce, boire une tasse de thé en arrondissant le bras, et puis on l'appelle « mollah », il est notre homme de confiance, il passe pour savoir lire et écrire, et il a soin de s'exprimer en dialecte persan. On le considère avec respect.

Les personnages les plus marquants de Karchi viennent nous rendre visite. Ils prétendent venir de la part du beg; la réalité est qu'ils se dérangent pour satisfaire leur curiosité. Ils n'ont pas tous les jours l'occasion de passer un quart d'heure à regarder des Faranguis, tout en buvant une tasse de thé. Ils pressent Abdoul de questions : — Parlons-nous la langue des Russes? Notre pays est-il près de celui des Anglais? Si nous ne parlons pas la langue russe, nous sommes donc du pays de Roum?

— Non, répond Abdoul, ce sont des Faranguis.

— Des Faranguis; mais plus loin que Roum, il n'y a que des Faranguis.

Pour eux, le mot Faranguis désignent tous les Occidentaux qui ne sont ni Russes ni musulmans. Ils placent l'Angleterre à l'orient de leur pays, dans la direction des Indes, mais plus loin, car les produits anglais leur arrivent de ce côté.

— Que viennent-ils faire dans notre pays ?

— Leur émir les a envoyés pour voir, et ils retourneront lui raconter ce qu'ils auront observé. Ils ramassent aussi des plantes, des insectes, des oiseaux qu'ils lui rapporteront.

Avant de nous quitter, ils nous prient de la part du beg de rester à Karchi aussi longtemps qu'il nous plaira, de tout examiner à notre aise dans la ville, en un mot de nous comporter comme dans notre propre pays.

Une après-midi, Abdoul, qui est en quête de divertissements, nous annonce la présence dans le voisinage d'un loulli [1] qui montre un ours, et lui fait exécuter différents tours « très-amusants à regarder ». Il le fait entrer dans la cour.

Le loulli est introduit, il s'incline poliment. Il tire par une corde un ours de taille moyenne, à poil roux, aux griffes blanches, qui en font une variété spéciale à l'Asie centrale. Il est âgé d'environ trente-cinq ans, il a les cheveux longs couleur de jais, la peau bistrée, la tête très-expressive avec des traits réguliers et un peu lourds, l'œil noir et grand. Il est de taille assez élevée, robuste, la jambe nerveuse. Sauf moins de finesse dans l'ensemble de l'individu, c'est presque un gitano de Grenade. Il se dit originaire des environs de Delhi et né sur les bords du Gange. Il est venu dans le Turkestan par l'Afghanistan et

---

[1] Bohémien errant.

le Bokhara. A Kokan[1], des loullis lui ont vendu l'ours encore petit, il lui a arraché les incisives, lui a passé dans le museau une forte cheville de bois, comme font les Kirghiz à leurs chameaux, et c'est alors qu'a commencé l'éducation de la pauvre bête, à coups de bâton. Maintenant l'ours sait plus d'un tour qu'il exécute lourdement au grand plaisir des badauds emplissant la cour de notre logis. Pendant toute la durée de la « représentation », le loulli chante sur un air monotone des paroles qui sont en même temps des explications pour les spectateurs, et pour l'ours des ordres qu'il exécute chaque fois que son maître pousse un « han » formidable produit en ventriloquant. Le montreur tiraille le nez de l'animal, le menace de son gourdin, et l'ours saute comiquement sur ses pieds de derrière comme un danseur ; puis il porte un bâton sur le bras ainsi qu'une mère son enfant ; puis il est le voyageur appuyé sur son bâton qu'on lui place ensuite en travers sur la nuque, et les pattes à chaque extrémité, il marche. Ensuite il est fatigué de la longueur du chemin, et s'étend sur le dos pour dormir ; il se relève et fume le tchilim figuré par un brin de bois qu'on lui met au coin de la gueule. Sans interruption le loulli chante, pousse ses « han » ; la sueur ruisselle sur son visage. L'ours salue, et la séance est close par une lutte corps à corps entre l'homme et la bête, qui est vaincue comme il convient, l'homme étant le roi des animaux.

Tel est le spectacle dont le programme ne varie guère partout où l'on rencontre des montreurs d'ours, recrutés principalement parmi les bohémiens, en Occident aussi bien qu'en Orient.

---

[1] Ancienne capitale du khanat de même nom dans le Ferghanah.

Nous donnons une pièce de monnaie au loulli, qui se confond en remercîments; des morceaux de pain à l'ours, qui grogne de plaisir; puis les deux artistes se retirent en faisant fuir à toutes jambes les curieux entassés sous le porche.

Dans cette même journée, nous recevons la visite du plus vieil homme de Karchi et probablement du Bokhara, où les centenaires n'existent probablement pas, car on y vieillit vite. Ce patriarche, qui arrive à cheval, a quatre-vingt-douze ans; il est possible qu'on ait exagéré pour la circonstance; en tout cas, il ne paraît pas beaucoup plus jeune, et sa barbe est d'une blancheur de neige. Il est de taille moyenne, encore droit, s'exprime avec facilité, et son geste est vif. Il a, dit-il, les petits-enfants de ses petits-enfants. La chose est possible dans ce pays où l'on marie les filles à douze ou treize ans et quelquefois les garçons à seize ou dix-sept. Notre visiteur nous renseigne sur la culture du sol et les modifications qu'on a pu y apporter de son vivant; il nous conte également l'histoire des vents et des pluies aussi loin en arrière que sa mémoire peut porter. Il confirme ce qu'on nous a dit à Gouzar, à savoir que, depuis dix ans, la quantité d'eau est plus grande dans les rivières, et qu'il pleut plus souvent, ce qui tient, selon lui, à une plus grande masse de neige dans les montagnes.

A peine notre visiteur est-il sorti que la pluie tombe comme une preuve à l'appui de ses dires, et le vent du sud-est souffle précisément.

Et il se passe ceci: tandis que les Afghans attendent à Mazari-Cherif que la passe de Bamiane soit praticable, que la neige soit fondue, afin de pouvoir porter à Abdour-rhaman-Khan les cadeaux que l'émir de Bokhara lui envoie à contre-cœur, sans le moindre espoir d'être payé de retour, le vent apporte en compensation, au pays de celui qui donne, l'humidité prise aux cimes des montagnes afghanes qui sera la source de bien d'autres richesses.

Nous visitons le plus grand et le plus confortable des hammams de Karchi. Il a été construit aux frais d'un riche marchand, le même qui a fait paver à l'instar de l'Occident une des principales rues de la ville. Le plan de l'édifice a été fourni par un architecte de Bokhara.

Le bain est ouvert à tout le monde moyennant une légère rétribution. Les revenus de l'établissement sont affectés à l'entretien d'une médressé qui accueille des élèves nombreux.

Le donateur a laissé la réputation d'un saint homme, car il a fait grandement les choses. Ce hammam, qui passe pour être le plus beau du Bokhara, est le mieux installé et le mieux construit de tous ceux que nous avons fréquentés en Asie. On entre d'abord dans une grande salle au plafond très-élevé; une lampe à huile suspendue à une poutre laisse tomber de ses trois longs becs une lumière tremblotante. C'est là qu'est réuni le personnel du bain, les serviteurs, les masseurs musculeux, à peine vêtus, qui se tiennent à la disposition des clients. En l'air, les linges sèchent sur des cordes tendues. Tout autour, une estrade large et élevée, couverte de nattes, court le long des murailles; elle sert de vestiaire pour les habits que le baigneur entasse simplement à côté de lui. C'est aussi là qu'on prend une légère collation au sortir des étuves, qu'on dort, le temps de se reposer de la fatigue du massage, et qu'au grand divertissement des habitués, les jeunes danseurs viennent étudier leur art et répéter leurs exercices en petite tenue. Dans cette académie de danse naissent des passions qui font faire des folies aux débauchés, et commettre des meurtres aux jaloux.

Une allée en pente mène aux piscines, par des couloirs se succédant à angle droit. A l'extrémité de chaque couloir, sous des voûtes cintrées, on a ménagé des bancs de pierre recouverts de nattes; les baigneurs s'y étendent pour l'essuyage. On pénètre ensuite dans une salle ronde, faiblement éclairée; au milieu, dans la buée, on distingue un banc s'enroulant à une large table en maçonnerie, ronde comme le fût tronqué d'une colonne colossale. Sur la table, une lampe à bec; sur le banc, des écuelles de cuivre battu qui servent à puiser l'eau aux réservoirs placés sous des voûtes basses, au fond de chambres qui partent en éventail de la salle centrale. Suivant le plus ou moins d'aptitude du baigneur à la cuisson de son propre individu, celui-ci va puiser aux réservoirs une eau plus ou moins bouillante, se promène sur les dalles plus ou moins chaudes et s'asperge. Si un massage lui agrée, de solides gaillards se présentent; le « patient » se couche à plat ventre sur les dalles, les jambes allongées, les deux mains placées sur la tête qu'on appuie sur une pelote de linge. Une fois la position prise, l'exécuteur enfourche sa victime et la « travaille » des pieds et des mains. Il procède d'abord au massage du dos, puis à celui des bras et des jambes; il est très-habile et pousse un sifflement de mitron travaillant au pétrin ou un grognement d'animal qui s'acharne. Il fait jouer chaque articulation, craquer les doigts de la main, les orteils du pied, les tire, tord les reins à droite, à gauche, vous retourne sur le dos, et tout le corps y passe, toujours avec des grognements ou des sifflements. L'opération terminée, le masseur lave le « cadavre » et l'essuie.

Entre deux ondées nous visitons la ville, en compagnie du mirza Iva Dila. C'est le fils de l' « emistre », comme dit Abdoul, qui veut prononcer ministre. Le mirza est un grand et beau garçon élégant, toujours somptueusement vêtu, aimant à plaisanter et à jaser ; c'est un jeune homme de bonne famille, assez insignifiant, qui est quelque chose par son père. On l'a attaché à la personne du beg de Karchi.

Il nous mène voir le pont qui est la merveille de Karchi et du Bokhara, où les ponts se comptent sur les doigts ; on se sert de gués, d'un emploi plus difficile, mais d'une construction moins coûteuse. Le pont a environ quatre-vingts pas de long ; il est construit en briques cuites, assez large pour qu'une arba et deux cavaliers passent de front.

— Un beau pont ! dit fièrement le mirza.

— Par Allah ! un très-beau pont, répondis-je.

Et mon admiration enorgueillit le mirza qui n'a rien vu de mieux, et ne se doute guère de ce que les Européens ont construit dans ce genre.

Du pont, il nous conduit chez un potier. Un ouvrier ousbeg, très-musculeux, vêtu d'un simple caleçon de toile, pétrit la terre avec ses pieds.

— Combien de temps vas-tu piétiner la terre ?

— Durant une journée, nous dit-il ; puis je la travaille un peu avec les mains, et elle peut être modelée.

— Combien vends-tu la plus chère de tes cruches ?

— Un quart de tenga.

— Veux-tu nous montrer de quelle manière tu fabriques une cruche ou un pot ?

— Volontiers.

Il nous fait entrer dans son atelier, où est installé son tour en bois et perpendiculaire. L'ouvrier pose une motte de terre sur la plate-forme, et au moyen de ses pieds, il la fait tourner rapidement sur son pivôt. En un instant, sans autre outil que ses mains, il confectionne un vase d'un galbe assez gracieux.

Le mirza lui demande : — Combien de temps t'a-t-il fallu pour apprendre ton métier?

— Six ans.

— Tu es donc bien bête ! Et les curieux rient de bon cœur. Cependant des ouvriers potiers du voisinage sont venus nous voir ; ils sont tous très-robustes et très-musclés, mais de taille petite.

Quand le vase est tourné, on le met sécher au soleil, puis cuire au four pendant une nuit. Le four est chauffé avec des broussailles recueillies dans la steppe.

Après la poterie, c'est une des fabriques de marmites de fonte, dont Karchi fait un grand commerce, que nous allons visiter. La matière première est apportée de Russie à dos de chameaux.

L'avant-veille de notre départ pour le Chahri-Sebz, le mirza vient nous annoncer que le beg enverra le soir des danseurs donner une représentation en notre honneur.

A la tombée de la nuit, des serviteurs apportent des lanternes et les accrochent à une corde tendue entre deux des piliers qui soutiennent le toit de la galerie. Sur le sol, on étend un tapis de feutre. Des brasiers où brûle l'excellent charbon de *Saxaoul* sont alignés à une extrémité du tapis, à l'intention des musiciens. De massives chandelles de suif sont allumées et jettent de vives lueurs sur le visage des curieux qui se pressent dans la cour. Quelques coups de tambourin annoncent l'arrivée des artistes, et le public court à leur rencontre et les entoure. Abdoul est rayonnant de joie, et il les reçoit avec un empressement significatif.

Abdoul est un amateur, c'est visible. Nous nous installons au fond de la galerie, au bord du tapis.

Les trois musiciens, armés de tambourins qui composent l'orchestre, vont s'agenouiller devant les brasiers ; ils tiennent leur tam-tam au-dessus du feu, et la chaleur fait tendre les parchemins. De temps à autre, ils donnent un coup sec pour constater le degré de tension. Les danseurs s'approchent et nous saluent à tour de rôle. Ils sont cinq. Les deux plus grands portent le costume des femmes, les trois autres ont conservé leurs vêtements d'hommes. Ils s'accroupissent contre le mur, les jambes croisées, face au public. Deux serviteurs sont spécialement chargés d'éclairer les artistes avec des torches, de façon qu'on les voie bien.

L'aîné des danseurs a seize ans, le plus jeune douze. Ils sont de petite taille relativement à leur âge. Ils ont les traits fins, la figure efféminée, l'œil agrandi par le maquillage, les cils teints et les sourcils réunis au bas du front par un trait noir. Leurs cheveux, rasés sur le sommet de la tête, sont longs à partir des tempes. Ceux qui ont le costume de femme portent de fausses nattes maintenues par un foulard lié sur la tête, et dont les pans flottent sur leurs épaules. Ils ont des bagues aux doigts. Leurs culottes sont serrées aux chevilles, et leur khalat est pincé à la taille.

Les trois plus jeunes ouvrent le ballet ; l'un d'eux a les traits d'une pureté remarquable, il est très-beau, et la foule l'accueille par des paroles flatteuses. Il répond par ses sourires les plus lascifs, et met dans ses poses le plus qu'il peut de volupté. Ni l'un ni l'autre de ces danseurs ne possède convenablement son art ; ils doivent leur succès surtout à leur jeunesse. Ils sont bientôt las et vont s'accroupir à la place qu'ils occupaient auparavant. On leur sert le thé, et Abdoul veille à ce qu'on ne leur ménage point le sucre.

Les deux premiers sujets entrent en scène. Ils ont des grelots aux poignets et aux chevilles. Tous deux sont des danseurs hors ligne; ils font preuve de beaucoup d'agilité et de précision. L'un, surtout, a dans ses mouvements et ses gestes une grâce surprenante et féminine. Son corps souple, ses mains et ses pieds délicats, ses grands yeux noirs voilés de cils longs et soyeux, sa figure fine, d'un modèle ferme, un ensemble aux lignes douces et agréables en font l'expression vivante et complète, le type de cet hermaphrodite que les Grecs et l'antiquité ont tant aimé. Ce n'est plus l'homme, ce n'est pas la femme; c'est un être bizarre que recherchent des hommes à l'œil trouble, mâles de mauvais aloi qu'on rencontre à chaque pas dans les villes d'Asie.

Maintenant, le premier sujet est debout, il met de l'ordre dans son ajustement de femme; les tam-tams résonnent, la cadence est lente. Sur place, il lève légèrement le pied droit placé en équerre, le laisse tomber avec un mouvement peu accentué de la hanche opposée; en même temps il bat des mains, laissant glisser la main droite sur la paume de la main gauche immobile à hauteur de la figure, et il secoue chaque fois la tête en mesure, les grelots résonnent. Puis les tambourins accélèrent la cadence, et il glisse en avant et en arrière avec les mêmes gestes des mains et des pieds. Les musiciens chantent, hurlent sur une note très-aiguë; le danseur écarte les bras horizontalement comme quelqu'un cherchant l'équilibre, et ramène à chaque pas une main près de la tête, tandis qu'il en éloigne l'autre. Ensuite il va les bras ballants, avec des secousses des épaules, la tête penchée en arrière, puis les mains sur les hanches, alternant le pied qu'il pose en avant. La cadence devient très-rapide, et il exécute sur place des pirouettes vertigineuses pendant plus d'une minute. Les musiciens hurlent comme des damnés en se balançant, puis ils frappent un coup retentissant, et le danseur s'arrête subitement. Il reprend la figure qui ouvre le ballet ; la cadence est de nouveau lente, il vient à petits pas, les bras en l'air, avec un sourire, s'accroupir en face de nous. Son compagnon qui le copie exactement est à ses côtés. Il se penche en arrière au point que la tête touche le sol, il se tord sur ses reins mollement, se redressant avec un tressaillement nerveux à un « ouah! » formidable de l'orchestre. Il chante avec un déhanchement lent et continu, frappe des mains, caresse ses nattes, imite la femme qui coud sur son genou, qui se pare, huile ses cheveux, touche délicatement ses seins. A ce moment, la cadence est lente, et les déhanchements ininterrompus sont accompagnés de mouvements de ventre en avant, comme ceux du fandango. Les deux batchas se relèvent, marchent les bras en l'air, tournent plusieurs fois sur eux-mêmes, se balancent sur place, en arrondissant les pans de leurs robes, relevés au-dessus de la tête. Pour finir, ils prennent un bâton de chaque main, pirouettent en les frappant l'un contre l'autre au-dessus de la tête, puis l'un d'eux se pose sur un genou pendant que l'autre tourne toujours et frappe sur le bâton que lui présente son compagnon, autant de fois qu'il lui fait face. Ils alternent dans la suite, s'agenouillant à tour de rôle. Ils jettent finalement les baguettes. L' « étoile » seule reste en scène ; il fait le tour du tapis en chantant, pirouette plusieurs fois avec une vitesse inimaginable, excité par les chants de l'orchestre. Enfin, un dernier coup de tam-tam, et il tombe à genoux, s'incline, puis il se relève et va boire la tasse de thé qu'il a bien méritée.

Telle est à peu près la danse des batchas.

Quand elle commence, les Bokhares partagent leur attention entre les danseurs et nous-mêmes; ils sont curieux de lire sur notre visage l'impression que nous produit ce spectacle. Mais, quelques-uns exceptés, ils n'ont bientôt plus d'yeux que pour ces enfants. Tels, dans la foule, placés au premier rang, avec leur bouche entr'ouverte, leurs lèvres en avant, leurs yeux allumés, se font voir dans le paroxysme de la luxure. Abdoul est littéralement empoigné, et, lorsque les batchas altérés demandent à boire tout en dansant, il est le premier à leur tendre la tasse de thé, et si à la hâte ils veulent aspirer une bouffée de fumée, c'est encore Abdoul qui leur présente le tchilim bien allumé. Ils l'en remercient par un tendre regard. Au reste, ces jeunes gens, quand ils sont en scène, restent en communication avec le public, où ils s'efforcent de faire des victimes, et ils prodiguent à leurs admirateurs des œillades langoureuses et des sourires pleins de promesses.

Un incident faillit interrompre la représentation : il y avait, mêlés au public, plusieurs batchas; le préféré de l'un d'eux s'aperçut qu'un des assistants adultes s'approchait trop de l'objet de sa flamme, et éclata en menaces furieuses contre l'osé personnage qui prétendait chasser sur ses terres. Un homme du beg intervint et mit fin à une querelle qui eût pu se terminer par une lutte sanglante, comme il arrive très-fréquemment à ce propos.

Le lendemain, nous allons voir un jardin public qu'on nous donne pour le plus verdoyant de Karchi. Il est entouré d'un mur de terre, avec des découpures figurant des créneaux. Nous n'y trouvons pas grand monde. A une de ses extrémités se dresse une mosquée de belle apparence, à la façade ornée de briques émaillées; Abdoullah-Khan l'aurait fait construire. De l'herbe, des arbres fruitiers, des mûriers d'une belle venue, autour de mares d'eau, font de ce jardin un endroit assez plaisant où le peuple vient manger, boire le thé, se divertir à écouter un chanteur, et, plus volontiers encore, dormir à l'ombre.

Un gardien de ce jardin est en même temps tisserand. Il fabrique une assez belle étoffe de soie sur un métier fait de bois et de roseaux, qu'il nous dit avoir lui-même construit. C'est le métier Jacquart aussi simple que possible ; il manie la navette à la main.

Près de la masure où le tisserand habite, sous un bel arbre, à l'air libre, un homme d'âge avancé est assis sur ses talons. Un passant s'empresse respectueusement vers lui, s'incline, s'agenouille et lui baise humblement les mains ; puis il se retire avec des saluts profonds à chaque pas en arrière.

— Quel est cet homme? demandai-je.

— Un saint, répond Abdoul. Son père, mort depuis quelques années, était lui-même un saint illustre, et les fidèles vont en foule prier sur sa tombe.

Les gens qui nous accompagnent, le mirza en tête, vont baiser la main de ce vénérable personnage. Sur ce, il boit la tasse de thé que lui a versée un de ses petits-enfants, qui ne le quitte point.

Nous le saluons poliment et chargeons Abdoul de lui porter nos « salamalecs » les plus cordiaux. Celui-ci s'acquitte de la commission avec beaucoup de dignité, baise la robe du saint homme, qui le charge de nous transmettre des bénédictions et la promesse que, dans ses prières, il n'oubliera pas de demander à Allah bonne santé et longue vie pour les deux Faranguis.

XIII

LA VALLÉE DU KACHGA-DARYA.

Les lépreux. — Les loulli ou bohémiens. — Course à la chèvre à l'occasion de la mort d'un Ousbeg. — Le héros Abdoul. — Tchirakchi. — Un prince peu intelligent. — Les Ousbegs du Chahri-Sebz. — Chamatane. — Chahr; l'armée bokhare; le palais de l'émir. — De bons soldats. — La légende du grand serpent.

Puisque nous avons remis à plus tard de visiter Bokhara, le mieux est de regagner rapidement Samarcande, d'où nous irons dans la steppe de la « Faim ».

Ici, on est en pleine saison des pluies — la plus mauvaise de toutes pour les collectionneurs — tandis qu'au nord de la vallée du Zérafchane, dans la steppe qui a été arrosée par les eaux du ciel deux mois plus tôt, les plantes sont en fleur. Si nous voulons récolter autre chose que des graines, nous devons nous hâter. Aussi, le 5 mai, avant que la pluie tombe, nous nous mettons en marche pour le Chahri-Sebz par un ciel chargé de nuages.

En sortant de la ville, près des dernières maisons, des femmes sont assises ou agenouillées au bord de la route; leur visage est couvert d'un voile de crin noir, toute leur personne dissimulée sous le *parandja*[1] lugubre. Quand

---

[1] En turc occidental « féredjé ».

nous passons, elles prennent à la main la sébile de bois posée à leurs pieds et nous demandent l'aumône, mais sans quitter leur place. Ce sont des femmes de *makao* [1] : les unes, vieilles, cassées ; les autres, jeunes, ayant sur les bras des enfants dont la belle mine ne dénote point qu'ils seront plus tard des victimes fatales de la lèpre. Le geste des mendiantes pour nous implorer met parfois un coin de leur visage à découvert, et, d'un coup d'œil, nous apercevons une joue ou un front rougi par un ulcère hideux.

L'une d'elles, délicate, mise avec une recherche relative, montre un visage encore indemne des attaques de la maladie, et avec un sourire triste et résigné, d'une voix plaintive, elle réclame un silao ; un bracelet d'argent brille à son joli bras nu, car, toute lépreuse qu'elle est, elle garde la coquetterie d'une femme.

Ces infortunés sont nombreux dans le Bokhara, où toujours on les trouve installés dans le voisinage des villes. Parfois, ils se réunissent et forment un village : ceux de Karchi auraient cent cinquante maisons. Ils vivent de mendicité, se postent sur les routes les plus fréquentées, et, les jours de bazar, sont tous dehors à tendre la main aux passants. Ils font alors de belles recettes et retournent dans leurs taudis avec de quoi vivre quelquefois pour un mois. Quelques-uns des leurs vont acheter le nécessaire aux marchands établis près des portes de la ville : on leur emplit leurs besaces, et ils reviennent avec la pâture pour leurs frères.

On nous affirme que, dans la province de Karchi, le nombre des lépreux augmente depuis quelques années.

[1] Lépreux.

Cet accroissement concorde avec une suite d'années pluvieuses et, partant, de bonnes récoltes. Il y a là plus qu'une coïncidence. Les musulmans se montrent d'autant plus généreux que leurs moissons sont plus copieuses; les lépreux profitent de ces circonstances heureuses, leur situation s'améliore, ils se nourrissent mieux, la mortalité est moins grande et la procréation plus considérable. D'autre part, les hommes ont occasion d'amasser un petit pécule; ils songent à se procurer de nouvelles femmes, et comme on les laisse se déplacer à leur gré, ils vont dans les léproseries les plus proches acheter des jeunes filles. Celles-ci leur donnent de nouveaux enfants et ne leur sont point à charge, car le pays étant riche, elles sont d'un bon rapport : ce sont autant de mains en plus à la disposition du mari pour recueillir les dons des fidèles.

Mais nous sommes en route pour Tchim, et voilà des Turcomans qui viennent de Yakabag, village au pied des montagnes. Ils vont à Karchi vendre des juments. Ils les achètent maigres et fatiguées, les refont par un bon régime et les revendent à l'époque des accouplements.

Plus loin, c'est une bande de loulli; leurs femmes ont le visage découvert, quelques-unes sont jolies. Tous vont à cheval. Leur type est bien celui du Tsigane de ce pays : l'œil grand, le nez assez long, droit et gros du bout, avec un profil allongé, une face paraissant étroite en comparaison de la face des Ousbegs; mais des pommettes très-accentuées, des cheveux moins foncés, des yeux quelque peu kirghiz, déposent nettement contre la chasteté et la fidélité des femmes de cette race. Selon Abdoul, elles sont très-légères.

Les loulli ont coutume de se déplacer au printemps; ils traversent le pays, passent d'une ville à l'autre, ven-

TOMBEAU DU PÈRE DE TAMERLAN. CHAHRI SEBZ.
D'après une photographie de Kazlowski.

dant les écuelles et les cuillers de bois qu'ils taillent eux-mêmes ; ils pratiquent la chiromancie et lisent l'avenir sur les os des animaux. Leurs femmes mendient par la même occasion. Ils ont la spécialité des treillis de fil de fer ou de laiton.

Cette première étape nous mène à Tchim, sur la rive gauche du Kachga-Darya. Nous arrivons juste avant l'orage que le vent du sud-ouest chasse derrière nous. Dans la nuit, il tombe une pluie torrentielle.

De Tchim, nous marchons presque droit sur l'ouest. A cinq cents mètres environ du caravansérail où nous avons couché, à droite de la route, un coin de steppe se déroule dans toute sa splendeur printanière. Des myriades de tulipes en fleur se barioletn sur un fond vert, et quand le vent cherche à les coucher, qu'elles se relèvent avec des ondulations infinies, c'est le chatoiement inimaginable d'une mer dont chaque vague est faite d'un ruissellement de couleurs. Tel est le modèle que les nomades s'efforcent de copier quand ils brodent avec des laines teintes leurs tapis magnifiques.

Des deux côtés du chemin, il y a des Saklis et les yourtes d'un aoul d'Ousbegs. Un homme est mort la veille. Les femmes, placées en cercle, pleurent à côté de sa tente en compagnie de la veuve. Les hommes organisent une course à la chèvre en l'honneur du défunt. De la colline d'où nous découvrons cette scène, nous ne tardons pas à voir accourir au galop, de tous côtés, des cavaliers qui se rassemblent dans un vallon en forme de cirque. C'est le champ de course qu'ils ont choisi.

Voici qu'un cavalier passe devant nous à toute bride ; il porte en travers de sa selle une chèvre qu'on vient de tuer. Il s'approche de la troupe des coureurs, pousse un cri de défi, et la poursuite commence. Il se sauve ventre à terre. On cherche à lui barrer le chemin, on l'entoure, il s'échappe. Un des cavaliers le presse qui le touche, qui se penche pour lui arracher la chèvre, mais il la jette à terre du côté opposé, s'arrête court, la ramasse sans quitter les étriers et fuit dans la direction opposée. Puis, un groupe de cavaliers frais le cerne, et lui, renonçant momentanément à la lutte, jette la chèvre au milieu d'eux. Et c'est une mêlée, une bousculade sur place, chacun faisant son possible pour ramasser l'enjeu et gêner les mouvements de ses compétiteurs. Tout à coup il y a une débandade : l'un d'eux a pu saisir la chèvre entre les jambes des chevaux, et l'on donne la chasse au vainqueur d'un instant.

Abdoul, qui monte un bon cheval et ne manque pas de fatuité, trouve l'occasion belle de se couvrir de gloire. Il se débarrasse de son sabre et de son manteau, qu'il confie à son ami Roustem, et s'avance vers les coureurs, fièrement, au petit trot de son alezan. Il se met de la partie, et bientôt, grâce à son agilité, parvient à ramasser la chèvre ; il fuit vers nous. Cela est contraire aux règles de la course : l'usage veut, en effet, qu'on ne soit le vainqueur définitif qu'après avoir fait trois fois le tour de la piste en conservant l'enjeu.

Le héros Abdoul a trop compté sur son coursier ; deux cavaliers l'ont arrêté, les autres accourent. La mêlée est si confuse que nous ne distinguons qu'une masse de gens qui se heurtent. Soudain ils se dispersent, et alors nous voyons très-bien Abdoul sur le dos, son cheval qui se sauve à toutes jambes, tandis que les Ousbegs galopent au loin sans s'occuper le moins du monde de l'intrus qu'ils ont jeté à terre brutalement, à l'ousbeg.

Nous craignons une seconde pour les côtes de notre

fidèle serviteur; mais il ne tarde pas à se dresser sur ses jambes, et il se traîne péniblement du côté de son cheval, qui s'est mis à brouter paisiblement l'herbe tendre que son maître eût voulu sans doute plus épaisse.

Cependant Roustem s'efforce de nous expliquer les motifs de cette mésaventure, dans son patois fait de turc et de russe étrange :

« Abdoul, dit-il, kopeck pas donné, Ousbeg pas content, Ousbeg diable; homme tout à fait assommé. »

Il veut nous donner à entendre que les Ousbegs se sont cotisés pour acheter la chèvre et se divertir, et qu'Abdoul n'ayant pas payé sa part, ils l'ont traité en ennemi.

En outre, ce que ne dit pas Roustem, il est probable qu'ils ont reconnu à son parler et à son costume un tadjique de la ville, et ils se sont empressés de jouer un mauvais tour au représentant d'une race qu'ils détestent profondément.

Abdoul, qui a pu se hisser sur sa bête, arrive avec un sourire contraint; il nous conte son échec et fait la théorie de la culbute qu'il vient d'exécuter. Deux cavaliers se sont placés à ses côtés, l'un à droite, l'autre à gauche; ils ont saisi la chèvre, le premier par une patte de devant, le second par une patte de derrière, et, tournant bride brusquement, talonnant leurs chevaux, ils ont jeté Abdoul à la renverse par-dessus la croupe de son cheval. Et voilà pourquoi la sienne est endolorie et qu'il se penche en avant et se tient au pommeau de sa selle. Mais son retour piteux contraste si comiquement avec son majestueux départ pour le combat, que nous ne pouvons contenir un fou rire.

Une verste plus loin que le champ de bataille où notre djiguite a été vaincu, on en trouve un autre qui ne prête point à sourire, et au contraire, tragique, grandiose dans sa simplicité. C'est le village de Kamaï-Kourgane, aux maisons en ruine, et désert depuis une quinzaine d'années. Les champs qui l'environnent furent témoins de la lutte des agriculteurs contre l'asséchement du sol ; l'homme a été vaincu par la nature dans la plaine, et il s'est rapproché de la montagne, où il a pu recommencer le combat dans des conditions plus favorables pour utiliser l'eau provenant de la fonte des neiges, sans s'exténuer de travail.

Les ariks desséchés de Kamaï-Kourgane, très-profonds et bordés de déblais considérables, prouvent que les anciens habitants de cette région n'ont reculé qu'après s'être défendus bravement, la pioche à la main.

Avant Tchim, il y aurait également un grand village abandonné pour les mêmes raisons et à la même époque.

Durant plus de vingt kilomètres, de Tchim à Kara-Bag, nous apercevons des tentes d'Ousbegs sur les deux côtés de la route.

Les rues de Kara-Bag sont défoncées et bourbeuses. Les chevaux enfoncent plus profond que le genou dans un mortier tenace. C'est que nous voilà de nouveau dans une vallée humide, à l'entrée de la plus fertile oasis du Bokhara. Jusqu'à Tchiraktchi, nous sommes dans les champs de blé vert, partout on voit des aouls au milieu de grasses prairies. Et lorsqu'au coucher du soleil nous arrivons aux portes de Tchiraktchi, il semble que nous ayons quitté l'Asie. Les troupeaux arrivent de tous côtés, la verdure des prés et des arbres, le ciel assombri par de gros nuages, une sensation de fraîcheur pénétrante, la teinte grise du paysage, tout rappelle certains villages de Hollande entrevus par un printemps brumeux.

Le bétail paraît être la principale richesse des habitants du pays ; toutes les rues regorgent de vaches, de chèvres et de moutons qui se dirigent vers les cours des maisons, où ils passeront la nuit à l'air ou sous des abris. Le jour même nous constatons, en buvant un lait crémeux et parfumé, que vaches et prairies ne laissent rien à désirer.

Des rues étroites mènent à notre logis, petite maison presque en face de la porte de la forteresse où Son Altesse le touradjane, derrière des murs de terre en bon état, s'ennuie majestueusement.

On donne le nom de touradjane à tous les fils de l'émir. Le père a coutume de les placer comme gouverneurs dans les principales villes de ses États, et, tant qu'ils sont jeunes, il leur adjoint des chefs de son choix pour leur enseigner l'art de régenter les peuples.

Nous demandons des nouvelles de la santé du jeune prince, et l'on nous répond qu'il est souffrant. Depuis une année, il est miné par une fièvre qui est devenue intermittente, après avoir été d'abord quotidienne. Nous offrons immédiatement le secours de nos lumières; Abdoul nous donne pour des médecins de premier ordre, il est cru sur parole, car on sait que nous sommes des Faranguis, et cela suffit, « ces gens-là étant tous médecins ». L'envoyé du touradjane va prendre l'avis de son maître et revient annoncer que Son Altesse accepte, que nous pouvons préparer la potion.

Grâce à nous, le lendemain, le touradjane se sentait mieux, et, en même temps qu'il nous faisait demander des cigarettes, fumées probablement par ceux qui couraient les lui porter, l'aimable jeune homme nous invitait à lui rendre visite et à déjeuner du même coup. Nous acceptons et prions le fonctionnaire qui nous transmet cette invitation de dire au touradjane combien son amabilité nous a touchés.

17

Vers dix heures, le kourbachi arrive tout flambant, la hachette d'acier poli passée à la ceinture; il annonce qu'on nous attend, et nous prie de le suivre.

Nous montons à cheval, passons sous une première porte où les gardes se lèvent à notre approche, puis nous pataugeons dans un chemin creux, sorte de marais entre deux murs où la boue pue et les flaques d'eau croupissent. Voilà encore une seconde porte couverte, puis une troisième s'ouvrant sur la cour qui englobe le palais du touradjane. Le kourbachi s'incline, salue, et nous confie aux quatre *oudaïtchi* [1] debout près de l'entrée, un long bâton rouge et jaune à la main.

Les oudaïtchi ont la charge de précéder l'émir ou ses fils quand ils sortent dans les rues, et, s'adressant à la foule, ils crient alors en persan : « Pour le bonheur de l'émir, qu'Allah donne au peuple la tranquillité et la paix ! » et pour un touradjane : « Pour le bonheur du touradjane, qu'Allah donne au peuple de longues années et la santé. » D'autres oudaïtchi devancent le cortége et crient : « Levez-vous, croyants, regardez, sachez que l'émir, que le touradjane approche ! » A l'intérieur du palais, ils font l'office d'huissiers, d'introducteurs, et, s'appuyant à chaque pas sur leur bâton comme un suisse sur sa hallebarde, deux à droite, deux à gauche, ceux-ci nous accompagnent. Puis nous mettons pied à terre, et, par une galerie couverte et sombre, à travers la cour, on nous conduit à la porte de la salle de réception. Nous entrons seuls.

La chambre est plus longue que large ; sur une table

---

[1] De *oda*, chambre; c'est donc un chambellan. — De même, en turc occidental, *odalik* (et non odalisque), « fille de chambre ».

allongée et basse sont entassés des plats de riz, de viande rôtie, d'amandes, d'abricots et autres friandises indigènes. Au fond de la salle, à l'extrémité de la table, est assis le jeune prince vêtu d'un khalat de velours bleu, la tête surmontée d'un massif turban de fin tchalma blanc brodé d'or. Il se lève, nous tend la main :

« Le salut sur vous ! » « Et sur vous le salut ! » ripostons-nous.

Puis il s'assied, nous invite à prendre place à sa gauche du même côté de la table. Une soupe faite avec un bouillon de poulet, du riz et des petits pois nous est d'abord servie. En ayant mangé quelques cuillerées, nous fourrageons par politesse dans les différents plats avec notre cuiller en bois. Entre temps, j'examine notre amphitryon. Il est de taille moyenne; sa figure maigre paraît petite sous l'écrasement d'une coiffure monumentale, le teint est terreux, le nez droit avec de larges narines, la lèvre grosse et pendante, l'œil noir, morne. La mine est d'un fiévreux; la physionomie, d'un être peu intelligent; dans cet individu aux ongles malpropres, tout dénote un prince de la décadence. Ce n'est plus le fils des vaillants émirs ousbegs du temps passé. A notre retour en France, lorsque nous vîmes l'Honorius hébété de Jean-Paul Laurens, assis sur son trône, nous avons pensé au touradjane de Tchiraktchi.

Tandis qu'on dessert la table, la conversation s'engage :

— Ton père l'émir se porte bien?

— Ha ha.

— Le remède que nous t'avons donné t'a guéri?

— Ha ha.

— Nous sommes venus de loin afin de voir ton pays qu'on nous avait dit être très-beau.

— Khoub.

— Nous ne regrettons point la longueur du chemin que nous avons parcouru pour venir dans le Bokhara, car les habitants y sont hospitaliers.

— Khoub.

— Le sol y est fertile, les oasis sont de véritables jardins, et les fruits plus délicieux qu'en aucun autre endroit de la terre.

— Khoub.

— Et ton père aime la science, il soutient de ses dons les savants, qui sont innombrables dans ses États.

— Khoub.

Nous ne tardons point à nous apercevoir que notre interlocuteur est taciturne ou très à court d'idées, car il est impossible d'en tirer autre réponse que ce « khoub », accompagné d'une légère inclination de la tête sur l'épaule gauche. Quand nous nous taisons, on entend voler une mouche; le touradjane ne prend jamais le premier la parole, il se tient silencieux, nous regarde, et nous le regardons.

Nous ne voulons point quitter sans l'entretenir quelques minutes celui qui nous a fait servir un déjeuner pour quarante personnes, et le dialogue dure avec beaucoup d'à-coup, jusqu'au moment où, ne sachant plus nous-mêmes que dire, qu'imaginer, nous nous levons pour prendre congé. L'intelligent jeune homme nous imite, nous tend la main.

— Louanges à Dieu! que ta vie soit longue!

— Kheïle [1] khoub, répond-il.

« Bien » et finalement « très-bien », voilà tout ce que ce fils d'émir a trouvé à nous dire.

---

[1] Extrêmement.

Quand nous fûmes hors de sa forteresse, Abdoul, qui avait tenu sa langue trop longtemps, s'exclame :

— Quel imbécile, quel imbécile !

La qualification n'est point trop sévère, s'il faut croire la rumeur publique. Aux yeux de ses administrés, le touradjane passe pour un personnage d'une intelligence peu remarquable. On dit que son entourage ne lui témoigne point la déférence due à un fils de Sa Sainteté, que ses ordres ne sont pas toujours strictement exécutés, et qu'on obéit plutôt au conseiller que l'émir a attaché à sa personne.

Ses serviteurs se plaignent de sa lésinerie, le dépeignent comme un jeune homme de caractère insupportable. Autrefois, il sortait assez souvent pour assister ou prendre part aux courses à la chèvre, qui le passionnaient. Maintenant il reste enfermé dans la forteresse comme dans une prison, ne lit point dans les livres, n'aime ni les chanteurs ni les musiciens. Il se plaît à rôder d'une chambre à l'autre, à jouer avec ses cailles, à regarder ses faucons manger, à visiter ses écuries où il passe des heures, époussetant lui-même ses chevaux, gourmandant les palefreniers à tout propos. Quant à la femme que lui a choisie son père, il n'en a cure. Il préfère rester dans sa chambre, béer à la fenêtre donnant sur la vallée, et les jambes croisées, boire coup sur coup les tasses de thé vert, fumer le tchilim qui le plonge dans une somnolence où il se complaît. Il ne mène point la vie d'un prince, mais d'un énervé.

On nous apprend que, sur notre chemin, non loin de Tchiraktchi, il y a un gué large et profond. Nous faisons donc charger nos bagages et nos collections sur un arba aux roues très-élevées qui part à l'avance, puis, à travers les champs cultivés, après avoir jeté un coup d'œil sur Tchiraktchi du haut d'une colline, nous descendons jusqu'au village de Tiz-âb (eau rapide). Il prend son nom du cours d'eau qui le traverse bruyamment et à toute vitesse en s'échappant d'une gorge étroite. La berge élevée de la rive gauche est la digue qui protége le village contre le torrent, dont la turbulence est extrême dans la saison des pluies et de la fonte des neiges.

Notre arba est arrêté à moitié du chemin creusé dans la berge conduisant au gué; pour le moment il est impossible de passer sur l'autre rive. Les villageois sont rassemblés, ils regardent couler l'eau et passer les piétons qui se déshabillent, font un paquet de leurs vêtements, les placent sur leur tête et entrent dans la rivière sans plus de cérémonie. Ils enfoncent jusqu'au cou. Comme nous ne voulons point mouiller nos collections, nous attendons que le niveau baisse.

Dans l'après-midi, les coffres ayant été placés sur des bottes de paille pour les élever au-dessus de l'eau, nous commençons le transbordement. De solides gaillards, nus jusqu'à la ceinture, poussent vigoureusement les roues de la voiture; d'autres montés sur des chevaux attelés de chaque côté du limonier luttent contre le courant, et en trois voyages tout est au complet sur la rive opposée.

Durant ce va-et-vient, les indigènes ne se privent point du plaisir de nous examiner. Nos selles anglaises attirent surtout leur attention, et ils les regardent en connaisseurs. De notre côté, nous pouvons détailler la personne des habitants de Tiz-âb qui passent dans le pays pour des Ousbegs de race pure et sont renommés pour leur courage et leur vigueur.

Ils ont la face large, le nez gros et court, l'œil petit, la tête ronde sur un cou solide enfoncé dans des épaules larges et droites; la poitrine est vaste, le bassin ample, les membres musculeux et développés, le pied et la main larges avec des doigts gros et courts, le mollet haut, les attaches grosses. En somme, un ensemble peu élégant, mais d'une race forte, pesante et charnue. Plusieurs étaient d'une taille élevée. Tous étaient bruns ou châtains et montraient de magnifiques dents larges et courtes. Malgré une barbe assez fournie, le reste de leur corps ne portait point de trace de pilosité. Ces Ousbegs avaient la physionomie honnête, un air de simplicité plus que d'intelligence.

Les chevaux de bât sont chargés à nouveau, et nous nous acheminons vers le village-forteresse de Chamatane, campé fièrement en vedette sur le chemin de Chahri-Kitab. Partout des champs verdoyants, partout une végétation exubérante; c'est bien le pays de la Ville Verte.

Chamatane fut illustré par les exploits de Djoura-Beg, dont voici en quelques mots l'histoire. Après avoir été au service de l'émir à Bokhara, Djoura-Beg vient dans le Chahri-Sebz chez un certain Baba-Beg, gouverneur du pays; il se lie étroitement avec son hôte, prend de l'influence sur lui, et le décide à se proclamer indépendant et à lever l'impôt pour son compte. L'émir envoie des troupes contre les révoltés, mais ceux-ci se défendent courageusement, et chaque fois qu'ils apprennent l'arrivée des soldats bokhariens, ils rompent les digues et inondent le pays, et le sol qui est très-argileux se détrempe, formant un mortier épais et tenace où piétons et cavaliers s'engluent. Djoura-Beg, qui recrute ses troupes parmi une population vaillante et vigoureuse, vient facilement à bout de ses ennemis; il a soin d'être sur ses gardes, de façon à éviter les coups de main, et tient tête à l'émir. Celui-ci, avec une obstination digne d'un meilleur sort, tente maintes fois de reprendre cette belle province, et pendant quinze ans il s'épuise en efforts inutiles, jusqu'au moment où les Russes s'emparant du Bokhara en firent autant du Chahri-Sebz. Djoura-Beg défendit énergiquement Chamatane, mais il succomba. Aujourd'hui, il est à Tachkent avec son ami Baba-Beg. Tous deux ont été fort bien traités par les Russes, qui leur servent une pension, et le Tzar compte les anciens begs parmi ses plus fidèles sujets.

Lorsque le général Kauffman s'empara de la province de Samarcande, il donna en compensation à l'émir de Bokhara les deux petites principautés qui formaient le Chahri-Sebz.

De Chamatane à la ville de Chahr s'étend un véritable jardin planté d'arbres fruitiers innombrables; on comprend que l'émir ait choisi cette riante campagne pour y faire construire sa maison de plaisance favorite. Nous ne l'avons point visitée, nous avons dû nous contenter de longer la double rangée de murs très-élevés qui défendent l'entrée du parc immense et boisé où le maître du Bokhara prend ses ébats.

Avec ses rues étroites, tortueuses, sales, se traînant le long des pentes, avec son bazar sombre, couvert, aux carrefours de voûtes de briques, Chahr a l'aspect d'une ville du moyen âge. A chaque pas, on rencontre les restes de constructions que Timour fit élever dans ce lieu de sa naissance, qui n'était alors que le village de Kach. On dit que l'illustre conquérant songea même à en faire la capitale de son vaste empire; mais il abandonna ce projet.

PLAINE DU ZERAFCHANE.

Dessin de GIRARDOT, d'après les croquis de M. CAPUS.

Samarcande, posée au milieu d'une plaine fertile où se croisent les routes du monde central asiatique, était bien la ville que devait préférer à toutes les autres celui qui fut un politique avisé autant que capitaine habile. Il n'en pouvait trouver une dont la situation répondît mieux aux intérêts de la bonne administration et de la facile défense du pays.

Chahr ne pouvait être qu'une très-agréable résidence d'été, le Schœnbrünn de Samarcande et rien de plus.

Autrefois plus peuplée, cette ville compte encore quinze mille habitants. D'habitude, pendant les grandes chaleurs, l'émir de Bokhara habite sa maison de campagne, où il donne des fêtes. Mais c'est à Chahr, dans les bâtiments construits au pied des ruines de l'*Ak-Saraï*, qu'il expédie les affaires sérieuses, qu'il tient sa cour et que veillent ses guerriers.

Le beg de Chahr nous invite à l'aller voir. Pour pénétrer jusqu'au logement qu'il habite à l'intérieur de la forteresse, il faut traverser plusieurs cours communiquant par des portes couvertes qui servent de corps de garde. Chaque fois que nous passons devant une de ces portes, des soldats d'opéra-comique se précipitent sur leurs fusils, s'alignent à peu près et présentent les armes. Leur costume est voyant et fait pour inspirer la terreur. Ils ont la tête surmontée d'un vaste bonnet de peau de mouton noir, une veste rouge avec des boutons de métal, s'enfonçant dans un tchalvar jaune en cuir dont le fond est d'une ampleur extravagante. Ils sont chaussés de bottes aux talons ferrés. Comme armes, ils ont des sabres, des fusils à piston avec une baïonnette triangulaire.

Les oudaïtchi nous introduisent chez le beg; ses serviteurs emplissent la cour avoisinante, et ses subordonnés se tiennent debout à la porte de la salle. Le beg est de taille moyenne, replet, avec une tête fine d'ecclésiastique. Il passe pour avoir la confiance de son maître, qui n'en reçoit que de bons conseils. Il est d'une politesse obséquieuse, nous accable de compliments, ne tarit pas d'éloges sur son voisin, le gouverneur de la province de Samarcande, et sur le gouverneur général du Turkestan, que « l'émir aime au delà de ce qu'on peut croire. C'est au point qu'il tombe malade chaque fois qu'il apprend une indisposition du général Kauffmann. »

Le beg nous donne ensuite quelques-uns de ses serviteurs, qui nous font visiter la forteresse.

En face d'une porte, nous voyons un canon sur un affût, mais pas de boulets ni d'artilleurs. On nous promène dans plusieurs cours qui sont entourées de constructions servant à loger les soldats et les serviteurs. Les appartements réservés à l'émir et à sa famille sont vis-à-vis d'un colossal portique couvert de briques émaillées, seul reste d'un palais construit par Timour[1]. Le portail menace ruine et écrasera un beau jour les soldats logés dans une masure adossée à sa base. L'habitation de l'émir, qu'on a placée prudemment à distance, n'est pas luxueuse, elle est en briques cuites, crépie de plâtre, à un étage, avec une galerie devant les chambres tout autour de la cour. Elle donne sur un jardin planté de mûriers et de rosiers; un homme y était occupé à distiller l'essence de rose pour l'usage personnel de l'émir, qui mêle ce parfum à l'eau de ses ablutions. Toutes les chambres étaient inhabitées et vides de meubles.

---

[1] Palais blanc.

Nous rentrons à notre logis par le bazar, qui est peu animé, comme tous les bazars du pays les jours où il n'y a pas de marché. Nous remarquons des cotonnades anglaises, mais en petite quantité et à un prix plus élevé que les cotonnades russes.

Trois ou quatre armuriers sont occupés à fabriquer des fusils à mèche, rayés droit et même en spirale. Tous les appareils et outils sont maniés à la main, le maître ouvrier les a construits lui-même assez ingénieusement. La matière première lui vient en barres du grand dépôt qui est à Bokhara, où le fer arrive par l'entremise des Tartares de Kazan. Le kilogramme coûte plus de un franc, prix du gros.

Abdoul a apporté souvent de Samarcande des dépêches au beg de Chahr, et il nous donne sur son caractère des détails peu flatteurs. Il le dépeint comme un avare, comme un beau parleur, grand faiseur de gestes, prodigue de compliments « comme un loulli », mais payant peu ou point ses serviteurs, qui finissent par le quitter, désespérés d'attendre des appointements que leur maître promet toujours de leur donner sans s'exécuter jamais.

— Quant aux sarbasses (soldats), ajoute Abdoul, ah! maître, quels sarbasses! Il en faudrait beaucoup comme ceux-là pour chasser les Russes!

— Ils ne sont donc point courageux?

— Courageux! avec un bâton tu en ferais sauver trois cents. Tu ne sais donc pas qu'on les recrute parmi les gens qui rôdent inoccupés, qui ne savent que faire pour vivre. On leur offre un tenga par jour, un grand bonnet, une veste, un fusil, et ils n'hésitent point à s'enrôler. Et puis, quand le métier les ennuie, ils se sauvent dans le Turkestan russe.

— Mais quand une guerre est déclarée, ils se comportent bien, je suppose. Ils obéissent à leurs chefs ?

— Ils obéissent lorsqu'on leur dit de piller, et ils sont toujours prêts à manger le palao. Il faut les voir en marche. Ils ont les poches pleines de noix, de raisins, d'abricots secs, de pistaches, et tout le long du chemin ils grignotent, car je t'assure qu'ils ont de bonnes dents. Et puis chacun d'eux a sa caille ou sa colombe pour jouer pendant les haltes. Et si l'ennemi est proche, ils ne se pressent point, pas plus que les chefs, et ils sont tous malades les uns après les autres. Ils trouvent toujours une raison pour s'écarter, et alors ils jettent leurs armes et se sauvent. Celui qui s'aperçoit que son voisin manque à l'appel dit au capitaine : « Capitaine, Abdoullah ne revient pas, permettez que j'aille le chercher. » Et le capitaine dit : « Va et reviens vite. » Il s'en va, mais ne revient pas. Et lorsqu'on voit l'ennemi, il en manque les trois quarts ; au premier coup de fusil, tous s'enfuient comme des perdrix, et alors les grands chefs disparaissent à leur tour, et s'en vont conter à l'émir qu'ils ont combattu vaillamment, que tous leurs soldats sont tués, et l'émir dit au capitaine : « Par Allah ! je te nomme colonel », et au colonel : « Je te nomme général. » Quels sarbasses ! quels sarbasses !

Et Abdoul crache de mépris pour ses congénères.

Le même jour nous partons pour Kitab, la sœur jumelle de Chahr : un ruban de verdure les relie l'une à l'autre. Les chemins sont détrempés, et nous avançons difficilement.

L'Ak-Darya qui coule au pied de Kitab était gonflé par les pluies, et nous dûmes le traverser en arba. Les bagages furent vite transportés sur l'autre rive, grâce à des passeurs herculéens dont l'un ressemble à s'y méprendre au fameux lutteur Faouët, qu'admirait tant Théophile Gautier.

Les rues de Kitab sont de véritables marais. Cette ville est enfouie dans les arbres, entourée de champs fertiles; elle ne possède pas de monuments, et compte seulement quelques milliers d'habitants. Le beg, qui nous invite à le visiter et nous reçoit avec beaucoup d'affabilité, est en ce moment dans tous ses états. L'émir vient de lui réclamer une somme considérable qu'il n'aurait point dans ses caisses.

Ayant traversé le Kachka-Darya près des ruines d'une forteresse, nous arrivons à Kaïssar, où nous prendrons un guide pour traverser la passe de Katta-Karatcha.

Le chef du village nous reçoit très-cordialement. C'est chez lui que nous trouvons une boîte à sucre de la fabrique *David Sassoon and C°*, qui est venue des Indes par Mazari-Chérif jusqu'à l'extrême frontière de l'empire russe. On nous donne pour indiquer la route un homme de haute taille, d'une soixantaine d'années, qui connaît admirablement la montagne. Cet homme ne sait point d'où il est; nous le supposons Persan. Il a été apporté tout petit à Karchi par les Turcomans; sa bonne mine le fit acheter par le beg, qui le garda à son service jusqu'à sa mort. Le beg mort, l'esclave s'installa à Kaïssar, prit femme, et maintenant il est grand-père, et paraît très-content de son sort, car il rit volontiers. Sa principale occupation est de cuisiner pour le chef du village et de conduire les voyageurs de marque du Chahri-Sebz dans la province de Samarcande.

En trois heures nous atteignons, par un sentier pierrieux, la plate-forme où les eaux se divisent, et les voyageurs font souffler leurs chevaux. Puis nous descendons vers Samarcande, car nous avons franchi la frontière; nous sommes de nouveau dans le Turkestan russe.

Avant d'arriver au premier village d'Amman-Koutane, le long d'une pente, on nous montre une longue traînée de cailloux; nous ne voyons là qu'un éboulis tel qu'il s'en fait lorsque les rochers s'effritent. Mais c'est, paraît-il, le « méguil de la couleuvre », et le guide nous conte que, « dans le temps passé, — bien avant Timour, — une couleuvre habitait la passe. Elle mesurait plus de trois cents mètres de longueur, avait une gueule énorme, dévorait les passants et même des caravanes entières. On ne pouvait plus aller par ce chemin du Chahri-Sebz à Samarcande. C'était une grande gêne pour le commerce. L'émir promit donc une haute place et une récompense magnifique à qui débarrasserait ses États d'un tel fléau. Un homme bien avisé usa de la ruse suivante. Il fabriqua un coffre, le remplit de poudre, y fixa une mèche très-longue. Puis il plaça la machine infernale sur le chemin du serpent, qui l'avala d'un coup. Puis, la boîte dans le ventre du reptile, il battit le briquet, mit le feu à la mèche, et le monstre éclata en trois morceaux. Il mourut, et on l'enterra à cette place.

— Est-ce que beaucoup de personnes ont vu ce serpent?

— Oui, répondit le guide, ils sont morts depuis longtemps. Au reste, voici le méguil, et la tête du monstre fut mis en terre près du champ labouré que vous voyez bien.

Le soir, nous couchions à Ak-Tepe, et le lendemain nous partions pour Samarcande, qui apparut soudain, dans la grande vallée du Zérafchane, comme un bouquet tombé sur un tapis vert.

Une boîte ayant contenu du sucre fabriqué dans l'Inde anglaise ; un ex-esclave ; une légende ; telles sont nos constatations en achevant cette première partie de notre voyage.

Elles disent la situation présente de ce pays. C'est d'abord l'antagonisme commercial des Russes et des Anglais, et l'extrême activité de ces derniers ; puis une transformation sociale qui s'opère par le sabre des Russes : la disparition de l'esclavage ; enfin, le grand obstacle à ce que certaines populations d'Asie emboîtent le pas à celles d'Occident, qui est le goût extrême du surnaturel, l'absence complète d'esprit d'induction, dont témoigne une légende, tentative la moins scientifique d'expliquer un fait très-simple.

FIN

TABLE DES MATIÈRES

I

DE MOSCOU A TACHKENT.

Moscou. — Nijni. — Traversée sur le Volga et la Kama. — Les passagers du *Samolet*. — Perm. — Yékatérinbourg. — Un couvent de nonnes. — Le tarantasse. — Un enterrement sibérien. — Les déportés. — Le *cimex lectuarius*. — Les Kirghiz. — La steppe de Baraba. — Sémipalatinsk. — L'Ala-Taou. — L'Ili. — Vernoié. — Le Talas. — La vallée du Syr ou Iaxartes...... 1

II

TACHKENT INDIGÈNE.

Population flottante. — Population sédentaire : Kirghiz, Tatars, Indous, Tsiganes, Juifs. — Les Sartes. — Construction et disposition d'une maison indigène. — Costume d'un homme. — Pas de mode. — Les différents aspects d'un turban. — Costume des femmes. — Leur éducation. — Histoire d'un mariage; la cérémonie. — Parures des femmes. — Leur vie après le mariage. — Leurs distractions......................... 31

III

TACHKENT INDIGÈNE (suite).

Les hommes. — Éducation d'un garçon. — Les metcheds; les médressés. — L'enseignement que donnent les mollahs. — Un saint orgueilleux. — Les lettrés; leurs mœurs. — A propos d'Akkouli Bey. — Les talismans; le commerce qu'on en fait. — Histoire d'un talisman. — Un savant grincheux. — Superstitions. — Prédiction drôlatique. — Distractions des hommes : courses, combats de cailles, de perdrix, etc...................... 53

IV

DE TACHKENT A KARCHI.

Nos plans. — L'ambassade afghane. — A travers la steppe de la faim. — Les membres de l'ambassade. — La famille de l'émir Abdourrhaman-Kan. — Départ de Samarcande. — La steppe. — La recette pour le kabâbe. — Les Turcomans. — Procédés de *routiers*. — Dans le Bokhara. — Rachmed-Oullah médecin, diplomate et cuisinier. — Scène de bivouac. — Entrée triomphale à Karchi.. 77

V

KARCHI.

Notre logement. — Le Karaoul. — Les Ersaris. — Une connaissance de Tachkent. — Les consultations du docteur russe. — L'origine d'un instrument de musique. — La Chine. — La prison. — La fosse aux punaises. — Le Palais-Royal de Karchi... 101

VI

DE KARCHI A L'AMOU DARYA.

Bonne foi bokhare. — Réveil de la steppe au printemps. — Turkmène économiste. — Les puits. — Mirages. — Un cuisinier tatar. — L'histoire de Saïd-Achmed-Khan contée par un ménestrel du Badakchane. — Kilif. — L'Amou. — Khodja Saïb. — Les Kafirs. — Les Afghans. — Un bac. — Les Cosaques. — Chefs afghans. — A propos des Anglais. — Prétendues forêts............ 116

VII

DE KILIF A CHIRRABAD.

Aspect du vieil Oxus. — Les Kara-Mogouls Turkmènes. — L'hiver de 1878. — Misère des Kara-Mogouls. — Chasse au lévrier, au fusil à mèche. — Un drôle d'oiseau. — Le roseau. — Les pillards. Le gibier dans la jungle. — Reportage. — Admiration du succès. — On parle de tigres. — Différentes manières de naviguer, radeaux, outres. — Hommes qui gîtent. — De l'Amou à Chirrabad. — Exercice illégal de la médecine.............. 144

VIII

CHIRRABAD.

Le fils du Beg de Chirrabad. — Une maison de petite ville. — La forteresse. — Un chef de police. — Mode d'administration. — Rôle du bâton dans la comptabilité. — Le Beg de Chirrabad. — Chasse au faucon. — Conteurs et danseurs ambulants. — L'art d'affaiter les faucons et les aigles. — Un pèlerinage. — Les sauterelles. — Histoire de maquignons. — Comment se conclut un marché................................... 166

IX

LES RUINES DE LA VALLÉE DU SOURKANE.

Où sont les ruines ? — Nadar le photographe et ses bottes. — Ak-Kourgane. — La maison d'un Ak-Sakal. — Un huilier. — Un riche industriel, un ouvrier. — Chahri-Goulgoula. — Aspect de la ruine. — Légendes. — Pèlerins. — Salavat. — Notre hôte est un saint. — L'ammoniaque. — La ruine de Chahri-Samâne. — Le Mausolée de l'émir Houssein. — Le Kerkisse. — Légendes. — Le manque d'eau.................................. 190

X

DE TERMEZ A CHIRRABAD.

Patta-Kissar. — Une colonie qui commence. — Femmes turkmènes. — Cuisine. — Gengis-Khan à Termez. — Ibn-Batoutah.. — Termez en 1315 ; ce qu'il en reste. — Un « mazar ». — Ichanes. — Dîmes. — Encore des pèlerins. — Un Varan. — Le mirza « Iarim-Tach ». — Nous retrouvons les Russes qui reviennent de Mazari-chérif............................... 223

XI

LES MONTAGNES DE BAÏSSOUNNE.

Dans la montagne. — Ak-Koupriou. — Saïrâb. — Arbres géants. — Poissons sacrés. — Des Tadjiks. — Rencontre de nomades gagnant un *alp*. — Le défilé de la *Porte de fer*. — Timour et son beau-frère. — Un caravansérail à Tchachma-Ofizan. — Tarif de l'hôtelier. — La division du travail à propos de la construction d'une yourte. — La ville de Gouzar. — Un jour de marché.... 240

XII

LA VILLE DU KARCHI.

Visites des hauts personnages de la ville. — Un bohémien montreur d'ours. — Un centenaire. — Un hammam; massage. — Un pont. — Les danseurs. Description. — Un jardin public. — Un saint peu fanatique... 268

XIII

LA VALLÉE DE KACHGA-DARYA.

Les lépreux. — Les loulli ou bohémiens. — Course à la chèvre à l'occasion de la mort d'un Ousbeg. — Le héros Abdoul. — Tchirakchi. — Un prince peu intelligent. — Les Ousbegs du Chabri-Sebz. — Chamatane. — Chahr; l'armée bokhare; le palais de l'émir. — De bons soldats. — La légende du grand serpent. 282

FIN DE LA TABLE

ITINÉRAIRE DU VOYAGE EN ASIE CENTRALE DE MM.rs BONVALOT ET CAPUS (1880-81-82).
Paris, E. PLON, NOURRIT & Cie, 10, rue Garancière

CARTE D'ENSEMBLE
du voyage en
ASIE CENTRALE
de MM. BONVALOT et CAPUS
1880-81-82

TURKESTAN
(PARTIE EST)
d'après la carte dressée
par le Lieutenant-Colonel LUSILIN
de l'armée russe 1875.

E. PLON, NOURRIT et Cie, Éditeurs.

Itinéraire de MM.
BONVALOT et CAPUS

A LA MÊME LIBRAIRIE

Chine et Extrême-Orient, par le baron DE CONTENSON, ancien attaché militaire en Chine. In-18... 3 fr. 50

En Allemagne. *La Prusse et ses annexes*. Le pays — les habitants — la vie intérieure, par F. NARJOUX. Un vol. petit in-8° anglais, avec gravures. Prix...... 5 fr.

Les Pays sud-slaves de l'Austro-Hongrie (Croatie, Slavonie, Bosnie, Herzégovine, Dalmatie), par le vicomte CAIX DE SAINT-AYMOUR. In-18, avec carte et grav.. 4 fr.

Souvenirs du Venezuela. Notes de voyage, par Jenny DE TALLENAY. Un vol. in-18, avec gravures. Prix. 4 fr.

Le Mexique aujourd'hui, par A. DUPIN DE SAINT-ANDRÉ. Un vol. in-18. Prix............ 3 fr. 50

Un Parisien dans les Antilles, par QUATRELLES. Un vol. petit in-8° anglais, avec dessins de RIOU. Prix .. 5 fr.

Une Course à Constantinople, par M. DE BLOWITZ. 3e *édition*. Un vol. in-16. Prix............ 3 fr. 50

Pérak et les Orangs-Sakèys. Voyage dans l'intérieur de la presqu'île malaise, par BRAU DE SAINT-POL LIAS. Un vol. in-18, avec carte et gravures. Prix...... 4 fr.

Chez les Atchés. Lobong (île de Sumatra), par BRAU DE SAINT-POL LIAS. Un vol. in-18, avec carte et grav. 4 fr.

La Save, le Danube et le Balkan. Voyage chez les Slovènes, les Croates, les Serbes et les Bulgares, par L. LEGER. Un vol. in-18. Prix.......... 3 fr.

L'Australie nouvelle, par E. MARIN LA MESLÉE. Un vol. in-18, avec carte et gravures. Prix........ 4 fr.

Obock, Mascate, Bouchire, Bassorah, par Denis DE RIVOYRE. Un vol. in-18, avec gravures. Prix... 4 fr.

Le Japon pittoresque, par M. DUBARD. Un vol. in-18, avec gravures. Prix............. 4 fr.

La Terre de glace. Féroë — Islande — les Geysers — le mont Hékla, par Jules LECLERCQ. In-18, avec carte et gravures. Prix................ 4 fr.

Le Caucase, la Perse et la Turquie d'Asie, d'après la relation du baron de Thielman, par le baron ERNOUF. 2e *édition*. Un vol. in-18, avec carte et gravures. 4 fr.

Paris. Typographie E. Plon, Nourrit et Cie, rue Garancière, 8.

www.ingramcontent.com/pod-product-compliance
Lightning Source LLC
Chambersburg PA
CBHW050801170426
43202CB00013B/2510